rowohlt

Alfred Grosser

DIE FREUDE UND DER TOD

Eine Lebensbilanz

Rowohlt

1. Auflage März 2011

Lektorat Uwe Naumann
Satz aus der Sabon PostScript (InDesign)
bei Pinkuin Satz und Datentechnik, Berlin
Druck und Bindung CPI – Clausen & Bosse, Leck
Printed in Germany
ISBN 978 3 498 02517 5

FSC www.fsc.org MIX Papier aus verantwortungsvollen Quellen FSC® C083411

Das für dieses Buch verwendete FSC®-zertifizierte Papier
Schleipen Werkdruck liefert Cordier, Deutschland.

INHALT

KAPITEL 3

Geld, Macht und Opfer

KAPITEL 4

Meine Kulturwelten

KAPITEL 5

Mit wem? Mutter, Frau, Christen …

KAPITEL 6

Mein Atheismus, das Leiden und der Tod

RÜCK- UND AUSBLICK

Das Erreichte und die Freude

ANHANG

EINLEITUNG

Die Chancen zum Glück

Der berühmte «Fragebogen» der *Frankfurter Allgemeinen Zeitung (FAZ)* enthielt die Frage: «Wer oder was hätten Sie sein mögen?» Meine Antwort im Juni 1980 lautete: «Weltveränderer». Aber in einem Brief an die Abiturienten eines deutschen Gymnasiums schrieb ich, dass jeder ein Weltveränderer ist, und sei es nur durch die Art, wie er dem anderen gegenüber eingestellt ist und ihn behandelt. Anspruchsvoller sagte es Richard von Weizsäcker in seiner vielleicht eindrucksvollsten Rede am 8. Juni 1985, auf dem Evangelischen Kirchentag in Düsseldorf: «Der Mensch kann ... seine Zeit beeinflussen. Dafür ist er frei, dafür ist er verantwortlich.» Darf ich unbescheiden im Rückblick behaupten, dass ich ein klein wenig mehr Weltveränderer gewesen bin als die meisten? Dies aber nur, weil mir viele Chancen vergönnt waren, die zum Glück halfen und ein beinahe ständiges Glücklichsein erlaubten. Auch wenn manche Umstände eher auf Tragödie hinwiesen als auf Lustspiel.

Ohne Hitler, das heißt ohne die Emigration meiner Familie im Dezember 1933, wäre ich wahrscheinlich ein aufwärtsstrebender Bürgersohn geworden, dem es schwergefallen wäre, das Schicksal der gesellschaftlichen *underdogs* wahrzunehmen. Durch den Tod des Vaters, bereits am 7. Februar 1934, ist mein Leben zwar bis zum heutigen Tag vom Gedanken des Todes begleitet worden, aber die Integration in Frankreich, die Assimilation in der französischen Gesellschaft wären viel schwieriger gewesen neben einem 55-jährigen Professor der Medizin, den dieses Frankreich dazu verurteilte, ohne jedes anerkannte Diplom im Immigrationsland seinen Lebensunterhalt verdienen zu müssen.

Eindeutig trauerstiftend waren dann der Tod der Schwester als Konsequenz unserer Fahrradflucht vor der vordringenden Wehrmacht und später der Transport der Schwester meines Vaters und ihres Gatten von Theresienstadt nach Auschwitz. Diese Verluste halfen mir aber, den Weg nicht zur klagenden, sondern zur schöpferischen Erinnerung zu finden. Dabei ist mir bis zur Befreiung von Marseille im August 1944 das unverdiente Glück widerfahren, weder Folter noch Deportation erleiden zu müssen. Ich bin gewiss nicht sicher, dass ich der Folter widerstanden hätte. Mir schien später nichts dümmer als das Stück von Jean-Paul Sartre *Tote ohne Begräbnis*, das den Wert eines Menschen nur nach seiner Fähigkeit beurteilt, die Folter zu ertragen. Allerdings ist hier hinzuzufügen, dass von mir sehr bewunderte Frauen und Männer trotz des Erlittenen sofort die überwindenden Bestrebungen aufgenommen haben.

Es wird noch viel zu sagen sein über das doppelte Glück, die Mutter gehabt zu haben, die ich hatte, und die Frau gefunden zu haben, mit der ich nun seit mehr als einem halben Jahrhundert ihr und mein Leben teile.

Von Krankheit und Gebrechen bin ich verschont geblieben. Ich bin mir dieser besonderen «Chance» sehr bewusst, glaube jedoch auch, dass es eine nicht unbedeutende Wechselwirkung gibt zwischen dem geistigen und dem körperlichen Zustand. Das als solches bewusst erlebte Glücklichsein hilft dazu, den Körper als störungsfreies Werkzeug zu benutzen. Mit, in meinem Fall, der Einschränkung eines ständigen Kampfes gegen das Übergewicht! Der immerhin gewollte Beitrag zur Gesunderhaltung ist das Nichtrauchen und Nichttrinken gewesen. 1943, in Südfrankreich, erhielt ich, wie alle, die achtzehn wurden, Tabakmarken, die den Vorrat an (spärlichen) Brot-, Butter- und Fleischmarken um ein neues Item erweiterten. Ich tauschte sie gegen gute Kartoffeln und verachtete verständnislos die Leute, die zugunsten des Rauchens auf ihre guten Kartoffeln verzichteten. So habe ich nie mit dem Rauchen angefangen. Beim Trinken war der Grund ein anderer. Ich hasse es, nicht Herr meiner selbst zu sein. Einmal, als ich 1948 in Germersheim eine Tagung leitete, wusste ich am Morgen nicht, wie ich am Vorabend in mein Bett gekommen war. Von da an war ich darauf bedacht, meine Selbstkontrolle nicht mehr zu verlieren. Dass dies als negative Konsequenz hat, jegliche Begeisterung zu begrenzen, jede musikalische Emotion unter Kontrolle zu behalten, wird noch zu erläutern sein.

Die Anhäufung der Privilegien hat das Glücklichsein sehr erleichtert. Frankreich gehört zu den privilegierten Gesellschaften der heutigen Welt. Als Studienrat, *Agrégé d'allemand*, wurde ich 1947 Beamter auf Lebenszeit, konnte also nicht arbeitslos werden. 1956 wurden an der überprivilegierten *Fondation Nationale des Sciences Politiques (FNSP)* die beiden ersten französischen Hochschullehrerstellen für Politologie eingerichtet, von denen man eine mir zusprach. Bis zur Emeritierung 1992 durfte ich nun ein privilegierter Politologieprofessor an einer elitenausbildenden Institution sein.

Bis 1956 waren alle französischen Politikwissenschaftler entweder Professoren des öffentlichen Rechts oder Soziologen, die sich auch um Politologie kümmerten. Nun wurden an der *Fondation* zwei Hochschullehrerstellen im Rang eines *Directeur d'études et de recherches* geschaffen und jeweils einem Historiker und einem Germanisten anvertraut, die zwar jeder ein politikbezogenes Buch geschrieben hatten (René Rémond *Les Droites en France,* ich meinerseits *L'Allemagne de l'Occident. 1945–1952*), die aber in Politikwissenschaft Autodidakten waren, beauftragt, Doktoranden auszubilden, die somit keine Autodidakten sein würden. Die Unverfrorenheit, dies zu wagen, war bei mir eine schon alte Veranlagung. Mit siebzehn Jahren hatte ich das Abitur bestanden (Abteilung *Mathématiques élémentaires*) und wollte nun, im Exil in Saint-Raphaël bei Cannes, einiges Geld verdienen, weil meine Mutter und ich nur sehr, sehr wenig hatten. Ich bildete also Abiturkandidaten an einer kleinen Privatschule in Mathematik aus. 1943/44 war ich, mit falschen Papieren, Lehrer an einer katholischen Brüderschule in Marseille. Als Diplom hatte ich die Hälfte eines Bachelors in Germanistik. Ich unterrichtete in einer Sekunda Französisch, Geschichte, Geographie, Mathematik, Physik und Naturwissenschaften. Nur kein Deutsch, weil diese Sprache nicht in das Angebot der Schule gehörte! Während ich auf die Schaffung der beiden Posten an der *FNSP* wartete, nahm ich 1955/56 die Einladung des Direktors des *Bologna Center* der *Johns Hopkins University* an, an der *School of Advanced International Studies* vier Kurse zu unterrichten: Deutsche Parteien, Deutsche Gewerkschaften, Französische Parteien, Französische Gewerkschaften. Diesmal hatte ich gezögert, und der Direktor war es, der mich überzeugte: «Mit all dem, was Sie schon wissen, brauchen Sie nur in der Sommerzeit hart zu arbeiten, um bereit zu sein.» Ich habe dann vierzehn Jahre lang als *commuting professor*, von Paris anreisend, zweimal im Monat acht Stunden in Bologna unterrichtet und diskutiert ...

Dort sprach ich Englisch, genauso wie als *Kratter Visiting Professor of Modern European History* an der Stanford University in Kalifornien. Englisch? Oxford-Freunde behaupten, mein englischer Akzent bestehe aus einem Drittel deutschem, einem Drittel französischem, einem Drittel amerikanischem Akzent – und null Prozent englischem. Ich hatte zwar die Sprache bei einem England-Aufenthalt 1946 einigermaßen gelernt, aber dann nur an amerikanischen Universitäten gelehrt, mit vielen Fehlern beim Sprechen und der bis heute bestehenden Unfähigkeit, Texte auf Englisch zu schreiben. Meine beiden Sprachen sind eben Deutsch und Französisch.

Kann man wirklich voll zweisprachig sein? In meinem Fall muss ich die Frage verneinen. Gewiss habe ich das Glück, in keiner der beiden Sprachen einen Akzent zu haben. In Frankreich hat mir das sehr geholfen. Bei der Zugangsprüfung für die *Agrégation d'allemand* ließ ich die Elsässer hinter mir, die in beiden Sprachen den elsässischen Akzent bewahrten. Und mein Einsatz für die Zusammenarbeit mit der Bundesrepublik wäre weniger glaubwürdig gewesen, wenn ich auf Französisch einen deutschen Akzent gehabt hätte.

Mein Deutsch ist auch akzentfrei, vielleicht ein wenig süddeutsch angehaucht, obwohl ich in Frankfurt geboren bin und nicht in Offenbach, auf dem anderen Mainufer, das in Süddeutschland liegt! Mein Kindheitsdeutsch habe ich beibehalten, und es hat sich etwas erweitert, weil meine Mutter zwar französisch mit mir sprach, wenn es um ernste Dinge ging, aber darauf bestand, dass ich viel deutsch mit ihr redete. Und dann habe ich als Germanist viel dazugelernt. In späteren Jahrzehnten durch die vielen Kurzaufenthalte in Deutschland. Aber Artikel und Bücher direkt auf Deutsch schreiben, das gelang mir erst relativ spät. Und heute noch maile ich an Redaktionen und Verlage, denen ich einen meiner Texte schicke: «Korrektur sprachlicher Fehler nicht nur gestattet, sondern erwünscht!»

Das Deutsch, das ich als Germanist gelernt habe und verwendete, war ein literarisches, klassisches. Ein siebenstündiger Essay bei der *Agrégation* trug den Titel *Goethes erotische Mystik am Ende von Faust II*. Andere Themen waren: *Rilkes Kampf um die Lebensbejahung* oder *Das Thema des Brudermords im Drama des Sturm und Drang*. Meine Beiträge zur Germanistik hießen: *Gerhart Hauptmanns Roman «Der Narr in Christo Emanuel Quint»*, *Der junge Goethe und der Pietismus* und – was wirklich die Beherrschung beider Sprachen voraussetzte – *Rilkes Übersetzung von Paul Valérys «Cimetière marin»*. Dabei erlag ich nie der Versuchung, die komplizierte Schreibweise der «wissenschaftlichen» Germanistik zu verwenden, die auch Thomas Mann in seinen ästhetischen Abhandlungen benutzt. Sie schien mir immer hochtrabend und oft dazu eingesetzt, die Oberflächlichkeit der Gedanken zu vertuschen.

Als ich dann die Germanistik verließ, die so gerne der Politik, der Gesellschaft und überhaupt der Gegenwart entflieht, fand ich bei den Soziologen und Politologen eine noch viel schlimmere Sprachverzerrung. Willy Brandt hat einmal auf einem Parteitag den jüngeren, ultralinken Soziologen der Partei vorgeworfen, je mehr sie sich volksnah wähnten, desto unverständlicher für das Volk zu sprechen. Ich darf unbescheiden sagen, dass ich oft nach Deutschland von anderen Einrichtungen als den Universitäten eingeladen werde. Einer der Hauptgründe ist, dass ich eben ein klares Hochdeutsch spreche und den soziologischen Unwortgebrauch vermeide, und sei es nur, weil ich ihn nicht beherrsche. Ebenso wenig wie die neue Sprache der Jugendlichen. Nicht nur deshalb, sondern auch um kein Demagoge zu sein, spreche ich zu Gymnasiasten und anderen Jugendgruppen in meiner Sprache. Nur dass ich natürlich bedacht bin, auf den Gebrauch komplizierter Ausdrücke zu verzichten.

Die französische Sprache habe ich, nach meinem ersten Schultag am 5. Januar 1934, sehr schnell gelernt. Nicht nur das Reden. Dank meiner wunderbaren Lehrerinnen in der Grundschule, die dem jungen wissbegierigen Ausländer auch nach Schulende Nachhilfeunterricht erteilten, wurde ich bald unschlagbar in Grammatik und Rechtschreibung. Bald kam auch die Freude an der Sprache, am Spiel mit den Wörtern dazu, mit bewundernder Begeisterung für nicht immer als ganz Große anerkannte wie Victor Hugo, Guy de Maupassant, Roger Martin du Gard. Später haben diese Freude, diese Bewunderung mich im Französischen wie im Deutschen davor bewahrt, mir die Schnörkel der sozialwissenschaftlichen Sprache anzueignen. Ganz besonders in meinen Vorlesungen und Reden.

Ich rede gern. Im Fragebogen der *FAZ* hieß es: «Ihre Lieblingsbeschäftigung?» Ich war unvorsichtig genug zu antworten: «Zu einem Publikum sprechen.» Seitdem heißt es bei der Vorstellung meiner Person allzu oft: «Heute Abend praktiziert Professor Grosser seine Lieblingsbeschäftigung ...» (Immer noch besser als das furchtbare «Professor Grosser vorzustellen hieße Eulen nach Athen bringen», gesagt von jemandem, der nichts über meine Vita weiß.) Also: nach guter Vorbereitung auf der Grundlage von ein paar Notizen und Zitaten so frei wie möglich. Deswegen finde ich eben das Wort Vorlesung so schlimm. Muss wirklich «gelesen» werden? In allen deutschen Schulen und auch an den Universitäten sollte es *eine* Pflichtlektüre geben: Kurt Tucholskys Ratschläge für einen schlechten und einen guten Redner! Der schlechte soll sorgfältig den geschriebenen Text ablesen. Nur von Zeit zu Zeit aufblicken, um zu sehen, wie viele noch da sind ... Der Gute soll frei sprechen und mit kurzen Sätzen.

Ich bin so ziemlich unfähig, eine Rede vorzulesen. Manchmal musste ich es, insbesondere in der Paulskirche. Für meine Dankesrede zum Friedenspreis des Deutschen Buchhandels wollten die Fernsehleute meinen Text haben, damit sie, wenn ich sagen würde «der Vorsitzende der großen Oppositionspartei», Helmut Kohl im Bild haben könnten. Auch sollte ich vorher genau die Länge proben. (Dies verkannte eine Kunst, die ich eben bei Funk und Fernsehen gelernt habe, nämlich genau die vorgeschriebene Zeit einzuhalten, seien es fünfzig oder fünf Minuten. Ein deutsches Fernsehteam sagte einmal bei einer Aufnahme bei mir in Paris: «Wir kommen gern zu Ihnen, nicht weil wir besonders mögen, was Sie sagen, sondern weil Sie der einzige Professor sind, den wir kennen, der, wenn wir vier Minuten von ihm verlangen, antwortet: ‹Danke. Das ist viel!›») Vier Jahre davor, bei der Laudatio für Marion Dönhoff zu ihrem Friedenspreis, hatte ich das Lesen im Hotelzimmer geprobt und war stets an einer Stelle gestolpert, wo ich auf eine schlimme, damals weitverbreitete Vorsilbe des Wortes «liberal» hinwies und dann sagte: «Ja, wir sind Fleißliberale! Ja, wir sind Beißliberale!» Im Hotel rutschte mir das Wort «Scheißliberale» doch heraus, aber bei der Rede lief es dann gut. Ich durfte später auch die Dankesrede des schwer erkrankten Manès Sperber vorlesen – und habe das nicht ganz ehrlich gemacht, denn an jeder Stelle, mit deren Inhalt ich nicht wirklich einverstanden war, fügte ich «So sagt Manès Sperber» ein.

Darüber hinaus habe ich auch das Glück, nie Lampenfieber zu haben, was ein gewisses Spiel mit den Wörtern – und mit den Reaktionen des Publikums – erleichtert, unabhängig davon, ob die Zuhörerschaft nun groß oder klein ist. Mein größtes Auditorium waren die siebentausend Teilnehmer des Evangelischen Kirchentags 1983 in Hannover, die sich in einer Messehalle versammelt hatten, um meiner Rede mit eisiger Höflichkeit zu lauschen. Sie trugen alle das lila Halstuch der Friedensbewegung – und ich unterstützte den NATO-Doppelbeschluss zur Aufstellung der Pershing-Raketen, wenn die Sowjetunion ihre SS-20 aufstellen sollte. Das Minimum war null: ein evangelischer Pfarrer in einem Pariser Vorort hatte vergessen, die Einladung zu verschicken. So stritten wir uns zu zweit bis spät in die Nacht über Theologie und Exegese.

Lampenfieber kenne ich nicht, aber doch zwei mögliche Begrenzungen der inneren Freiheit. Wenn in einem Saal, auch in einem großen Hörsaal, zwei oder drei Leute sitzen, die mir offenbar nicht intellektuell, sondern menschlich feindlich gesinnt sind, so spüre ich das und spreche nur noch für sie. Wie jeder Schauspieler fühlt man sein Publikum. Wenn der Kontakt mit ihm wirklich intim ist, so mag man ein Glück empfinden, das beinahe einem Orgasmus ähnlich ist! Es kann aber auch eine andere Beschränkung der Freiheit vorkommen, dass nämlich die Tragödien, die ich in der Rede beschreibe oder erwähne, meine Selbstbeherrschung ins Wanken bringen. So geschah es am Ende meiner Rede im Plenarsaal des Bundestags zum Volkstrauertag 1974, und sei es nur, weil mich die sichtbare Emotion von Anne-marie Renger in der ersten Reihe angesteckt hatte. Sie war ja für mich nicht die Präsidentin des Bundestags, sondern die junge Sekretärin, auf deren Schulter Kurt Schumacher seinen einzigen Arm legte, um mit seinem einzigen Bein weiterhumpeln zu können. Hatte er doch diese Gliedmaßen im Ersten Weltkrieg und durch das Konzentrationslager in der Hitlerzeit verloren. General de Gaulle hat in seinen Memoiren ein Eintauchen in eine Menge beschrieben und fügte hinzu: «Me laissant saisir par une émotion calculée ...» (Ließ ich mich von einer wohlkalkulierten Rührung ergreifen ...) Wenn ich gerührt bin, so bin ich es wirklich und ohne den Effekt zu berechnen.

Es ist mir immer eine Freude, ein Publikum durch eine Bosheit zu provozieren. Allerdings unterscheiden sich hier das gesprochene und das geschriebene Wort. Eine abschwächende Handbewegung und ein Lächeln machen so gut wie jede Bosheit für das Publikum erträglich, weil ich mich ja dabei freue und es nicht böse, sondern wohlwollend meine. Häme ist mir fremd. (Der schönste Brief, den ich nach meiner sehr umstrittenen Friedenspreisrede bekommen habe, kam von einer alten Frau, die vor ihrem Fernsehapparat gesessen hatte: «Sie sprachen ein so gutes Deutsch, dass ich dachte, Sie könnten nur ein deutscher Professor sein. Dann haben Sie aber ein Lausbubengrinsen gehabt, und ich wusste, Sie konnten kein deutscher Professor sein.») Im geschriebenen Text ist die Bosheit wirklich böse und muss abgeschwächt werden. Dies ist nur ein Element der Qual, die es für mich bedeutet, vom Band abgeschriebene Reden druckreif machen zu müssen. Nichts fällt mir schwerer, und sei es nur, weil der gesprochene Text so viele Fehler enthält. Meinen Freund René Rémond habe ich jahrzehntelang beneidet. Er schrieb, wie er redete, er redete, wie er schrieb. Seine Reden waren druckreif.

Vielleicht ist mir auch deswegen die Diskussion lieber als die Rede. Der Dialog ist für beide Seiten bereichernd – und die spitzen Formulierungen kommen mir leichter, wenn sie spontan sind. Mit Schülern gibt es dabei ein Problem. Wenn ich eine Einladung eines deutschen, französischen, belgischen Gymnasiums annehme, füge ich immer hinzu: «Ich stelle aber eine Bedingung: keine Erwachsenen in den ersten Reihen.» Sonst entsteht eine Art Mauer, die den Dialog mit den Gymnasiasten dann abtötet. Manchmal fühlen sich zugeladene Würdenträger dann beleidigt. Sie könnten aber feststellen, dass es vonseiten der Schüler nie dumme Fragen gibt. Allenfalls ungeschickt gestellte. Es obliegt dann mir, die Fragen vor der Antwort umzuformulieren.

Ja, ich rede gern, vor und mit jedem Publikum. Dass mir dies so leichtfällt, dass das Reden schlechthin mir so viel Freude macht, ist eine Begabung, eine Gabe, die ich mir nicht besonders verdient habe. Vielleicht ist sie genetisch bedingt.

Vielleicht sollte ich auch eine weitere Chance der Genetik zuschreiben: Ich habe noch nie eine Entscheidung bedauert. Ich sagte einmal einem befreundeten Kollegen: «Soeben habe ich mich für diese und nicht für die andere Lösung entschieden, und nun sehe ich nur noch die Gründe, die meine Entscheidung rechtfertigen.» Er antwortete: «Bei mir ist es umgekehrt. Sobald ich eine Entscheidung getroffen habe, sehe ich nur die Gründe, die die andere gerechtfertigt hätten.» Es ist jedoch nicht so bei mir wie bei Philipp Jacob Spener, dem Gründer des Pietismus. Vor jeder Beförderung betete er zu Gott, um ihn zu fragen, ob er ja sagen sollte. Und Gott hat immer positiv geantwortet! Ich habe auch Ablehnungen nicht bereut oder Gehaltsverringerungen. Meine UNESCO-Kollegen konnten nicht verstehen, warum ich die Organisation 1951 nach einem Jahr verließ, wo ich doch dreimal besser bezahlt wurde – dazu noch steuerfrei – als fortan für meine Assistententätigkeit an der Sorbonne. Dass ich gezwungen gewesen war, die nichtssagenden UNESCO-Redensarten zu benutzen («We shall promote», «we shall encourage» ...) und mich auch nicht über Politik und Gesellschaft frei äußern konnte – diesen Grund wollten sie nicht verstehen, und doch war er auch im

Rückblick entscheidend. Es kann auch um Wichtigeres gehen. Ich habe wirklich gezögert, bevor ich 1959 eine meiner Doktorandinnen fragte, ob sie mich heiraten wollte. Bis heute habe ich nie auch nur die geringste Versuchung empfunden, meine damalige Entscheidung zu bereuen!

Es war natürlich nicht nur eine Entscheidung der Vernunft. Ein Schriftsteller des 18. Jahrhunderts unterbrach eine Dame, die ihm sagte: «Ich liebe Sie, weil ...», mit den Worten: «Um Gottes willen, wenn Sie wissen, warum Sie mich lieben, so ist es keine Liebe!» Die Entscheidung entsteht eher ungewollt, unter anderem durch die Arbeit des Unterbewusstseins bei Nacht, sodass beim Aufwachen die Entscheidung glasklar geworden ist! Dies hindert nicht die Selbstbefragung, die sich ihrerseits nicht auf die Entscheidungen beschränkt. Eine weitere Chance ist es, dass bei mir die Selbstbefragung fast ständig gegenwärtig, aber nie qualvoll ist.

Vielleicht, weil ich laut einem Fragebogen zur Charakterforschung zu 50 Prozent extrovertiert und zu 50 Prozent introvertiert bin. Ersteres ermöglicht die leichte und angenehme Kontaktnahme mit dem anderen, wozu ich, im Gegensatz zu manchen introvertierten Christen, keinen göttlichen Mittler benötige. Die Selbstbefragung wird nicht durch den vermeintlich anklagenden Blick des anderen hervorgerufen. Sie gehört zu meinem Innenleben, das nicht nur intellektuell ist. Die Introversion erklärt meinen Hang zum Unbestimmten, zum Mystischen, zur Spiritualität, wobei jedoch dieser Hang (leider?) durch die Vernunft stets unter Kontrolle gehalten wird.

Vielleicht ist meine Lust zu arbeiten (verbunden mit dem ständigen Frühaufstehen) einer Flucht vor der Welt zuzuschreiben, die die Begrenzung der Extroversion zeigt. Da jedoch der Inhalt der Arbeit sich im Allgemeinen mit der Welt beschäftigt, bleibt diese Selbstuntersuchung ziemlich sinnlos, also zwecklos. Besser ist es, die Frage zu stellen, auf welchen Grundlagen ich arbeite, denke, rede und schreibe.

KAPITEL 1

Die Grundlagen

Lob der Logik

Eigentlich könnte der Leser nun erwarten, dass ich ihm meine philosophischen Denkarten und Überzeugungen mitteile. Aber ich muss ihn enttäuschen. Ich bin kein Philosoph und will auch keiner sein. Nicht, dass ich einen klassischen Scherz für zutreffend halte: «Was ist ein Philosoph? Jemand, der einem, wenn man ihm eine Frage stellt, so antwortet, dass man die eigene Frage nicht mehr versteht.» (Wirklichkeitsnäher scheint mir meine Definition des Theologen zu sein, auf die ich noch zurückkommen werde: «Ein Theologe ist jemand, der sein ganzes Leben lang über das schreibt und spricht, was er als unsagbar bezeichnet.») Außer wenn ich mir die Definition zu eigen mache, die der Dichter Paul Valéry in einer Rede vor Berufsphilosophen gegeben hat: («Die Philosophie ist eine Übung des Denkens über sich selbst.»)

Die Metaphysik liegt mir fern. Nicht weil ich Atheist bin, denn wie viele Autoren von metaphysischen Abhandlungen sind Atheisten! Nein, es geht um meine Unfähigkeit, mich mit dem Sein schlechthin zu befassen. Meine Sympathie gehört dem als jüdischer Litauer geborenen französischen Philosophen Emmanuel Levinas, weil er in *Éthique et infini* geschrieben hat: «Il faut comprendre que la moralité ne vient pas comme une couche secondaire ... La moralité a une portée indépendante et préliminaire. La philosophie première est une éthique.» («Man soll verstehen, dass die Moral nicht daherkommt wie eine nebensächliche Schicht ...

Die Moral hat eine unabhängige und grundlegende Reichweite. Die Urphilosophie, die das Fundament darstellt, ist eine Ethik.»)

Die Ethik bedingt natürlich die Notwendigkeit, die Realität wenigstens einigermaßen zu kennen, die man bewertet. Das ist bei den Philosophen nicht gerade immer der Fall. Manche philosophieren aufgrund von abgrundtiefer Unkenntnis der Dinge, über die sie sich äußern, in voller Verachtung für die Laien, die eben keine Philosophen sind. In Deutschland scheint mir dies für Peter Sloterdijk zuzutreffen.

Im Namen der Ethik möchte ich auch bei dem Philosophen eine gewisse Übereinstimmung zwischen seiner Philosophie und seiner Praxis feststellen können. Nicht in seinem Privatleben. Mir ist ziemlich egal, dass Albert Camus kurz vor seinem frühen Tod einen beinahe gleichen Brief an drei Frauen mit Liebesbezeugungen schrieb. Mir ist nicht egal, dass Jean-Paul Sartre noch 1954 schreiben konnte: «La liberté de critique est totale en URSS» («Die Freiheit der Kritik ist in der Sowjetunion unbegrenzt»), und 1964: «Die Sowjetunion ist das einzige große Land, wo das Wort Fortschritt noch einen Sinn hat.» Es war das Jahr, in dem er den Nobelpreis ablehnte, mit einer unwahrscheinlichen Begründung: «Es ist bedauerlich, dass man den Preis an Pasternak verliehen hat und nicht an Scholochow und dass das einzige preisgekrönte Werk ein Werk ist, das im Ausland erschienen und in seiner Heimat verboten ist.» (Scholochows Schriften triefen von Lobeshymnen auf Stalin ...) Heideggers und seiner Schüler Versuche, politische Stellungnahmen als unwesentlich darzustellen, haben mich nie überzeugt. Auch wenn ich ebenso wenig von denen überzeugt wurde, die beweisen wollten, dass die Philosophie von *Sein und Zeit* im Kern nationalsozialistisch sei. Es geht mir um ein Minimum an Kohärenz zwischen Denken und Handeln. Ich glaube sie bei Spinoza zu sehen sowie bei Autoren, die für Philosophen nicht als Philosophen gelten – wie Montaigne, Erasmus, Camus.

Ich habe nicht bis 2010 gewartet, um Albert Camus zu bewundern und um ihn als einen Philosophen (in meinem Sinne!) zu betrachten. Er wurde lange von den Intellektuellen verachtet und von Sartre und den Seinen so bekämpft, dass man es kaum wagen konnte, sich als sein Anhänger zu bekennen. Deutschland war in den vierziger und fünfziger Jahren das Land, in dem er am meisten anerkannt wurde, jedoch lange, vielleicht heute noch, als ein Existentialist, der neben Sartre «l'absurde» verteidigte. Sein eigentlicher Erfolg in Deutschland kam durch den Rowohlt Verlag, sodass bei den Übersetzern der Witz grassierte: *L'homme révolté* müsste eigentlich auf Deutsch *L'homme rowohlté* heißen. 2010 gab es eine Revolte auf der linken Seite, weil Präsident Sarkozy den Sarg von Camus vom südfranzösischen Lourmarin, dem Ort, an dem er am glücklichsten gewesen war, ins Pariser Panthéon überführen lassen wollte. Dieser Versuch war demagogisch, eben weil Camus inzwischen eine nationale Größe geworden war.

Für mich hatte die Bewunderung unmittelbar nach der Befreiung begonnen, als man die Widerstandszeitung *Combat*, die nun in Paris erschien, offen lesen durfte. Die Leitartikel von Camus waren für den Zwanzigjährigen eine schöne Verbindung von Politik und Moral, so wie es in den folgenden Jahrzehnten nie mehr vorgekommen ist. Das soll nicht heißen, dass ich mit allem einverstanden war. Auf dem Gebiet der politischen Säuberungen war er allzu unerbittlich – bis er François Mauriac recht geben musste, dem katholischen Schriftsteller (und späteren Nobelpreisträger für Literatur im Jahr 1952), der sich für mehr Nachsicht eingesetzt hatte. Als ich im Oktober 1947 *Combat* eine Artikelreihe über die Jugend in Deutschland vorlegte, war Camus schon nicht mehr bei der Zeitung, aber es blieb für mich auch unter dem ehemaligen KZ-Häftling Claude Bourdet die Zeitung von Albert Camus. Sonst hätte ich die Bilanz meiner ersten Deutschlandreise *Le Monde* angeboten.

Das Buch *Der Fremde* habe ich oft gelesen, aber es war der

große Roman *Die Pest,* dessen Grundeinstellung so sehr der meinen entsprach, dass mich die Häme anwiderte, mit der das Buch und dann der Nobelpreis vom intellektuellen Milieu aufgenommen wurden. Ich hatte auch 1947 einer der ersten Aufführungen von *Caligula* beigewohnt (mit viel Begeisterung für den jungen Gérard Philipe in der Hauptrolle) und zitiere seitdem gern den ruhigen, nüchternen Cherea, der zu Caligula sagt: «Ich wünsche zuweilen den Tod der Menschen, die ich liebe, und begehre Frauen, die zu begehren die Gesetze der Familie oder der Freundschaft mir verbieten. Wenn ich konsequent sein wollte, müsste ich dann töten oder besitzen. Aber meiner Ansicht nach haben diese verschwommenen Gedanken keine Bedeutung.» Warum ich das so häufig zitiere? Weil es bis zu einem gewissen Grad meine Abneigung gegen Freud rechtfertigt. Was nützt es, sich lange zu bemühen, Dinge, die furchtbar, aber ohne Bedeutung sind, an den Tag zu bringen? (Dazu zwei Randbemerkungen. Die erste: Ich habe nie den Ödipus-Komplex in seiner Benennung verstehen können. Ödipus wusste nicht, dass der von ihm Getötete sein Vater war, noch dass seine Frau seine Mutter war. Also haben Lust zum Vatermord und zum Beischlaf mit der Mutter nichts mit ihm zu tun! Die zweite: Wie kann man, wie so viele Intellektuelle, als Marxianer für Freud sein, für den die Familie viel wichtiger war als die Klassenzugehörigkeit? Außer dass Freud den Armen das Recht auf Psychoanalyse absprach, weil die Kur nur für die wirksam sein könne, die die Mittel hätten, sie zu bezahlen ...)

Albert Camus war für mich später eine wichtige Stimme – trotz seines vielkritisierten Schweigens während des Algerienkriegs 1954 bis 1962. In seiner Nobelpreisrede sagte er, es sei das erste Mal, dass ein algerischer Schriftsteller diese Ehrung erhielt. Ihm wurde vorgeworfen, er habe sich in einem öffentlichen Gespräch darauf berufen, dass ihm die Sicherheit seiner Mutter in Algier wichtiger gewesen sei als die Gerechtigkeit. Dann wurde sein Schweigen kritisiert, als seien ihm die muslimischen Algerier gleichgültig. Man vergaß, dass er schon 1939 seine Stimme in der Presse erhoben hatte, um auf das Leiden der muslimischen, in Armut und Diskriminierung lebenden Algerier hinzuweisen. Sein Schweigen kam aus seinem Unvermögen, die beiden Lager zur Vernunft und zum Einstellen der Morde zu bringen. Auch dies trug für mich dazu bei, in gewisser Hinsicht Camus als Leitfigur beizubehalten.

Wenn schon Philosophie, dann mit einer Grundanforderung beginnen. Könnte ich in Frankreich und in Deutschland die Schul- und Universitätsprogramme diktatorisch bestimmen, so würde ich in allen Bereichen ein Lehrfach Logik einführen. Oft hat man sich lustig gemacht über die abstrusen Namen, mit denen die verschiedenen Figuren der Logik versehen waren. So zum Beispiel Molière im *Bürger als Edelmann*, als Monsieur Jourdain den Philosophielehrer fragt, was denn diese Logik sei, die er ihm beibringen soll. Als Antwort werden ihm völlig unverständliche Begriffe genannt wie «Celarent» oder «Baralipton». Aber ich bitte um Verständnis für meine (kurze) Sprachlosigkeit nach der Antwort eines Seminarteilnehmers, dem ich gesagt hatte: «Ihre Stellungnahme steht im Gegensatz zu dem, was Sie vorher festgestellt haben.» – «Na und?», antwortete er. Ich gab mir alle Mühe, ihm zu erklären, dass er in seinem Studium behindert würde, wenn er nicht logisch denken könne, und vor allem, dass er darunter leiden würde, unlogisch denkende und redende Diskussionspartner zu haben.

Wichtiger war und bleibt mir die einfache und doch komplizierte Geschichte, die vor falschen Syllogismen warnen soll. Christophoros sagt, alle Griechen sind Lügner. Aber er selbst ist Grieche! Also hat er gelogen, und die Griechen sind keine Lügner. Aber dann hat er die Wahrheit gesagt, und die Griechen sind Lügner. Aber ... usw. Was ist dumm an der Geschichte? Dass das Gegenteil von «alle» nicht «keiner» ist, sondern «die einen ja, die anderen nein». Wie das Gegenteil von «immer» nicht «nie» ist, sondern «manchmal so, manchmal anders». Hier füge ich immer für Studenten und Schüler hinzu: «Wenn ihr das verstanden habt, habt ihr gerade einen doppelten Fortschritt gemacht – in Logik und in Toleranz!» (Was ein besonders dummer Syllogismus sein mag, hat Ionesco wunderbar in *Die Nashörner* gezeigt: «Alle Katzen sind sterblich. Sokrates ist gestorben. Also ist Sokrates eine Katze.»)

Die Logik führt zur Forderung nach Kohärenz. Um diese herzustellen, sollte man sich ständig selbst befragen. Damit mein Publikum oder meine jungen und alten Gesprächspartner das vollbringen, greife ich so oft und so gut ich kann zur Mäeutik des Sokrates: «Du willst dieses. Dann willst du auch die Konsequenz und dann wieder die Konsequenz. Aber die weist auf eine Tatsache, die du nicht willst. Gehen wir also zum Anfang zurück, um deinen ersten Willen näher zu untersuchen.» Konkretes Beispiel: «Terrorismus ist schlimm, also sind Terroristen anzuprangern. Wie schlimm sind doch diese palästinensischen Terroristen.» – «Ja, aber was ist mit den jüdischen Terroristen in Palästina vor der Gründung des Staates Israel?» – «Das ist doch nicht dasselbe.» – «Wieso? Kehren wir zum Anfang, nämlich zum Begriff des Terrorismus zurück.» Als ich in einer *khâgne* (Postabitur-Gymnasialklasse, dem Wettbewerb zur *École normale supérieure* – bei dem ich übrigens durchfallen sollte) Philosophieunterricht erhielt, hatten wir zunächst einen brillanten Phänomenologen als Lehrer, der uns sehr beeindruckte. Drei Monate später wurde er Professor an der Universität Lille. Der Nachfolger war ein kleiner, leise sprechender älterer Herr, der während der ersten Stunde dreimal sagte: «Ich weiß nicht. Was meint ihr dazu?» Wir merkten bald, dass er mit uns eine hervorragende Mäeutik betrieb, die aus jedem von uns viel hervorbrachte, dessen wir uns gar nicht bewusst gewesen waren.

Mich bestätigte er – der dann bis an sein Lebensende mein

Freund geworden ist – in der Notwendigkeit der ständigen Selbstbefragung. Besonders wenn ich versuche, einer Wahrheit näherzukommen. Dabei habe ich auf die Frage von Pilatus: «Was ist Wahrheit?», eine klare, zugleich komplizierte Antwort: Es gibt keine absolute Wahrheit, aber es gibt Dinge, die wahrer sind als andere. Und vor allem besteht ein großer Unterschied zwischen denen, die nach Wahrheit suchen, und denen, die wissentlich diese Suche vernachlässigen, weil sie sich im Besitz einer absoluten Wahrheit wähnen – und somit nur allzu oft intolerant werden all jenen gegenüber, die diese absolute Wahrheit nicht anerkennen. In seiner Enzyklika von 2009 *Caritas in veritate* ist es für Papst Benedikt XVI. selbstverständlich, dass es nur eine Wahrheit gibt – die seine.

Mir ist oft ein Mangel an Wissenschaftlichkeit vorgeworfen worden. Für mich ist bei anderen die verkündete Wissenschaftlichkeit bereits am Ende, wenn sie sich auf eine alles erklärende sogenannte Theorie stützen oder, anders gesagt, einen Schlüssel haben wollen, der alle Türen öffnet. Sei es die Klassenzugehörigkeit und ihre wirtschaftlichen Konsequenzen bei Marx oder das in diese und nicht jene Gesellschaftsgruppe Hineingeboren-Sein, wie es Pierre Bourdieu und die Seinen heute noch vorbringen. In der schon zitierten Rede hat Richard von Weizsäcker zu Recht gesagt (es ging um die Identität seiner Zuhörer als Deutsche): «Es gibt keine einfachen, keine allgemein verbindlichen und keine unveränderlichen Antworten.» Und das gilt auch für die sogenannten wissenschaftlichen Sozialwissenschaften. In einem seit Jahrhunderten wohlbekannten Zitat geht es mir um einen Buchstaben. Im ersten Jahrhundert v. Chr. schrieb Lukrez sein großes Werk *De rerum natura*. Vergil würdigte ihn und seine Leistung einige Jahre später mit den Worten: «Felix qui potuit cognoscere causas.» *Causas* und nicht *causa*. Glücklich der, der die Ursachen erkennen konnte. Nicht die Ursache im Singular. 1969 habe ich zum ersten und letzten Mal ein Seminar unterbrochen, und zwar eines mit einer Studentengruppe des Berliner Otto-Suhr-Instituts. Sie wollten bei mir am *Institut d'études politiques* über die französische Innenpolitik aufgeklärt werden. Ich wurde ständig unterbrochen. Was ich sage, sei doch unwichtig. Wesentlich sei nur der Besitz der Produktionsmittel in der französischen Gesellschaft, denn dieser erkläre doch alles. Ich sagte schließlich: «Da ihr es besser wisst als ich, brauche ich nicht weiterzureden.»

Schon ganz einfache Dinge haben vielfältige Ursachen. Ein Junge wirft einen Stein gegen eine Fensterscheibe, die zerbricht. Wer oder was ist *die* Ursache der Splitter? Das zu dünne Glas? Der Stein? Das Alter des Jungen, das ihm eine Kraft verleiht, die ein kleineres Kind nicht gehabt hätte? Seine Lust zu zerstören, die wiederum erklärt werden muss? Reaktion auf zu wenig Liebe zu Hause? Auf zu viel Autorität? Auf zu wenig Autorität? Und überhaupt die heutige Gesellschaft, die Gewalt verherrlicht und zeitigt? Oder nur die Schulkameraden, die seinen Mut auf die Probe stellen wollen oder ihn dazu gebracht haben, fremdes Gut nicht zu respektieren? Man könnte endlos fortfahren. Nichts ist schwieriger als die Forschung nach Kausalitäten. Unser zweiter Sohn, Pierre, ist Historiker. Eines seiner Bücher behandelt eingehend die Frage nach den Ursachen des Zweiten Weltkriegs. Sie scheinen so einfach darzustellen, im Gegensatz zu denen des Ersten Weltkriegs, über die noch heute ständig gestritten wird. Und doch hat er feststellen können, dass allein «der Wille Hitlers» als Antwort wirklich nicht genügt.

Natürlich kann man Anspruch auf Wissenschaftlichkeit erheben, wenn man ein Talent für verschwommene Aussagen hat. So Ernst Nolte auf den Vorwurf, dass er für seine These der kausalen Beziehung zwischen Lenin und Hitler nicht mehr anzuführen weiß als Begründungen nach dem Schema *post hoc, ergo propter hoc* (danach, also deswegen). Wenn man das *prius* (vorher) als Ursache nimmt, macht man Hitlers Barbarei zur Konsequenz des bolschewistischen Terrors. Ja, aber so klar ist es nicht. Ursache und doch nicht Ursache. Manchmal ganz, manchmal teilweise … Besser sollte von allen verstanden und verkündet werden, dass es schon allein deshalb keine einfachen Antworten geben kann, weil die Wirklichkeit nicht einfach ist. Wie man aus der Multikausalität ein großes, vielerklärendes Werk machen kann, hat Karl Dietrich Bracher 1955 in seiner Studie *Die Auflösung der Weimarer Republik* gezeigt.

Ein weiteres Geständnis: Ich habe als Politologe und Historiker eine gewisse Allergie gegenüber großen Theorien. Manchmal sogar gegen kleinere. Ich durfte an einem Seminar teilnehmen, das Raymond Aron und der Spezialist für Geschichte der Internationalen Beziehungen Jean-Baptiste Duroselle gemeinsam leiteten. Fast am Ende jeder Sitzung brachte Aron eine theoretische Interpretation des Gesagten. Darauf unser Kollege Duroselle, was Aron von keinem anderen ertragen hätte: «Das ist sehr interessant und überzeugend. Ich muss jedoch gestehen, dass die ersten zehn geschichtlichen Fakten, die mir zur Theorie einfallen, mit dieser nicht übereinstimmen!»

Mit meinem Kollegen und Freund Gilbert Ziebura streite ich seit vielen Jahrzehnten. Er sucht nach einer Theorie, die viele sehr unterschiedliche Fakten und Teilerklärungen integrieren würde. Er hat sie nie überzeugend gefunden, sucht aber in hohem Alter weiter, während ich behaupte, dass es eine solche Theorie nicht geben kann. Deswegen bin ich noch lange kein «Empirist». Im Gegenteil. Wie oft habe ich mich über amerikanische und auch deutsche Dissertationen geärgert, deren erster, einleitender, aber ausgedehnter Teil sich auf abstrakte Theorien berief, die dann in den Teilen, die das angekündigte Thema behandelten, völlig beiseitegelassen wurden! Und diese Teile bestanden aus einer Anhäufung von empirischen Fakten, ohne eine anfängliche Fragestellung, die sich durch alle Kapitel wie ein roter Faden hätte ziehen sollen, um dann in wohlfundierte, aber höchstwahrscheinlich nuancierte Antworten zu münden.

Dass nur wissenschaftlich sein kann, was widerlegbar ist, das stand schon vor Karl Popper fest. Einstein hat sich nie eingebildet, seine Relativitätstheorie sei einer zu verkündenden ewigen Wahrheit gleich. Ich bin geneigt, Formulierungen schlicht als dumm zu bezeichnen, die man nicht widerlegen kann. Ein paar französische Germanisten, Historiker, Geopolitiker glauben noch immer an die «deutsche Gefahr». Der berühmte «Drang nach Osten» werde nach der Wiedervereinigung Eroberungsgelüste wecken. «Aber kein Deutscher denkt so!» – «Eben. Die Deutschen wissen nicht, zu welchen Gedanken die geopolitische Lage Deutschlands sie notwendigerweise bringen wird.» Unwiderlegbar, deswegen so dumm!

Für mich ist die Grundlage der Wissenschaftlichkeit der Vergleich. Nicht nur in der Wissenschaft, sondern auch im allgemeinen Denken. Als eine der ersten französischen Jugendgruppen von einer Reise in die Bundesrepublik zurückkam, zeigte sie sich voller Begeisterung über einen Besuch in den Mercedes-Werken. «Diese Maschinen! Diese Werkzeuge! Dieser Ernst bei der Arbeit! Ja, die Deutschen!» Ich fragte: «Habt ihr schon einmal die Renault- oder die Peugeot-Werke besichtigt?» – «Nein, wieso?» Aber in den Sozialwissenschaften ist der Vergleich besonders wichtig.

Nur eines meiner Bücher ist einigermaßen theoretisch. Der französische Titel von *Politik erklären* lautete *L'Explication politique. Une introduction à l'analyse comparative* – «Eine Einführung in die vergleichende Analyse». Ich wollte mich selbst befragen über die Methode, die ich bisher in meinen Büchern verwendet hatte, in der Hoffnung, dass das Ergebnis für meine Studenten und für andere nützlich sein könnte. Die Aufnahme war gut, sodass es später zu einer Neuausgabe kam. Aber die Reaktion der Soziologen war schlecht. Ich hatte mich mit meiner eigenen Gedankenwelt auseinandergesetzt, mit Fußnoten zu den Lektüren, die ich dabei benutzte, und hatte mich nicht in den Stand der Wissenschaft eingefügt. Raymond Aron schrieb mir einen merkwürdigen Brief. «Besuchen Sie mich, wann Sie wollen. Aber wir werden nicht über Ihr Buch sprechen. Das, was ich sagen würde, würde Sie verletzen. Und was Sie antworten würden, würde mich verletzen.» Beim Hanser Verlag sagte der Lektor, mein Buch solle besser nicht in Übersetzung veröffentlicht werden, weil es nicht wissenschaftlich sei. Ich schrieb an Karl Popper, um ihn um seine Meinung zu bitten. Er lehnte eine Stellungnahme ab. Mein Freund Christoph Schlotterer, der den Verlag leitete, entschied sich dennoch für die Publikation.

Das Wort «unvergleichbar» ist genauso dumm wie das Wort «undenkbar». Wenn man etwas als undenkbar bezeichnet, so nur, weil man es gerade gedacht hat. Unvergleichbar bedeutet einmalig schön oder einmalig furchtbar. Die Feststellung ist nur logisch möglich, wenn man mit anderem verglichen hat. Das versuche ich ständig und geduldig für die Shoah zu erklären. In weniger dramatischen Fällen läuft es dann so: «Es gibt eine Ähnlichkeit. Ja, aber bei näherer Betrachtung sind die Unterschiede groß. Wenn man dann doch noch einmal näher hinblickt, gibt es nicht unwesentliche Gemeinsamkeiten.»

Wissenschaftlich soll auch die Mathematisierung sein. Die Wirtschaftswissenschaften sind auf diesem Gebiet so weit gegangen, dass sie sich mitunter völlig von der Realität entfernt haben, insbesondere in Krisenzeiten. Aber an jedem Wahlabend, in Deutschland wie in Frankreich, bin ich fast immer voller Bewunderung für die Institute, die mit ihren Prognosen beinahe richtiglagen und in ihren Hochrechnungen so präzise sind, dass die politische Diskussion schon beinahe beendet ist, wenn die offiziellen Zahlen verkündet werden. Ich weiß die Methoden zu würdigen, vor allem in Deutschland, wenn sie von der Mannheimer Forschungsgruppe Wahlen benutzt werden. Leider steigt den Experten manchmal der mathematische Erfolg zu Kopf, und sie vernachlässigen die Tatsache, dass ihre Voraussagen ein Maß an Ungewissheit einschließen. Der Beinahe-Bundeskanzler Edmund

Stoiber hat in dieser Hinsicht eine bittere Erfahrung machen müssen! Auch bei einfachen Vergleichen ist die Zahl nützlich.

Vergleichen wir Peter und Paul. Die Körpergröße ist ein eindeutiges Kriterium. Darf ich «Paul ist schöner als Peter» quantifizieren? Mit dem Umweg: Wenn ich ihre Kameraden befrage und 95 Prozent sagen, Paul sei schöner, so ist die größere Schönheit wenigstens ein soziales Phänomen. Und die Aussage «Peter ist stärker als Paul»? Ich kann das behaupten, weil er 40 Kilo stemmt und Paul nur 30. Aber das mag gesellschaftlich und politisch nicht genügen. Marcel Pagnol hat in seinen Memoiren erzählt, wie er einen kräftigen Gegner auf dem Schulhof besiegte, weil dieser ein Croissant im Mund hatte und sich daran nach einem Schlag, den er erhielt, gewaltig verschluckte. Seitdem galt Marcel als stärker als der andere. In der Hochburg der mathematisierten Soziologie, Michigan State University, wurde mir erklärt, dass alles messbar sei. Ich ließ eine Frage zurück, auf die ich dann nie eine Antwort bekam: «Wie messen Sie den Machtverlust, den die Bundesrepublik durch die Tatsache erleidet, dass es Hitler in der deutschen Vergangenheit gegeben hat?» Und wie berechenbar war die Niederlage der mächtigen Vereinigten Staaten in Vietnam gegenüber einem in jeder quantitativen Hinsicht schwächeren Feind?

Vergleichbar ist alles. Identisch wenig. Will man Hitlers Sieg 1933 erklären, so sollte man das damalige Deutschland mit den USA von Franklin D. Roosevelt vergleichen. Wirtschaftskrise, enorme Arbeitslosigkeit: Da man wirklich nicht sagen kann, Roosevelt und Hitler hätten ihre Macht auf ähnliche Weise ausgeübt, muss man für Hitler andere Ursachen finden, zum Beispiel den Versailler Vertrag, den deutschen Chauvinismus, den Mangel an demokratischem Gefühl und demokratischer Praxis, den überlieferten Antisemitismus, den Antimarxismus (bei in Amerika nicht bestehenden marxistischen Parteien) und anderes mehr.

Mein jahrzehntelanger Vergleich galt und gilt Frankreich und Deutschland. Deswegen hießen zwei meiner Bücher, die ich direkt hintereinander schrieb: *Wie anders sind die Deutschen?* (es hätte heißen sollen: «Wie anders ist Deutschland?», denn ich verabscheue die Verallgemeinerung «die Deutschen») und *Wie anders ist Frankreich?* Und während ich sie schrieb, stellte ich mir ständig die wissenschaftliche Grundfrage: «Sage ich das aus rationaler Überlegung heraus oder weil ich teilweise davon beeinflusst, wenn nicht bestimmt werde, dass ich Franzose bin? Oder weil mein Wunsch, die Bundesrepublik schöner zu sehen, als sie ist, meine Vernunft beeinträchtigt?» Wie wichtig es ist, sich zu fragen, welche Zugehörigkeiten einen Menschen bestimmen können, habe ich zum ersten Mal 1959 verstanden, als mich Duroselle beauftragte, eine Sammelbesprechung zu schreiben über amerikanische *textbooks*, betitelt *International Relations*. Die Autoren, die im Vorwort am meisten Wissenschaftlichkeit beanspruchten, schrieben aufgrund von amerikanischen oder anderen, zum Beispiel jüdischen Vorurteilen. Diejenigen, die im Vorwort sagten, welche Zugehörigkeiten vielleicht ihre Wissenschaftlichkeit beeinträchtigen könnten, entpuppten sich als die rationalsten, die wissenschaftlichsten. Einer meiner jüngeren (immerhin schon im Ruhestand schreibenden!) Kollegen hat jüngst ein Buch über die französische Außenpolitik der letzten Jahrzehnte veröffentlicht. Ich schrieb ihm banal, dass das Werk sehr aufschlussreich sei, fügte aber hinzu, dass mir in der Bibliographie und im Text der Blick der britischen, amerikanischen und deutschen Beobachter Frankreichs fehle. Er scheint diese Kritik an der üblichen französischen Selbstbezogenheit nicht verstanden zu haben, denn er sagte einem gemeinsamen Bekannten, wie froh und stolz er angesichts meiner Komplimente sei.

Schon bei der Selbstbetrachtung wird eine Tatsache klar. Es gibt zwei Gattungen der Realität. Diejenige, die man mit reiner Vernunft sieht und darstellt – und diejenige, die als wahr geglaubt wird. Was in den Köpfen ist, auch wenn es der Wirklichkeit nicht entspricht, ist ebenso wichtig und so wirklich in Politik, Wirtschaft und Gesellschaft wie die erste Wirklichkeit. Das gilt auch für die scheinbar klaren Zahlen. Die Kriminalitätsrate ist bei Ausländern höher als bei den Einheimischen. Wer stellt das in Frage? Nur dass mehr Ausländer männlich, jung und arm sind als die deutschen Einwohner. Wer hat schon eine alte Frau hinter einem Jüngling herlaufen sehen, um ihm seine Tasche zu entreißen? Der Vergleich sollte also mit jungen, armen, männlichen Deutschen gemacht werden. Aber der falsche Vergleich entspricht den Erwartungen! Das gilt auch für die Wissenschaftler. Bereits Friedrich Schlegel sagte vor rund zweihundert Jahren: «Nicht selten ist das Auslegen ein Einlegen des Erwünschten.»

Es gilt oft, gegen Mythen zu kämpfen. Und es ist manchmal schwierig zu beweisen, dass es sich um Mythen handelt, denn die Dummheit ist doch recht verbreitet. Zu Recht sagt man: «Gegen Dummheit kämpfen Götter selbst vergeblich.» Und ich bin kein Gott! Ein befreundeter Jesuit staunte darüber, dass die Völlerei zu den Todsünden zählte und nicht die Dummheit: Man könne doch den Einfluss der Vernunft durch Erziehung oder Selbsterziehung ständig erweitern! Es muss leider zugegeben werden, dass es schwer, wenn nicht unmöglich ist, gegen das Fernsehen oder die neuen Medien anzukommen. Che Guevara hat umbarmherzig gemordet und politisch nichts erreicht. Aber sein Bild wird weiterhin von Millionen junger oder weniger junger Leute auf ihrem T-Shirt getragen, die sich in ihrer Bewunderung bestärkt fühlen durch Filme über ihn wie *Che* von Steven Soderbergh (2008).

Trotzdem gilt es für mich ständig, gegen Mythen anzugehen und sie durch vernünftiges Wissen zu zerstören. In Deutschland war es mir vergönnt, dreimal gegen Mythen zu sprechen: erstens gegen die furchtbare Germania am Niederwalddenkmal, zweitens auf dem Kyffhäuser und drittens in Leipzig am Denkmal der sogenannten Völkerschlacht. Meine wissenschaftlichsten, das heißt ausführlichsten und am genauesten recherchierten Bücher, *La Quatrième République et sa politique extérieure* und *Les Oc-*

cidentaux. Les pays d'Europe et les États Unis depuis la guerre (deutsch *Das Bündnis*), schrieb ich auch mit pädagogischer, aufklärerischer Absicht. Das Schreiben des Buches *Das Bündnis* war besonders interessant und schwierig, weil ich wusste, dass es zugleich in Paris und in München und wenige Monate später in New York und London erscheinen würde. Also musste ich das Wissen, das Unwissen, die Vorurteile vier verschiedener Leserschaften berücksichtigen. Bereits in der Einleitung meines ersten Buches *L'Allemagne de l'Occident* erklärte ich das Warum des Buches folgendermaßen: «Eine Agenturdepesche sagt, dass deutsche Studenten sich duelliert haben, dass der Bund der Heimatvertriebenen in Schleswig-Holstein Fortschritte erzielt hat, dass es in Essen Schlägereien wegen der Wiederbewaffnung gegeben hat. Ein Redakteur gibt die Information in seiner Zeitung mit Kommentar wieder. Der Leser nimmt seinen Artikel am nächsten Morgen wahr. Das Ziel dieses Buches ist es, beiden, dem Journalisten und dem Leser, einen Überblick über das heutige Deutschland zu geben, damit sie die Informationen behandeln können aufgrund von Wissen und nicht von Vorurteilen.»

Mit welchen Quellen arbeite ich denn selbst, um ein solches Ziel zu erreichen? Das Buch fiel in die Kategorie Zeitgeschichte. Da gibt es nur wenige Archive. Ich rufe manchen Zorn hervor, wenn ich sage, dass ich diesen Mangel nicht als furchtbar empfinde. Heute, wo so viel über Telefon und Internet geht, sind die Archive für die zukünftigen Historiker sowieso von geringerer Bedeutung. Oft liegen dort ja Berichte von Botschaftern, deren Ideen nicht aufgenommen wurden und deren Grundlage vor allem die Presse des Landes ist, in dem sie ihr Amt ausüben. Ich benutze natürlich Bücher, die zu diesem oder jenem Thema, oft mit Hilfe mehrerer Archive, geschrieben wurden.

Das Problem der Bibliographien war mir immer wichtig. Heute, wo jeder über jedes Thema in zwei Minuten auf Google eine bibliographische Liste abrufen kann, scheint es mir wichtiger denn je, kein Buch aufzulisten, das nicht mindestens mit einem Wort versehen ist, um seinen Inhalt und seine Tendenz zu bezeichnen, um zu beweisen, dass man das Buch mindestens in der Hand gehabt hat. Ich habe Dissertationen immer abgelehnt, wenn sie diese Regel nicht respektierten. Bereits in *L'Allemagne de l'Occident* bin ich so verfahren, und die 320 Buchtitel wurden eingeordnet und knapp vorgestellt. Im Vorwort zum *Bündnis* schrieb ich, dass die manchmal längeren Fußnoten nicht für den «normalen» Leser seien (der soll in der Kontinuität lesen dürfen, ohne ständig sein Auge abzuwenden), sondern einerseits dazu da seien, um das, was ich schrieb, zu rechtfertigen, andererseits durch meine Kommentare anderen zu helfen, ihre Forschung voranzutreiben. «Wissenschaftlicher» sind meine beiden Professoren-Söhne. Ein 30 Seiten langer Zeitschriftenbeitrag des Historikers hatte als Anhang 450 bibliographische Anmerkungen, und die Dissertation des Juristen enthielt auf jeder der 500 Seiten eine Hälfte Text und eine Hälfte Fußnoten.

Neben und oft vor Büchern ist meine wichtigste Quelle die Presse. Sie ist in gewissem Sinn «wissenschaftlich», wenn sie auch in den Augen vieler Historiker, vor allem der deutschen, nicht als solche gilt. Ich bin ein leidenschaftlicher Zeitungsleser und «Zeitungsausschneider». Jeden Tag nehme ich fünf französische und zwei deutsche Tageszeitungen zur Hand, dazu kommen zwei deutsche und vier französische Wochenzeitungen. Ich entdecke schnell, welche Artikel mich interessieren, auch welche kleinen Informationen ich ausschneiden werde, um sie in meinen Artikeln oder Büchern zu verwenden. Jean-Baptiste Duroselle sagte zu Recht, dass die Fakten der Gegenwart, wenn man mehrere Zeitungen liest, ein *sillage perceptible*, ein «wahrnehmbares Kielwasser» hinterlassen.

Das hat mir zehn Jahre lang – von 1980 bis 1990 – erlaubt, den Unterricht zu geben, der mir in vier Jahrzehnten Hochschulunterricht die größte Genugtuung und die meiste Freude gebracht hat.

Es war eigentlich kein Unterricht. Jeden Donnerstag von 18 bis 19 Uhr gab ich einen *commentaire d'actualité* über ein beliebiges Thema, das zwei Tage vorher an einem Schwarzen Brett angezeigt war. Es konnte über Le Pen sein, über ein besonderes Verbrechen, über den Selbstmord einer Studentin oder über ein neues Gesetz. Die 300 Plätze des Hörsaals waren im Allgemeinen besetzt, obwohl es keine Scheine, keine Noten gab und das Thema wenig mit dem Lehrplan der verschiedenen Abteilungen zu tun hatte. Eine Stunde lang analysierte ich das Besprochene, oft auf Grundlage der Presse, immer mit einer moralischen Aufforderung.

Moralisierender Einzelgänger

Am Anfang einer Tagung über Karl Jaspers in Heidelberg sollte sich jeder Redner vorstellen. Der eine war Philosoph, der nächste Theologe, ein anderer Historiker. Ich wurde lächelnd befragt, was ich denn eigentlich sei. Ich antwortete: «Moralpädagoge», was ein gutmütiges Lachen provozierte. Aber ich meinte es ernst und lasse mich gern so bezeichnen. 1980 schrieb ein deutscher Journalist, meine Losung sei: «Durch Wissen und Wärme aufklärerisch beeinflussen.» Dies ist in der Tat mein ständiges Ziel. Oft wird behauptet, man solle die anderen Menschen nicht beeinflussen, um ihre Freiheit nicht einzuschränken. Oder man könne gar nicht beeinflussen, denn die inneren und äußeren Zwänge, die unser Ich bestimmt haben, ließen für eine von außen gewollte Veränderung keinen Platz. In seinem kleinen, aber schönen und tiefen Buch *De la politique pure* hat Bertrand de Jouvenel gezeigt, wie dumm letzteres Argument ist. Wenn man zum anderen spricht, wenn man für Leser schreibt, setzt man voraus, dass dieser mindestens die Freiheit hat, das Gesagte oder das Geschriebene wahrzunehmen und somit in seinem Wissen, vielleicht sogar in seinen Einstellungen und Meinungen verändert zu werden.

Ich will also beeinflussen. Die Eltern und die Lehrer – insbesondere die 68er –, die behaupten, sie wollten nicht beeinflussen, um nicht die Freiheit der Kinder oder der Schüler zu beeinträchtigen, sind nicht «liberal», sondern sie danken einfach als Erzieher ab. Manche meiner Kollegen haben mir vorgeworfen, ethische Betrachtungen in meinen Unterricht einzufügen. Meine Antwort war und bleibt: «Wenn ich Mathematik lehren würde, wäre eine reine Wissensvermittlung richtig und sogar notwendig. Aber als Politikwissenschaftler oder Historiker kann ich nicht, darf ich nicht auf moralische Betonungen verzichten.» Und sei es nur, um den Studenten zu helfen, gewissermaßen ein starkes Rückgrat zu haben. Es wird im Schlusskapitel noch einmal die Rede sein von der wunderbaren Formulierung des Jesuitenpaters François Varillon: «Ich möchte, dass der Andere sei – und dass er anders sei» (als ich).

Während der beiden letzten Jahre am Institut hatte mich der Direktor gebeten, einen neuen Kurs zu übernehmen, der für alle Studenten des letzten Diplomjahres obligatorisch wäre und dessen Grundthemen beim Schlussexamen durch eine Abhandlung geprüft werden sollten. Neben dem Kurs gebe es für alle eine *conférence de méthode,* ein kleines Seminar mit circa 30 Teilnehmern. Unbescheidenes Thema des Kurses: «Die großen politischen, sozialen, wirtschaftlichen Fragen unserer Zeit». Schöne Begründung des Direktors: «Die Studenten haben nun viele Antworten gelernt. Bevor sie fertig sind, sollten sie sich überzeugen, dass es auch Fragen gibt!» Einen großen Teil der Studenten irritierte meine Art, sie in das von mir Gesagte einzubeziehen, und sei es nur, indem ich den Inhalt auf ihre persönliche Zukunft bezog, inklusive ihrer möglichen Einstellungen zur Gestaltung ihres Lebens im Hinblick auf ihren Tod. Andere schrieben in ihrer Bewertung, sie seien froh gewesen, endlich mit Fragen konfrontiert zu sein, die sie sich selber stellten, und nicht nur Wissen aufsaugen zu müssen. (Seit langen Jahren bewerten am Pariser

Institut d'études politiques die Studenten ihre Professoren – eine Bewertung, die allerdings nur dem Betroffenen und dem Direktor bekannt wird.)

Mit den *maîtres de conférences,* den Seminarleitern, die am Institut nicht hauptamtlich wirken, ging es nicht so, wie ich es mir gewünscht hatte. Ich wollte, dass es Philosophielehrer von Gymnasien sein sollten (in der französischen Oberprima gibt es das obligatorische Fach Philosophie), in der Hoffnung, sie würden den Studenten zeigen, wie heutige Grundfragen in der philosophischen Tradition verankert sind und schon von Platon oder Kant gestellt wurden. Leider ließen die meisten ihre Studenten über die Geschichte der Philosophie arbeiten, brav von den Vorsokratikern bis Heidegger, ohne irgendeinen Bezug zur Gegenwart herzustellen.

Der ethische Anspruch ist immer mit dem Begriff der Wahrheitssuche verbunden. Mit einem Höchstmaß von gesunder Skepsis. Manche Studenten sagten – oder sagen im Rückblick noch heute –, alle meine Vorlesungen seien leicht in zwei Punkten zusammenzufassen. «Erstens: Es ist komplizierter, als ihr geglaubt habt. Zweitens: Das ist wahr, aber das Gegenteil ist nicht ganz falsch.» Dabei ist jedoch die ständige Mahnung inbegriffen, mit der Wahrheit nicht so umzugehen wie der vielleicht größte französische Philosoph René Descartes, der geschrieben hat, er würde eine Wahrheit nicht aussprechen, wenn sie dem Herrscher oder der Religion schaden könnte. Ich bin nicht sicher, ob alle Studenten später Zivilcourage gezeigt haben. Ich habe jedenfalls versucht, sie dazu zu ermutigen. Als der heutige, sehr bekannt gewordene Direktor meines Instituts sein Amt antrat, ließ er einen Brief an alle Studenten verteilen. Gerade weil er dem *Conseil d'État*, dem Obersten Verwaltungsgericht, angehörte, wollte er daran erinnern, dass 1940 nur ein Mitglied des damaligen *Conseil* gegen die «Judengesetzgebung» der Vichy-Regierung protestiert hatte und dass alle anderen sich dieser und weiteren menschenrechtswidrigen Bestimmungen unterworfen und sie als positives Recht verwendet hatten. Die Studenten sollten also einsehen, dass sie in ihrer beruflichen Zukunft nicht nur technische Entscheidungen zu treffen hätten.

Wenn ich meinen Zuhörern die ethische Dimension nahezubringen versuche, gibt es für mich kleine und große Schwierigkeiten. Eine kleine gilt eigentlich für alle Redner: Von Rede zu Rede an verschiedenen Orten und vor verschiedenen Auditorien wiederholt man sich oft. Man verändert nur leicht das bereits woanders Gesagte, aber man bringt manches auf den letzten Stand. Es stört mich eigentlich wenig, auch wenn ich fürchte, dass Leute im Publikum sitzen, die diese oder jene Formulierung schon gehört haben. Nur ein Beispiel: Wenn ich am Schluss die Grundwerte aufgezählt habe, auf die ich mich berufe, sage ich: «Nun könnten Sie meinen, es sei keine Rede gewesen, sondern eine Predigt.» Kleine Pause: «Das war Absicht!» Ich habe dabei wirklich kein schlechtes Gewissen, denn auch der Prediger in der Kirche stellt doch von Jahr zu Jahr, von Monat zu Monat dieselben Forderungen an das Volk Gottes!

Eine größere, echte Schwierigkeit ist mein Hang, alles mit Für und Wider darzustellen. Der französische sehr skeptische Schriftsteller Anatole France schrieb: «Ich habe darauf beharrt, alles verstehen zu wollen, und habe dabei wertvolle Kräfte verloren.» Freunde behaupteten schmunzelnd, wäre ich am 14. Juli 1789 dabei gewesen, hätte ich die Revolutionäre aufgefordert, zunächst zu überlegen, was der Standpunkt des Gouverneurs der Bastille sei, bevor sie das befestigte Gefängnis erstürmten! Ganz gerecht ist dieser Vorwurf nicht. Ich weiß, dass es oft zu kämpfen und zu siegen gilt, bevor man das Verständnis für die zukünftigen Besiegten wachrufen soll. Die jungen Deutschen 1945 verstehen? Erst nachdem Hitler besiegt worden war. Für die Generäle Verständnis zeigen, die 1961/62 gegen de Gaulle im Namen der *Algérie française* rebelliert hatten? Mein Artikel in *La Croix,* der daran erinnerte, wie sehr sie vom General mit seinen Versprechungen betrogen worden waren, erschien nach ihrer Kapitulation. Der Artikel davor erklärte, warum ihre Niederlage und somit die Unabhängigkeit Algeriens notwendig war.

Die größte Schwierigkeit liegt in meinem Hang, mir die Formulierung von Albert Camus zu eigen zu machen: «solidaire et solitaire». Zugleich solidarisch mit diesen und jenen, aber doch stets allein. Im *FAZ*-Fragebogen hieß es: «Ihr größter Fehler?» Die Antwort war: «Einzelgängertum.» Die Konsequenzen sind sehr unterschiedlich. Ich habe eigentlich nie einer gesellschaftlichen Gruppe angehört. Im intellektuellen Milieu ist dies zwar anerkannt worden (im *Dictionnaire des intellectuels français* wird hervorgehoben, dass ich selten meine Unterschrift hergebe und meist meine eigenen Wege gehe), aber es hatte Folgen: Wenn man keiner Seilschaft angehört, deren Mitglieder sich ständig gegenseitig loben und zitieren, bleiben oft die Rezensionen aus, und auf die Publikationen wird wenig Bezug genommen. Das ist nicht allzu schwer zu verschmerzen. Ich könnte stolz darauf sein, zu einer Kategorie zu gehören, die Nietzsche im *Zarathustra* mit harschen Worten dargestellt hat: «‹Der Umgang mit Menschen verdirbt den Charakter, sonderlich wenn man keinen hat!› … ‹Wer sucht, der geht leicht verloren. Alle Vereinsamung ist Schuld›: also spricht die Herde.» Doch es gibt bei mir eine nicht unschuldige Begrenzung. Ich glaube, Charakter zu haben und nicht zur Herde zu gehören, aber es gibt einen nicht unschuldigen Hang, auch wertvolle Gruppen als Herde abzutun.

Wie oft verbrachte ich einen schönen Tag mit Frauen von Landwirten, die sich drei Wochen lang, unter Missbilligung ihres Dorfes, im IFOCAP *(Institut de formation des jeunes cadres paysans)* in Wirtschaft und Politik ausbilden ließen. Ich forderte sie auf, ihre politischen Meinungen und Wünsche als Mitglieder einer Partei, welcher auch immer, vorzubringen und durchzusetzen. Da kam die Frage: «In welcher Partei sind Sie denn?»

Ich antwortete, zugleich aufrichtig und heuchlerisch: «In keiner, denn nur so kann ich Sie unparteiisch unterrichten. Wenn ich gewissermaßen einen Parteizettel auf dem Rücken angeklebt hätte, würden Sie mir anders zuhören und anders mit mir diskutieren.» Ich gab ihnen das Beispiel einer früheren Tagung. Es war vor einer Präsidentschaftswahl, und die Frage an mich lautete: «Wen wählen Sie?» Ich antwortete: «François Mitterrand.» Da schoss eine Teilnehmerin los: «Unmöglich. Sie haben ihn doch gerade kritisiert!» Eben weil ich kein Mitglied seiner Partei war, durfte ich frei sprechen. Eine Mitgliedschaft zwingt notwendigerweise mindestens zur Zurückhaltung – und das ist gut so. Aber ist mein Drang zur Freiheit nicht mit einer gewissen Bequemlichkeit verbunden? Mein Sinn für Mitverantwortung stößt da auf nicht gerade rühmliche Grenzen. Ich analysiere und predige. Andere leisten die Grabenarbeit.

Das gilt auch, wie noch im Einzelnen darzustellen sein wird, für das gesellschaftliche Engagement. Ich schreibe unterstützend für eine Sache oder (und) für eine Organisation. Ich gebe Geld. Aber ich bin nicht auf die Dauer dabei. Ich wirke, ich lebe nicht zusammen mit denen, die in Selbstaufopferung helfend mitmachen. 1980 veröffentlichte ich eine Rezension des Buches von Bernard Kouchner *L'Île de Lumière*. Der Buchtitel war der Name des Schiffes, mit dem Kouchner, der Mitbegründer der Organisation «Ärzte ohne Grenzen», seine Rettungsaktion für vietnamesische *boat people* beschrieb. Ich kritisierte ihn für seine heftige Kritik an den Männern und Frauen des Roten Kreuzes und anderer Hilfsorganisationen, die – so Kouchner – nicht mit ganzem Herzen bei ihrer Arbeit seien. Ich schrieb, so etwas sei leicht zu behaupten von jemandem, der nur von Zeit zu Zeit auf dem Schiff ist und sonst im Pariser Milieu ein angenehmes Leben führen darf. Die Kritisierten seien ihr Leben lang dabei. Als Außenminister schien er dies später verziehen zu haben, aber damals hat ihn mein Artikel sehr geärgert, obwohl er ansonsten zu dieser Zeit voller Bewunderung für mich war. Das Schlimme ist, dass meine Kritik mich selbst noch viel mehr betraf, denn ich habe noch nicht einmal eine Schiffsrettung organisiert und durchgeführt, so wie es mein von mir bewunderter Freund Rupert Neudeck mit seiner *Cap Anamur* getan hat.

Man kann auch mitwirken, ohne dazuzugehören. Es gibt zwei menschliche Gemeinschaften, denen ich nicht angehöre und in denen es mir doch erlaubt ist, dabei zu sein, mitzuempfinden, mitzuwirken: als Franzose in Deutschland, als Atheist im französischen Katholizismus. Darüber später mehr.

Wohlwollen gegen das Publikum

Jedes Mal, wenn ich einem Publikum gegenüberstehe, das einer aus festen Überzeugungen lebenden Gruppe angehört, versuche ich, es zum Nachdenken zu bringen, indem ich gegen den Strom spreche. *Gegen den Strom* hieß 1975 die erste Sammlung meiner Reden. Dann musste der Hanser Verlag den Titel ändern, weil es bereits ein Buch mit demselben (banalen) Titel gab. Also hieß es in der Neuausgabe *Wider den Strom*, was nicht mehr beanstandet wurde.

Das Grundprinzip steht in einem Tagebuch, das ich mit 21 Jahren einige Monate lang geführt habe: «Ich werde nie ein demagogischer Redner sein. Ich werde mich nie an die Instinkte der Zuhörerschaft wenden. Nur an ihre Vernunft und an ihren Sinn für Ethik.» Ich glaube, diesem Entschluss immer treu geblieben zu sein. Manchmal mit Lust an der Provokation. Ich sprach vor dem Hartmannbund, einer Vereinigung besonders hartgesottener Mediziner. In seiner Einleitung griff der Vorsitzende immer heftiger die Gesundheitsministerin an. Ich begann, indem ich sagte, er habe sicher recht, aber er habe nichts gesagt vom Druck der pharmazeutischen Industrie, die doch das Ethos der Ärzte besonders gefährde. Der ganze Saal lachte, weil ich ja in Deutschland Narrenfreiheit genieße.

Am 1. September 1989, dem fünfzigsten Jahrestag von Hitlers Krieg, sprach ich in einer Kölner katholischen Kirche. Ich hob die Schuld der Kirchen hervor, die bereits 1933 in großem Ausmaß mitmachten. Am nächsten Tag sprach ich bei einer DGB-Feier in der Dortmunder Westfalenhalle. Ich erinnerte an die Kapitulation des ADGB (Allgemeiner Deutscher Gewerkschaftsbund), der am 1. Mai 1933 zum «Tag der deutschen Arbeit» aufrief – was Hitler nicht daran hinderte, am nächsten Tag die Gewerkschaftshäuser zu schließen und etliche Gewerkschaftsführer verhaften zu lassen. Hätte ich den Katholiken von den Gewerkschaftern erzählt, dann den Gewerkschaftern von der Kirche, so hätte ich als Demagoge gesprochen, nicht als Pädagoge.

In Frankfurt gab es Streit über den Börneplatz. Sollte ein Verwaltungsbau auf den Überresten des jüdischen Friedhofs gebaut werden? Ich kam, um die Veranstalter gegen den ungeschickten Nachfolger des einsichtigen und umsichtigen Oberbürgermeisters Walter Wallmann zu unterstützen, erinnerte sie aber daran, dass der Platz von einem CDU-Bürgermeister umgetauft worden war: von Dominikanerplatz zu Börneplatz. In Frankreich sage ich gerne: «1945 haben die drei Siegermächte und Frankreich sich die deutsche Souveränität angeeignet» – und nicht «die vier Siegermächte». In Deutschland spreche ich von einem deutschen Übermaß an Dankbarkeit den USA gegenüber. Luftbrücke und Marshallplan hätten nicht zu einer gewissen Untertänigkeit zwingen sollen, die erst mit Schröders Nein zum Irakkrieg ein Ende fand. In Frankreich sage ich, dass mein Land einen Rekord an Undankbarkeit aufstellt. Ohne den Marshallplan von 1947 hätte es keinen so schnellen Wiederaufbau Frankreichs gegeben, das noch mehr Unterstützung erhalten hat als Westdeutschland. Dort feiert man jedes Jahr den Plan. In Frankreich herrscht Schweigen. Man gedenkt auch nicht der Opfer der US-Soldaten auf französischem Boden 1917/18 und 1944/45 – aber man zeigt sich über die französisch-amerikanische Freundschaft gerührt, wenn man die französische Hilfe unter La Fayette während des Unabhängigkeitskriegs der Vereinigten Staaten erwähnt.

Natürlich ist nicht nur ehrenwertes Aufklärertum am Werk. Die Lust am Widersprechen spielt mit. Vielleicht ist sie eine «talmudische». In dem witzig-tiefgründigen Film von Patrice Leconte *Ridicule* (1996) ist die Karriere des schnell aufsteigenden Hofpredigers plötzlich zu Ende, weil er auf das königliche Lob über seine Predigt in unvorsichtigem Übermut geantwortet hatte: «Ich könnte auch genauso gut das Gegenteil beweisen!» Manchmal bin auch ich in der Versuchung, so zu denken! Aber eine Bewertung lehne ich ab, nämlich dass ich ständig durch dieses Widersprechen Mut bewiesen hätte. In unseren begrenzt demokratischen Gesellschaften mögen Journalisten Mut zeigen: Sie riskieren den Rauswurf, das heißt in Zeiten der Wirtschaftskrise die Arbeitslosigkeit. Der verbeamtete Professor riskiert wenig. Deswegen spreche ich ungern von mutigen Professoren, weise aber sehr wohl auf die Feigheit mancher meiner Kollegen hin.

Geistig bin ich vielleicht doch mutig, aber mit meinem Körper viel weniger. Wenn man nicht mutig ist, so soll man sich mutig zeigen. So geschehen bei den (kleinen) Kämpfen für die Befreiung von Marseille oder später der knüppelschwingenden Polizei gegenüber bei dieser oder jener Demonstration. Während meiner Reden habe ich nur einmal Angst gehabt: In Berlin wurden manchmal Farbeier geworfen, und für eine mehrtägige Vortragsreise hatte ich nur den einen Anzug dabei, den ich trug. Aber niemand warf ...

Gefahr drohte mir nicht im Münchener Audimax, als bei Beginn der Veranstaltung eine kleine Gruppe hinter der letzten Reihe zu schreien begann. Sie wurde angeführt von einem bärtigen Mann. Vom Rednerpult aus rief ich ihm zu: «Kommen Sie doch hierher, um zu sagen, was Ihr Anliegen ist.» Er kam. Ich legte ihm die Hand auf die Schulter und sagte: «Sie haben das Wort.» Aber er hatte nichts zu sagen, und nun war es vollkommen ruhig im Saal. (Was hätte ich getan, wenn er endlos geredet hätte?) Nachher dachte ich über meinen Trick nach. Hatte ich mich nicht so gegeben, wie ich nicht sein möchte, nämlich gönnerhaft? Bei allem Respekt für die Gesprächspartner im Dialog, führe ich mich nicht manchmal gönnerhaft auf, zeige ich nicht mitunter Überheblichkeit?

Bescheiden habe ich nie sein wollen. Dazu war ich immer zu ablehnend gegenüber der ständigen kirchlichen Aufforderung vor allem den Frauen gegenüber zur Bescheidenheit, zur Demut. Man kann selbstbewusst sein ohne Überheblichkeit. Ich bin mir allerdings nicht sicher, ob das bei mir auch immer stimmt!

Inwiefern spielt die Eitelkeit mit? Es ist sicher, dass unverdiente Komplimente mir missfallen und dass mir nichts peinlicher ist, als mit den Federn anderer geschmückt zu werden. Am 11. November 2009 verteilte das Amt des französischen Präsidenten als Begleitdokument zur Feier am Arc de Triomphe eine Broschüre zu den deutsch-französischen Beziehungen seit 1945. Es hieß darin: «Die wenigsten glaubten im Jahr 1945 an die Möglichkeit einer deutsch-französischen Versöhnung. Nichtsdestotrotz erahnten einige weitsichtige Akteure die Notwendigkeit einer Versöhnung. Angetrieben von einer Kultur des Friedens, suchten ehemalige französische Widerstandskämpfer den Dialog mit einem neuen Deutschland. 1948 gründete einer von ihnen, der Franzose Alfred Grosser, ein deutsch-französisches Austauschforum mit dem neuen deutschen Nachbarn.» Abgesehen davon, dass ich kein wirklicher Widerstandskämpfer gewesen bin, war es mir peinlich, allein genannt zu werden. Es wird noch von den Vorgängern die Rede sein. (Aber ist nicht die Tatsache, dass ich dies hier erwähne, ein Beweis der eitlen Zufriedenheit, in der Broschüre lobend genannt zu werden?)

Ich glaube aber, dass es nicht eitel ist, Briefe oder Aussagen mit

Stolz und Freude, auch als Ermutigung, zur Kenntnis zu nehmen, die von Schülern, Studenten, Zuhörern oder Lesern stammen, in denen sie zum Ausdruck bringen, dass ich ihnen, manchmal vor Jahrzehnten, in ihrem Leben etwas gebracht und ihnen geholfen habe. Aber wenn Genugtuung, anerkannt zu werden, im Spiel ist, so ist es oft schwierig festzustellen, wie groß daran der Anteil von Eitelkeit und Überheblichkeit ist.

Dies ist jedoch nicht meine Hauptsorge. Wichtiger ist für mich die Furcht, in meinen Absichten verkannt zu werden. Mittler sein wollen heißt nicht Konflikte verniedlichen, genauso wenig, wie der Wille, den anderen zu verstehen, notwendigerweise mit dem Verzicht auf eigene Überzeugungen verbunden ist. Wie oft habe ich mir ein Bibelzitat vorgenommen, um sicher zu sein, dass es nicht für mich gilt, sei es in den Augen der anderen, sei es in den eigenen. Ziemlich am Anfang der *Apokalypse,* der *Offenbarung des Johannes* (3, 15–16), heißt es: «Du bist weder kalt noch heiß. Wärest du doch kalt oder heiß! Weil du aber lau bist ... will ich dich aus meinem Mund ausspeien.» Ganz sicher bin ich eigentlich nie, dass ich weder in meinem Betragen noch in meiner Aussage lau bin. Ich habe nur versucht, politische und gesellschaftliche Zustände zu beobachten und mit meinen Maßstäben aufzuarbeiten, und durch meine Stellungnahmen habe ich mich bemüht, einen wenn auch minimalen Einfluss auszuüben.

KAPITEL 2

Politik erklären und betreiben

Deutschlands Weg nach Europa

Emmanuel Mounier hat treffend festgestellt: «La politique n'est pas tout, mais la politique est en tout.» – «Die Politik ist nicht alles, aber die Politik ist in allem.» Die Entscheidung des Ehepaars, kein zweites Kind zu zeugen, weil es sich keine größere Wohnung leisten kann, ist von der Wohnungsbaupolitik mitbestimmt. Die Verkäuferin, die Romane liest, in denen eine Verkäuferin am Ende den Sohn des reichen Chefs heiratet, engagiert sich weder in einer Partei noch in einer Gewerkschaft. Ihr unpolitischer Traum hat die politische Funktion, sie von der Politik abzuwenden. Wie so viele sogenannte Unterhaltungssendungen im Fernsehen. Eine alte amerikanische Geschichte stimmt nicht mehr ganz. Mr. Smith wird gefragt, wer in seiner Ehe das Sagen hat. «Ich entscheide das Wichtige: Ob wir das rote China anerkennen sollen oder welche Rolle den USA in der UNO zukommt. Meine Frau entscheidet das Unwesentliche: den Ferienort, die Erziehung der Kinder.» Heute weiß doch jeder, dass die Meinung aller Mr. Smiths in den demoskopischen Umfragen einen echten Einfluss ausübt auf die Politik des Präsidenten. Und dass die Art, wie die Kinder erzogen werden, ihre zukünftige Haltung als Bürger mitbestimmt. Also sind beide Ehepartner am politischen Geschehen beteiligt.

Die Politik darf definiert werden, wie ich es in meiner Rede zum Volkstrauertag getan habe: Sie ist das beste Mittel, um neue Trauer zu verhindern. Aber mir ist eine andere lieber: Die Politik ist die Gesamtheit der Ziele und der Mittel, die sich eine menschliche Gemeinschaft gibt, um zu versuchen, die Zukunft zu meistern.

Da taucht jedoch sofort die Frage auf, wie sich diese Gemeinschaft selbst begrenzt oder wie sie von außen begrenzt wird. Drei Begriffe sollten auf verschiedene Realitäten hinweisen: international, transnational, supranational. International wird leider im Allgemeinen auf recht Unterschiedliches verwendet. Es sollte auf das Zwischenstaatliche reduziert werden, denn der weltweite Handel oder der Einfluss der landwirtschaftlichen Entwicklung der reichen Länder auf die Produktion der armen gehört ins Gebiet des Transnationalen. Die in meinen Augen rückgängige Entwicklung des Deutsch-Französischen Jugendwerks ist mit den genannten Begriffen leicht darzustellen. Von 1964 bis 2005 war es eine transnationale Einrichtung und damit eine Seltenheit. Der deutsch-französische paritätische Verwaltungsrat war beiderseits zusammengesetzt aus Regierungsbeamten und aus Vertretern der Zivilgesellschaft. Die Mehrheit hatten diese Vertreter. Die jeweiligen Jugendminister waren nicht Präsidenten des Jugendwerks, sondern nur Vorsitzende des Rats. Die beiden Generalsekretäre (abwechselnd ein Deutscher und ein Franzose, mit einem Stellvertreter der anderen Nationalität) übten die eigentliche Macht aus. Es war eine echte transnationale Organisation. Die von mir vergeblich bekämpfte Reform von 2005 verwandelte das DFJW in eine zwischenstaatliche Einrichtung, in der die Entscheidungsmacht bei den Regierungen liegt.

Richtig supranational war die Hohe Behörde der Europäischen Gemeinschaft für Kohle und Stahl, die aus dem Schuman-Plan von 1950 entstanden war. Oder heute die Europäischen Gerichtshöfe, der der Union in Luxemburg und der für Menschenrechte in Straßburg. Das gesamte System der Europäischen Union ist ein Zwitterding zwischen Interstaatlichem und Supranationalem.

Das Wort «national» scheint auszusagen, dass das politische

Leben der Welt von Nationen bestimmt wird. Dabei ist der Begriff der Nation recht unklar. Was Staaten sind, lässt sich leichter definieren. Die meisten Katalanen und viele Schotten sagen, Katalonien und Schottland seien Nationen, die gewissermaßen in Spanien und Großbritannien eingesperrt sind. War die Tschechoslowakei eine Nation? Ist es das Kosovo?

In Frankreich wird der Begriff *la nation* ständig verwendet (aber nie *la grande nation*: Das sagt man nur in Deutschland, wenn man über die Franzosen etwas ironisch spricht. In Frankreich denkt man es nur!). Er mag sogar einen Verfassungsbegriff bezeichnen. Für General de Gaulle verkörperte der Präsident die Nation in ihrer Einheit, während Parlament und Parteien sie lediglich in ihren Aufspaltungen und Uneinigkeiten vertraten. *La nation* war 1789 ein «Wir sind das Volk» des *tiers état* gegenüber dem Adel und dem Klerus. Ende des 19. und im 20. Jahrhundert wurde die Trikolore im Namen der Nation auf der rechten Seite des politischen Spektrums geschwenkt. Es gab dann Ansätze, Paris als das Zentrum einer Kolonisierung der alten Provinzen wie der Bretagne oder des Baskenlands zu betrachten. Heute ist man eher bei der Nation *France* zurück, mit einer ständigen Selbstüberschätzung, die ich in Frankreich stets brandmarke. Besonders unter Verwendung des belgischen Witzes, der auf alle dummen *blagues belges* antwortet, die in Frankreich kursieren: «Was ist das beste Mittel, leicht viel Geld zu verdienen? Man kaufe Franzosen zu dem Preis, den sie wert sind, und verkaufe sie zu dem Preis, den sie selber meinen wert zu sein!» Mein Schatz schlimmer Zitate ist schier unerschöpflich. Zum Beispiel: «Unsere Ziele, weil sie französische sind, liegen im Interesse aller Menschen» (de Gaulle). Oder: «Dieser undefinierbare Genius, der Frankreich erlaubt, die tiefen Bedürfnisse des menschlichen Geistes zu konzipieren und auszudrücken» (François Mitterrand als Oppositionsführer). Wenn nun Georges Pompidou als Premierminister 1964 sagt: «Frankreich muss die Rolle Europas spielen» (und nicht: «eine Rolle in Europa»), so war das vielleicht ein *lapsus linguae*, aber die Formel bezeichnet doch noch heute den Hintergrund der französischen Europapolitik.

In Deutschland gibt es auch seit 1989/90 eine Tendenz, das Land gewissermaßen als Mittelpunkt des Weltgeschehens zu betrachten. Unser Historikersohn Pierre hat in seinem Buch *1989. L'année où le monde a basculé* (Das Jahr, in dem die Welt aus den Fugen geriet, 2009) gezeigt, welche entscheidenden Entwicklungen es auf den verschiedenen Kontinenten zur Zeit des Mauerfalls und der deutschen Vereinigung gegeben hat. Aber das Wort Nation bleibt weitgehend verpönt, wogegen es eine ständige Debatte um den Begriff Heimat gibt.

Im Ersten Weltkrieg sangen die deutschen Soldaten:

> Die Vöglein im Walde,
> die singen ja so wunderschön,
> in der Heimat, in der Heimat
> da gibt's ein Wiedersehn.

War damit Deutschland gemeint oder eine kleinere geographische und sentimentale Einheit? In meiner Laudatio zu ihrem Friedenspreis des Deutschen Buchhandels sagte ich zu Marion Dönhoff: «Sie haben aber *nur* Ihre Heimat verloren. Sie haben richtig gehört. Ich habe wirklich ‹nur› gesagt. Die Generation meines Vaters, die 1933 vertrieben wurde, hat damals ihr Vaterland verloren und auch die Möglichkeit, ihre Sprache beizubehalten. Wie merkwürdig ist es doch für den ausländischen Beobachter der deutschen Politik, dass gerade diejenigen, die am meisten vom Volk und von der Nation sprechen, am wenigsten erkennen oder zugeben, dass eine Vertreibung aus Königsberg oder Breslau nach Hamburg und sogar nach Bayern immerhin kein Ausstoßen aus der vielgerühmten Volksgemeinschaft bedeutete.» Am Anfang eines seiner *Internationalen Frühschoppen* stellte Werner Höfer mutig fest: «Heute sind hier Prof. N. aus New York, geboren in Leipzig, Prof. Grosser aus Paris, geboren in Frankfurt (usw.). Heute ist der Tag der Heimat. Ich wollte nur daran erinnern, dass die Heimatvertreibungen nicht 1945 begonnen haben, sondern 1933.» Damals waren die Landsmannschaften viel einflussreicher als heute zur Zeit von Erika Steinbach ...

In den erfolgreichen Fernsehfilmen von Edgar Reitz, aber mehr noch in Ernst Wiecherts 1945/47 erschienenem Roman *Die Jeromin-Kinder*, stellt sich die Frage, ob für die Helden der Geschichten die Heimat so sehr territorial begrenzt ist, dass sie das Schicksal, das sie betrifft, als ungerecht empfinden, weil sie nicht sehen, dass sie eine Mitverantwortung dafür tragen, weil sie vorher auf nationaler Ebene gewissermaßen politisch nicht mitgespielt haben. Im Gegensatz dazu meinte Heinrich Heine das ganze Deutschland in seinem so gern zitierten Gedicht *Nachtgedanken*:

Deutschland hat ewigen Bestand,
Es ist ein kerngesundes Land,
Mit seinen Eichen, seinen Linden,
Werd' ich es immer wiederfinden.

Nach Deutschland lechzt' ich nicht so sehr,
Wenn nicht die Mutter dorten wär;
Das Vaterland wird nie verderben,
Jedoch die alte Frau kann sterben.

So dachten und sangen auch die Veranstalter des Hambacher Festes 1832:

Nur eine Farbe und ein Vaterland! ...
Frisch auf, Patrioten, den Berg hinauf!
Wir pflanzen die Freiheit, das Vaterland auf.

An sich gibt es kein französisches Wort für *Heimat*. Und doch besteht seit einigen Jahren eine neue Verwaltungseinheit, die einige Kommunen umfasst: *le pays*. Und wenn junge Bretonen als Wunsch äußern: «Vivre et travailler au pays», so darf man das getrost übersetzen mit: «In der Heimat leben und arbeiten dürfen». Und sei es nur, um eine *payse* zu heiraten. Im selben Sinn sollte man die bewundernswerte Tafel lesen, die Rudolf von Thadden und Trieglaff mit von ihm zusammengerufenen ehemaligen Trieglaffern an der Kirche seines polnisch gewordenen Dorfes angebracht hat: «Zur Erinnerung an viele Generationen deutscher Trieglaffer, die hier lebten und glücklich waren, und mit guten Wünschen für das Wohlergehen derer, die heute hier ihre Heimat gefunden haben».

Bei der Abgrenzung der Nation als gewissermaßen erweiterte Heimat sind, wie oft gesagt, Italien und Deutschland westeuropäische Sonderfälle. Wobei man doch in Deutschland immer aufs neue wiederholen muss, dass der berühmte Sonderweg weitgehend ein Mythos ist. Die freiheitliche Revolution ist 1849 blutig gescheitert. In Frankreich war die Repression noch blutiger, und es kam Napoleon III. Die deutsche Demokratie ist durch eine Niederlage entstanden. Die Dritte Französische Republik 1871 auch. Die konservative Republik hat 1919 Karl Liebknecht und Rosa Luxemburg ermordet. Die Erschossenen, die Hingerichteten der Pariser Kommune zählen nach Zehntausenden. Der echte deutsche Sonderweg ist der, der von der bedingungslosen Kapitulation vom Mai 1945 zum Zwei-plus-Vier-Vertrag von 1990 führt. Ich bin mir nie ganz sicher, ob dieser Weg in den deutschen Büchern und Schulbüchern richtig gezeigt wird.

Wer gedenkt des 1. Juli 1945? Und doch ist an diesem Tag das Schicksal von Millionen Deutschen für über vier Jahrzehnte entschieden worden. Eine geschichtliche Seltenheit passierte: Jeder hielt sein Wort. Lange bevor der erste amerikanische oder sowjetische Soldat deutschen Boden betreten sollte, hatten die

Alliierten beschlossen, das besiegte Land von Berlin aus gemeinsam zu regieren und ansonsten drei, später vier Besatzungszonen einzurichten (die französische wurde dann der amerikanischen und der britischen Zone «entnommen»). Bei Kriegsende war die U.S. Army viel weiter nach Osten vorgedrungen als vereinbart, während die Rote Armee allein Berlin erobert und besetzt hatte. Am 1. Juli durften die Westmächte ihre vorgesehenen Sektoren in Berlin besetzen. Sonst hätte es kein Westberlin gegeben. Die amerikanische Armee wich auf die vorgesehene Linie zurück. Sonst wären Leipzig, Weimar, Erfurt, Jena, Eisenach, Halle, Magdeburg, Schwerin westdeutsche Städte geworden. Die Geschichte der Abtrennung der deutschen Gebiete jenseits der Oder und der westlichen Neiße ist besser bekannt, obwohl die Vertreibung von Churchill bereits im Voraus gefordert worden war und die Westalliierten die Aufnahme der Vertriebenen keineswegs als ein Provisorium betrachteten, zwei Tatsachen, die jahrzehntelang von deutscher Seite heruntergespielt wurden.

Auch bestehen noch Lücken in vielen deutschen Darstellungen. Die vier Besatzungsmächte hatten von der deutschen Souveränität gemeinsam Besitz genommen. Ob nun einer oder drei die Gemeinschaft verlassen und einen Teil des Gesamtbesitzes an Deutschland zurückgeben, ist ein unwesentlicher Unterschied. Die Bundesrepublik und die DDR waren, auf 1945 bezogen, ebenso legitime wie illegitime, begrenzt souveräne Staaten. Die größere Legitimität der Bundesrepublik beruhte auf den Prinzipien der Freiheit und des Rechtsstaates, sodass niemand später hätte sagen dürfen, es stünden sich zwei gleichberechtigte Systeme gegenüber, denn auf diese Weise hätte er die Besonderheit der Bundesrepublik delegitimiert. Aber auch die Bonner Berufung auf ein Alleinvertretungsrecht verkannte eine Tatsache: Nie haben die Westmächte gesagt, die Bundesregierung sei ermächtigt, für alle Deutschen zu sprechen. Sie fanden lediglich, dass bis zur Anerkennung der DDR als Staat niemand anders als Bonn berechtigt war, international als Vertreter von Deutschen aufzutreten.

Im September 1990 wurde die Formulierung des Zwei-plus-Vier-Vertrags überschätzt. Gewiss stimmte Absatz 1 des Artikels 7: «Die Französische Republik, das Vereinigte Königreich Großbritannien und Nordirland, die Union der Sozialistischen Sowjetrepubliken und die Vereinigten Staaten von Amerika beenden hiermit ihre Rechte und Verantwortlichkeiten in Bezug auf Berlin und Deutschland als Ganzes.» Aber der vielgerühmte Absatz 2, «Das vereinte Deutschland hat demgemäß volle Souveränität über seine inneren und äußeren Angelegenheiten», ließ eine wesentliche Tatsache verkennen. 1990 hatte nämlich kein Staat der Europäischen Gemeinschaft volle Souveränität. Das besagte bereits am 31. August der Einigungsvertrag in seinem Artikel 10: «Das gesamte Europarecht gilt für das erweiterte Deutschland ... Rechtsakte der Europäischen Gemeinschaften, deren Umsetzung oder Ausführung in die Zuständigkeit der Länder fällt, sind von diesen durch landesrechtliche Vorschriften umzusetzen oder auszuführen.» Es war nun klar, dass die Bundesrepublik nicht lose an die EG angebunden, sondern in sie eingebunden war.

«Unsere Freiheit hätten wir nicht bewahren können, wäre sie nicht durch die Atlantische Allianz und im wachsenden Maße durch die Prosperität und die Solidarität der Europäischen Gemeinschaft geschützt worden. Zu den Gründervätern des vereinten Deutschlands zählen in diesem Sinne die Urheber des Marshallplans und Männer wie Jean Monnet.» So sprach Willy Brandt am 20. Dezember 1990 als Alterspräsident des ersten vereinigten Bundestags. Der neue Artikel 23 GG verankerte die europäische Zugehörigkeit der Bundesrepublik fester in der Verfassung. Immer auf Grundlage der Freiheit. Am 8. Januar 1988 hatte Präsident Mitterrand im Élysée-Palast Erich Honecker empfangen und in seiner Tischrede zwar den ehemaligen Hitler-Gegner gerühmt, aber den nur im Westen gebliebenen Freiheitsgedanken gepriesen und davor gewarnt, sich ein einheitliches Europa vorzustellen, das diese Freiheit nicht hätte. Der Präsident der Europäischen Kommission, Jacques Delors, hatte aus Brüssel die Wiedervereinigung unterstützt (und wurde dafür von Bundespräsident Richard von Weizsäcker bei der Feier am 3. Oktober gewürdigt), weil sie für ihn die erste Osterweiterung eines Europas der Freiheit war. Im Oktober 1963 erschien, kurz vor seinem Tod, ein letzter Artikel von Robert Schuman. Er sagte, die Freiheit des bestehenden Europas sollte auch eine Vorbereitung sein auf die zukünftige moralische Unterstützung und Aufnahme jener Länder, die noch unter Tyrannei lebten, sobald sie sich von dieser befreit hätten. Schumans Weitsicht war im September 1962 von Bundeskanzler Adenauer gerühmt worden. Und zwar in einem persönlichen, handgeschriebenen Brief: Während der ganzen (triumphalen) Reise von General de Gaulle durch die Bundesrepublik habe er ständig mit Dankbarkeit an Robert Schuman gedacht, weil dieser doch am 9. Mai 1950 den Grundstein gelegt habe für die deutsch-französische Freundschaft und für die Europäische Gemeinschaft.

Natürlich hat dieses Europa auch noch einen anderen Vater gehabt. Ich habe immer im Scherz gesagt, der erste Aachener Karlspreis hätte an Josef Stalin gehen sollen, denn ohne die Furcht vor der Sowjetunion wären die Gemeinsamkeiten im Westen weniger zur Geltung gekommen, insbesondere die Gemeinsamkeiten mit dem jüngst besiegten Deutschland. Und doch war die Schuman-Erklärung vom 9. Mai mit dem Vorschlag einer gemeinsamen Kohle- und Stahl-Behörde ein Akt des politischen Mutes. Hätte er durch Demoskopen die Frage stellen lassen, ob man 1950 eine gleichberechtigte supranationale Verbindung mit dem jungen Teildeutschland haben wolle, so hätte es ein erdrückendes Nein gegeben. Aber er handelte, und siehe da: Die Aufnahme in Frankreich war so positiv, dass sich die Gegner des Plans in die Verteidigung gedrängt sahen.

Es wird oft gesagt, das gemeinsame Europa habe Frieden schaffend gewirkt. Heute gilt dieses Argument bei den jüngeren Generationen wenig. Ich sprach zu einer deutsch-französischen Jugendgruppe in Straßburg. Ich war voller Freude, weil es nun südlich der Stadt eine neue Rheinbrücke gab, ohne Grenzposten, ohne Zöllner, ohne Polizei – als gäbe es keine Grenze mehr. Die Franzosen sagten ungerührt: «Et alors?», die Deutschen: «Na und?» Ich musste erklären, dass dies gar nicht so natürlich war. Aber in Budapest, in Bukarest, in Beirut, auf Zypern bin ich mit Erstaunen und Bewunderung gefragt worden: «Wie habt ihr denn das zwischen Frankreich und Deutschland fertiggebracht?» Die gleiche Unkenntnis der aus der Vergangenheit entstandenen Hindernisse muss ich konstatieren, wenn ich von den von mir so geschätzten Schwesterstädten Görlitz und Zgorzelec erzähle und sage: «Die liegen inmitten einer ‹Euroregion Neiße›. Ist so ein Name nicht erstaunlich?» Die Antwort der Jüngeren: «Wieso?»

Ein Bild bedeutet für mich viel. Ich stehe zusammen mit Hans-Dietrich Genscher und dem polnischen Historiker Bronisław Geremek vor dem Eingang des neuen, durch unsere drei Reden eingeweihten *Collegium Polonicum* in Słubice an der Oder, gegenüber von Frankfurt auf der anderen Seite des Flusses, wo es die schöne Universität Viadrina gibt, deren Präsidentin Gesine Schwan auch bei uns steht. Das sogenannte Weimarer Dreieck, 1991 verkündet, schläft als politische Realität von Zeit zu Zeit ein, aber seine symbolische Bedeutung der friedensbewussten deutsch-französischen und deutsch-polnischen Beziehungen bleibt erfreulich.

Glücklicherweise ist die Europäische Union viel mehr als ein Friedensbund. Leider werden ihr Wesen und ihre Funktionen allzu sehr unterschätzt und sogar verkannt, unter anderem vom Bundesverfassungsgericht in seinem skeptischen, zukunftversperrenden, weitgehend unwissenden Lissabon-Urteil. Das Wort «Souveränität» wird ständig angeführt, aber das Wort «Euro» kommt nicht vor. Als sei das Preisgeben der D-Mark kein Akt der Übertragung von Souveränität gewesen! Und doch bitten heute, trotz der Krise, noch mindestens 6 der 27 Mitgliedsstaaten darum, ihre Währung zugunsten des Euro aufgeben zu dürfen. Im Dezember 2009 habe ich in der Alten Aula der Universität Heidelberg das Einleitungsreferat gehalten, mit noch härterer Kritik, bei einer Podiumsdiskussion über dieses Urteil.

Das Bundesverfassungsgericht, das auch nichts sagt von der Europäischen Zentralbank, die der Bundesbank übergeordnet ist, scheint in der Furcht zu leben, auf gleiche Art zwei europäischen Gerichten untergeordnet zu sein: einerseits dem Luxemburger Gerichtshof der Union, andererseits dem Straßburger Gericht für Menschenrechte, der einzigen, aber dafür wirklich wirksamen Institution des Europarats. Seit 1959 besteht dieser Gerichtshof, mit immer mehr von den heute 47 Staaten zuerkannten Möglichkeiten, Klagen von einzelnen Bürgern anzunehmen und bindende Urteile auszusprechen. Insgesamt ist Frankreich zum Beispiel bis 2009 773-mal verklagt und 576-mal schuldig gesprochen worden, was ihm hinter der Türkei, Italien, Russland, Polen, der Ukraine und Rumänien den siebten Platz von unten zuweist. Aber wie noch 2005 die Richterin Renate Jaeger in einem Interview sagte: «Der Europäische Gerichtshof für Menschenrechte ist noch nicht in das deutsche Bewusstsein gedrungen.» In das französische auch nicht. Sonst hätte nicht im Februar 2010 ein französischer Minister behaupten können, die Urteile des Straßburger Gerichts seien nicht in nationales Recht umzusetzen. Er dachte dabei weniger an unsere Gefängnisse, deren ständige Verurteilung wegen menschenunwürdiger Zustände durch das Straßburger Gericht immer nur mit dem Versprechen beantwortet wird, für eine Besserung zu sorgen, als vielmehr an die Feststellung des Gerichts, unsere Staatsanwälte könnten nicht als Richter betrachtet werden, weil sie völlig den Weisungen der Regierung unterstellt sind.

Was in Wirklichkeit verkannt wird, ist die wahre Natur der

Europäischen Union, eines Rechtssubjekts *sui generis*. Sie ist noch nicht einmal eine Konföderation, denn sie hat weder eine gemeinsame Außen- noch eine gemeinsame Verteidigungspolitik, und sie ist doch in mancher Hinsicht mehr als eine Föderation. Erklärte man einem Amerikaner aus Ohio oder Nebraska, einem Schweizer aus Uri oder Baselland, welche gemeinsamen Gesetze und Regeln in der Europäischen Union bereits Wirkung haben, so würden sie alle aufschreien: «Bei uns gäbe es einen Aufstand gegen so viel zentrale Macht!» Das hindert weder manche Kleinlichkeiten noch die Komplexität der Regelungen. Wer außer den Eingeweihten in der Bundesregierung kannte im März 2010 den Absatz 1 des Artikels 125 des Lissabon-Vertrags, der der Union und den Mitgliedsstaaten verbietet, die Verantwortung für die Schulden eines der anderen Mitgliedsstaaten (zum Beispiel Griechenlands!) zu übernehmen?

Von der gemeinsamen Außenpolitik wird viel geredet, aber der Streit zwischen den durch den Lissabon-Vertrag geschaffenen, sich in ihren Zuständigkeiten überschneidenden Würdenträgern ist weniger einschränkend als der Wille Großbritanniens, Frankreichs, Deutschlands und anderer, eine eigene Außenpolitik zu behalten. Mit der Verteidigung habe ich im Januar 1963 eine neue Erfahrung gemacht. Ich glaubte, in Verträgen stünde, worüber man sich geeinigt hat. Nun hieß es im Élysée-Vertrag, Frankreich und die Bundesrepublik würden versuchen, zu einer gemeinsamen Verteidigungspolitik zu kommen. In den Europa-Verträgen – inklusive Lissabon – heißt es, man hoffe, eine gemeinsame Verteidigungspolitik zu erreichen, die dann (in einer fernen Zukunft) zu einer gemeinsamen Verteidigung führen könnte. Allerdings existieren bei der NATO noch viel schlimmere Beispiele von missverstandenen Texten. Deutsche Politiker und Journalisten haben anscheinend den Nordatlantik-Vertrag vom 4. April 1949 nicht richtig gelesen. Es heißt ständig, der Artikel 5 zwinge die Verbündeten, einem angegriffenen Partner militärisch beizuspringen.

Richtig ist: Alle sollen sich als angegriffen betrachten, wobei aber jeder entscheiden darf, wie weit seine Hilfe gehen soll. Also ist man zu nichts Genauem verpflichtet, und ebendeswegen ist de Gaulle im Bündnis geblieben und nur aus seiner militärischen Struktur ausgetreten.

Der zwischenstaatlich und institutionell organisierte Frieden in Europa (mit Ausnahme des ehemaligen Jugoslawien!) ist durch eine gewisse Befriedung der Geister bedingt. Sind wirklich die Geister so beruhigt, dass die tragische Vergangenheit keine negative Rolle mehr spielt? Inwiefern ist diese Vergangenheit «bewältigt», das heißt zugleich wahrgenommen, aber auch zukunftsträchtig verarbeitet? Ich sprach einmal in Ankara auf Einladung des französischen Botschafters. Dieser sagte zu mir: «Ich weiß, Sie sprechen immer sehr offen. Wenn Sie aber doch bitte zwei kleine Wörter vermeiden könnten. Nicht drei oder vier, nur zwei: ‹Armenier› und ‹Kurden›.» Ich versprach es und sagte meinem türkischen Publikum: «Sie müssen wissen, dass die Europäische Gemeinschaft ein Gebiet ist, wo jeder von den Verbrechen der anderen sprechen darf und von den eigenen Verbrechen sprechen soll.»

Innerhalb des Europas der 27 bieten Litauen und Lettland ein gutes Beispiel der Schwierigkeiten. In Riga kann man ein beeindruckendes Museum der Besatzungen (Plural!) besichtigen. Der Film *Katyn* von Andrzej Wajda beginnt mit dem Aufeinanderprallen zweier Flüchtlingsströme. Der eine flieht vor den Hitler-Truppen, der andere vor der Roten Armee. Das soll nicht heißen, dass alle Letten oder Litauer nur unschuldige Opfer gewesen sind. In Wilna habe ich daran erinnert, dass manche christlichen Einwohner an der Judenvernichtung teilgenommen hatten. (Als ich dies Geremek erzählte, dankte er mir: «Als Pole hätte ich das dort nicht sagen dürfen!») Der Bundesrepublik steht man heute eher freundlich gegenüber, aber das Russland von Putin will sich nicht an die schlimme Vergangenheit erinnern lassen. Auch bleibt die Tatsache, dass beide Diktatoren, Stalin und Hitler, junge Litauer und Letten in ihre Armeen eingezogen haben, sodass sich im deutsch-sowjetischen Krieg Landesbrüder gegenüberstanden und aufeinander schießen mussten.

Ähnlich ist es im annektierten Elsass zwischen 1940 und 1944 zugegangen. Ein Kriegerdenkmal zeigt zwei nackte Soldaten: Welche Uniform hätte man ihnen anziehen sollen? Frankreich befasst sich nur ungern mit dieser Geschichte. Der vierteilige Film von ARTE *Die Elsässer* – richtig in Inhalt und Ton, nach allen Seiten mutig – war eine Ausnahme. Nicolas Sarkozy wollte unbedingt Guy Môquet rühmen, einen jungen Kommunisten, der gar nicht als Widerständler, sondern als verachtete kommunistische Geisel erschossen worden war. Vor dem TGV-Bahnhof Montparnasse heißt ein Platz *Place des 5 Martyrs du Lycée Buffon,* im Gedenken an Schüler des nahegelegenen Gymnasiums, die wegen ihres Widerstands erschossen wurden. Aber in einem Vorwort zum von Gérard Pfister herausgegebenen Buch *Marcel Weinum et la Main Noire* (Verlag Arfuyen, 2007) musste ich betonen, dass niemand jemals die in ebenjenem Buch dargestellte kleine Gruppe von katholischen Jungarbeitern erwähnt, die wegen ihres aktiven Nein zu Hitler-Deutschland hingerichtet wurden.

Frankreich steht vor zwei schwierigen Aufgaben der Vergangenheitsbewältigung. Die eine betrifft das ehemalige Kolonialreich. Die Art, wie die ehemaligen Soldaten der französischen Armee aus Nordafrika oder aus dem Afrika südlich der Sahara nach dem Krieg verachtet worden sind und mit viel zu niedrigen Pensionen abgespeist wurden, ist heute noch immer nicht ganz überholt. *La Patrie* hat sie wie eine Rabenmutter behandelt, obwohl doch zum Beispiel der Vater von Albert Camus auf französischem Boden gefallen ist – und er in der Armee zum ersten Mal den Boden des «Mutterlandes» betreten hatte. Seit 1960 und der Entkolonialisierung werden ganze Bevölkerungen dadurch misshandelt, dass Frankreich Tyrannen unterstützt, die an den französischen Unternehmen viel Geld verdienen und es dann in Schweizer Banken unterbringen. Zweimal (einmal Mitterrand 1981, das andere Mal Sarkozy 2007) verkündete der Präsident, nun würde man Demokratie einfordern, und ernannte einen Minister, der bereit war, in dieser Richtung zu handeln. Zweimal wurde der Minister nach wenigen Monaten weggejagt, weil es afrikanische Herrscher gefordert hatten.

Ich selber habe nur eine persönliche Erfahrung mit solcher Art von «Demokratisierung» gemacht. 1962 lud mich Félix Houphouët-Boigny ein, der einigermaßen menschliche Herrscher der Elfenbeinküste, in einem mehrtägigen Seminar seine Minister und Abgeordnete der Mehrheitspartei in pluralistischer Demokratie auszubilden. Mein pädagogischer Erfolg war gering: Einige Wochen später steckte ein Teil der Teilnehmer einen anderen Teil ins Gefängnis, und mein Mitvorsitzender, Präsident des Verfassungsgerichts, wurde dort «geselbstmordet». (Randbemerkung: Was war die Mehrheitspartei? Sie besetzte dank eines gut durchdachten Wahlsystems alle Sitze der Kammer: In jedem Wahlkreis gewann die Liste, die an der Spitze lag – aber das ganze Land bildete den einzigen Wahlkreis!)

Die andere Aufgabe der Vergangenheitsbewältigung ist noch viel schwieriger. Sie betrifft nicht so sehr das Verhältnis Frankreichs Deutschland gegenüber, sondern das zur eigenen Vergangenheit der Jahre 1940 bis 1945. Wenn auch einige Ressentiments bleiben und von Zeit zu Zeit neu auftauchen in der Form «Les Allemands sont toujours les mêmes», so gibt es doch eine in meinen Augen erfreuliche Normalisierung, allerdings mit einer für mich wichtigen Einschränkung. Warum wird immer der Erste Weltkrieg hervorgehoben und nicht der Zweite? Dass sich Kohl und Mitterrand in Douaumont bei Verdun die Hand gereicht haben, war bewegend, und zu Recht gibt es vor dem *ossuaire* eine Gedenktafel, die an diesen Händedruck erinnert. Und am 11. November 2009 kamen mir die Tränen, als unter dem Arc de

Triomphe zweimal vom Chor der französischen Armee (von einer Frau dirigiert!) *Einigkeit und Recht und Freiheit* in perfektem Deutsch gesungen wurde. Aber das war wieder Erster Weltkrieg, in dem Nation gegen Nation Massenmord betrieben wurde. Die Begegnungen hätten im ehemaligen KZ Dachau stattfinden sollen (Buchenwald lag vor der Wende in der DDR), wo deutsche Hitler-Gegner und Franzosen gemeinsam gelitten haben. Der größte Fortschritt ist vielleicht, dass Frankreich nun die eigene Vergangenheit mit dem Bewusstsein betrachtet, dafür haftbar zu sein. Vichy und Pétain seien 1940 bis 1944 nur eine Klammer in der Geschichte der Republik gewesen, und diese trage keinerlei Verantwortung für diese Zeit – das sagte der von mir sehr bewunderte Robert Badinter, der als Justizminister 1981 die Abschaffung der Todesstrafe durchgesetzt hatte. Ich antwortete brieflich: «Was würden Sie antworten, wenn ich sagen würde: ‹Die Jahre 1933 bis 1945 waren nur eine Klammer in der deutschen Geschichte?› Für die deportierten Juden war Vichy das Frankreich, das Helfer der Deportation gewesen ist.» Antwort auf die Antwort: «Aber das ist doch nicht dasselbe.» Dann kamen Präsident Jacques Chirac und Premierminister Lionel Jospin, die die Haftung übernahmen – die heute kaum jemand mehr in Frage stellt.

Auch zwischen Polen und Deutschland bestehen seit den sechziger Jahren gute, konstruktive Beziehungen, die sogar die nicht vertriebene Vertriebenenvertreterin Erika Steinbach nicht zerstören kann. Ein Höhepunkt war 1970 der Besuch von Willy Brandt. Wenn ich einem Publikum – in Frankreich wie in Deutschland – erklären will, was der Unterschied zwischen Schuld und Haftung ist, so spreche ich vom Kniefall Willy Brandts vor dem Warschauer Ghetto-Denkmal. Als schon verfolgter junger Sozialist ist er 1933 aus Deutschland geflohen und hat aus Norwegen und Schweden gegen Hitler-Deutschland gewirkt. Auf ihm lag wirklich keine persönliche Schuld! Aber der Kanzler der Bundesrepublik Deutschland nahm die Haftung, die Last der Vergangenheit auf sich. Ich empfehle am Schluss allen, einmal nach Warschau zu fahren und dabei das kleine Denkmal zu sehen, das gegenüber dem großen Ghetto-Monument steht. Es zeigt nämlich den besagten Kniefall …

In Deutschland tut man sich seit 1945 schwer mit der nationalsozialistischen Vergangenheit. Mit mancher witzigen Bitterkeit. Was heißt PG? *Prisonnier de guerre* (Kriegsgefangener auf Französisch) oder Parteigenosse. Beides – Pech gehabt! Oder was bedeutet NSDAP: «Na, suchst du auch Pöstchen?» (Im Elsass: Nous sommes des Allemands provisoires.) Ein merkwürdiges Phänomen ist, dass man mindestens alle zehn Jahre vergisst, wie viel Erinnerung an den Horror bereits geleistet wurde. Dass das Wort von der «nie vergehenden Scham» vom ersten Bundespräsidenten Theodor Heuss 1949 ausgesprochen worden ist, weiß heute kaum noch jemand. Die Rede von Richard von Weizsäcker zum 8. Mai 1985 ist aus gutem Grund gelobt und bewundert worden. Ich sagte und schrieb, dass die von Bundespräsident Walter Scheel, zehn Jahre davor, noch beeindruckender gewesen war, und sei es nur wegen des schuldbewussten «Wir», das alle damaligen Deutschen und auch den Redner betraf. Es war und bleibt absurd, dass der Titel des Buches von Alexander und Margarete Mitscherlich (der übrigens gar nicht dem Inhalt entspricht) *Die Unfähigkeit zu trauern* beinahe zum deutschen Sprichwort geworden ist, wo doch die Bundesrepublik eine Art Weltrekord der nationalen Selbstanklage aufgestellt hat.

Natürlich kam und kommt es vor, dass das auferlegte Leiden unterschätzt wird. 1948 leitete der Oberbürgermeister von Freiburg eine meiner ersten Reden in Deutschland ein, indem er sagte: «Wir haben verstanden, was Krieg bedeutet, als die Bomben auf Freiburg fielen.» Ich antwortete, es sei wohl besser, man hätte das in Freiburg verstanden, als Bomben auf Coventry und Rotterdam niedergeprasselt waren. Heute spricht Erika Steinbach von einem Recht der aus Schlesien Vertriebenen auf polnische

Entschädigung. Zu Recht antwortete der Oberbürgermeister von Warschau, dann sollte auch die Bundesrepublik den Wiederaufbau seiner Stadt bezahlen. Aber die Erinnerung an den Judenmord wird ständig und vielfach wachgehalten.

Steht die Shoah allzu vereinzelt in der Erinnerung? Der schönste Text zum Schuldbekenntnis sollte in allen deutschen Schulbüchern abgedruckt werden. Es ist die Gemeinsame Resolution aller Fraktionen, die die erste und letzte frei gewählte Volkskammer der DDR am 12. April 1990 einstimmig verabschiedet hat. Die Shoah steht an erster Stelle, aber es wird auch der Millionen ermordeter Russen (darunter der absichtlich dem Hungertod ausgesetzten Kriegsgefangenen) gedacht und der Polen (nicht nur der jüdischen ...). Es geht bis zur Invasion von Prag 1968 (mit der irrtümlichen Überzeugung, dass die Nationale Volksarmee daran direkt teilgenommen habe).

Der Platz, den die Shoah (immer wieder Holocaust genannt, was den Sinn dieses Wortes völlig entstellt) einnimmt, ist immer überwältigender. Wie ich es in meinem Buch *Von Auschwitz nach Jerusalem. Über Deutschland und Israel* versucht habe darzustellen, geht man zu weit und lässt sich immer wieder von der israelischen Regierung beeindrucken, sozusagen als Geisel des Verbrechens behandeln. Ja, die Architektur des Jüdischen Museums in Berlin hat mich erschüttert. Die Ausstellung weniger. Als ich sie zum zweiten Mal besuchte, fand ich sie zunächst ausgezeichnet – bis zu Moses Mendelssohn. Dann die «gute Stube»: ohne Börne, Marx, Rosa Luxemburg oder die Konvertitin Edith Stein. Und mit den Stelen in der Nähe des Brandenburger Tors kann ich mich nicht abfinden. Wie sind die Juden ermordet worden? Durch Gas oder durch Erschießungen vor offenem Graben. Doch nun erinnert alles an Grabsteine. Ohne jegliche Inschrift vor oder neben dem Monument. Glücklicherweise wurde die hervorragende, aber sehr kleine unterirdische Ausstellung den Projektleitern auferlegt ... Es wird dabei ständig vergessen, warum und in wessen Namen Hitler von Anfang an bekämpft worden war. Kurt Schumacher wurde bereits im Frühling 1933 in ein KZ eingeliefert, weil er als junger Reichstagsabgeordneter gesagt hatte: «Der Nationalsozialismus ist ein dauernder Appell an den inneren Schweinehund im Menschen» – und damit an die Verachtung der Schwachen, der anderen, der rassisch oder körperlich «Minderwertigen». Der junge Deutsche, der heute aus der Erinnerung an die Gräuel lernen will, sollte sich die Worte zu eigen machen, die Bundespräsident Horst Köhler am 2. Februar 2005 gesprochen hat: «‹Die Würde des Menschen ist unantastbar.› Diese Lehre aus den nationalsozialistischen Verbrechen haben die Väter des Grundgesetzes im ersten Artikel unserer Verfassung festgeschrieben. Die Würde des Menschen zu schützen und zu achten ist ein Auftrag an alle Deutschen. Dazu gehört, jederzeit und an jedem Ort für die Menschenrechte einzutreten. Daran will sich die deutsche Politik messen lassen.» Nur dass die Rede vor der Knesset gehalten wurde und der Bundespräsident anscheinend vergaß, dass die leidenden und verachteten palästinensischen Einwohner im Gazastreifen und in den besetzten Gebieten auch Menschen sind! Diese Überlegung war ein Hauptthema meiner Rede zum Pogrom vom 9. November 1938 in der Frankfurter Paulskirche am 9. November 2010.

Meine Hochachtung gilt allen Frauen und Männern, die das eigene Leiden in Tatkraft verwandelt haben, um anderes oder neues Leiden zu verhindern. Die Klage ist natürlich und verständlich. Aber sie allein gestaltet nicht die Zukunft. 1969 erschien die Erzählung von Simon Wiesenthal *Die Sonnenblume*. Sie war begleitet von Reaktionen einiger Prominenter der Zeit. Dreißig Jahre später wurde *Les Fleurs du soleil* in Paris neu herausgebracht. Diesmal mit zwölf anderen kommentierenden Kurzbeiträgen, darunter einer von mir. In einem Konzentrationslager lernt ein Häftling im Lazarett einen jungen SS-Mann kennen. Als dieser im Sterben liegt, erzählt er von seiner Teilnahme an Verbrechen und bittet den Erzähler, ihm, sozusagen im Namen aller Juden, zu verzeihen. Der Erzähler lehnt ab – und fragt sich später, ob er sich richtig verhalten hat. Wie sollte seine Frage beantwortet werden? Ich schrieb, dass, hätte der junge SS-Mann überlebt, er zu jenen Deutschen gehört hätte, die doch verwandlungsfähig waren. Und sowenig ich Hitler oder Himmler jemals verzeihen könnte, so sehr sei ich bereit, sterbenden Verführten zu verzeihen.

Der 9. November ist ein merkwürdiges deutsches Datum. 1848 wird Robert Blum aufgrund seiner Beteiligung am Oktoberaufstand in Wien standrechtlich erschossen. 1918 wird die Republik zweimal verkündet, die demokratische von Philipp Scheidemann, die revolutionäre von Karl Liebknecht. 1923 scheitert der «Hitler-Ludendorff-Putsch» in München (an diesem Tag leisten später die SS-Leute ihren Treueschwur). 1938, mit dem Vorwand der Ermordung des Pariser Legationssekretärs vom Rath durch Herschel Grynszpan, organisiert Goebbels die «Reichskristallnacht». 1989 wird die Berliner Mauer geöffnet. Wegen 1938 wird dann das Datum nicht zum deutschen Nationalfeiertag. Hatte nicht Elie Wiesel beklagt, dass es in Deutschland an diesem 9. November 1989 so viele Freudenschreie gegeben habe, wo doch die Erinnerung an 1938 wachbleiben sollte? Einige Andersdenkende haben damals geantwortet, dass die große Hoffnung von 1945 doch gewesen sei, eines Tages zu sehen, wie sich die jungen Deutschen über die Freiheit begeistern. Am 3. Oktober 1990 durfte ich dann in der Paulskirche erklären, warum ich mich so sehr über die (von mir keineswegs vorausgesehene) Einheit freue. Eben weil nun der Traum erfüllt war, mitzuhelfen, dass eines Tages alle Deutschen in Freiheit und Demokratie leben könnten.

Als am 18. März 2010 Simone Veil in die *Académie française* gewählt wurde, erinnerte eine Zeitung daran, dass sie, laut Umfragen, die beliebteste Persönlichkeit ihrer französischen Landsleute geworden war. Sie hat die schmerzhafte Erinnerung an ihr eigenes KZ-Leiden und den Mord an Vater und Bruder ständig wachgehalten und zugleich, im Namen dieser Erinnerung, alles getan, um eine gemeinsame europäische Zukunft mitzugestalten. Dass sie auch für den Mut bewundert wird, mit dem sie 1975 das Gesetz zum Schwangerschaftsabbruch als Ministerin durchgebracht hatte, damit die armen Frauen nicht mehr zur Stricknadel zu greifen brauchen, während die Reichen in Schweizer Kliniken «behandelt» werden, das soll später noch näher dargestellt und besprochen werden.

Die Machthaber und die Bürger

Politik und Gesellschaft brauchen Institutionen. Diese Feststellung mag Vorfragen aufwerfen: Wie steht es mit der Treuepflicht? Wann ist eine Institution legitim? In der Parlamentarischen Demokratie vertritt das Parlament das Volk. Es *ist* jedoch nicht das Volk. Aber die Außerparlamentarische Opposition (APO) in den sechziger und siebziger Jahren, die Demonstranten in Stuttgart und Gorleben 2010 waren auch nicht «das Volk», sondern nur ein Teil des Volkes, mit einer begrenzten, wenn auch realen Legitimität.

Eine dritte Frage: Gibt es wirklich, wie in Deutschland allzu oft behauptet wird, einen Gegensatz von Geist und Macht? Diese Frage wird in Frankreich nie gestellt, außer wenn die Spitze der Republik von jemandem besetzt ist, dessen kultureller Horizont begrenzt scheint. Ansonsten würde niemand einem de Gaulle, einem Pompidou, einem Mitterrand vorgeworfen haben, gewissermaßen geistlos zu sein. In der Bundesrepublik ist das leider anders. Es besteht eine Arroganz vieler Intellektueller, die mit einer merkwürdigen Wehleidigkeit verbunden ist. Der arme Ludwig Erhard hat einmal das Wort «Pinscher» gebraucht, um seine intellektuellen Kritiker zu bezeichnen. Was hatte er da doch gewagt! Beleidigend sei er gewesen und habe seine Macht missbraucht. Aber Schriftsteller, Journalisten und Zeichner dürfen an den Regierenden auch Kritik üben, ohne ihren Opfern das Recht zuzugestehen, verletzt oder beleidigt zu sein. Zu den an meisten Beleidigten gehörte Klaus Staeck, dessen Satiren doch oft die Grenzen des Zumutbaren überschritten. Und wenn der Geist eine Ethik impliziert, so ist es einfach dumm zu behaupten, ein Helmut Schmidt oder ein Helmut Kohl seien als Kanzler reine Zyniker gewesen. Wie viele Intellektuelle drehen sich mit dem Wind und vertreten zynisch ihre neue, vorläufige Meinung!

Jede Institution bedarf der Treuepflicht derer, deren Schicksal teilweise von ihr abhängt. Viele Professoren empfinden diese Treuepflicht nicht und sehen nur ihre Lehre und ihre Forschung. Während meiner 36 Jahre Anstellung am *Institut d'études politiques* habe ich stets die Treuepflicht gegenüber der Institution und ihrem Direktor empfunden, auch während dieser ein ehemaliger Doktorand war. Deshalb (aber nicht nur deshalb) bin ich im Mai/Juni 1968 stets dabei gewesen, um eine positive Veränderung mitzubewirken und nicht ihrer Zerstörung zuzusehen. Also wurde ich zusammen mit einem gewählten Studenten der vom Lehrkörper gewählte Vorsitzende des «revolutionären» Gremiums, das die Statuten der Institution so gut umschrieb, dass sie heute noch gelten! Das Institut hat seitdem einen Verwaltungsrat, zusammengesetzt aus einem Drittel Lehrenden, einem Drittel Studentenvertretern und einem Drittel aus der übrigen Gesellschaft (von anderen Universitäten, Gewerkschaften, Arbeitgebern etc.). Und einen Direktor, der nicht mehr von der Regierung ernannt, sondern vom Verwaltungsrat gewählt wird. Ich darf auch von Treuepflicht sprechen gegenüber der *École Saint-Joseph*, der von Maristenbrüdern geleiteten Schule, an der ich 1943/44 in Marseille unterrichtet habe. Die Treuepflicht verbot mir, den Schülern meinen Atheismus zu zeigen. Ich hatte auch keine besondere Frömmigkeit zu beweisen, nur gewisse Themen zu vermeiden. Da ich aber «ethischer» sprach als die meisten Brüder, befand ich mich mehrmals in schwieriger Lage, wenn ein Schüler mich fragte, ob er meiner Meinung nach Priester werden sollte.

Die Macht derer, die die Institutionen beherrschen, ist legitim, wenn sie innerhalb anerkannter Regeln ausgeübt wird. Mein Freund René Rémond hat, nach seiner Erfahrung als Präsident der vordem revolutionären Universität Nanterre, sein Buch über diese Zeit *La règle et le consentement*, «Die Regel und die Einwilligung» genannt. Während der zweiten Hälfte der sechziger Jahre hat in der Bundesrepublik die Außerparlamentarische Opposition der gewählten Volksvertretung ihre Einwilligung verweigert und somit deren Legitimität verneint.

Ansonsten hat es bis 1959 einen großen Unterschied zwischen Frankreich und der Bundesrepublik gegeben. Das Grundgesetz betont, dass die Mehrheit nicht alles kann. Das Bundesverfassungsgericht prüft, ob ein Gesetz verfassungskonform ist, denn die Verfassung steht über dem Gesetzgeber. Die Legitimität des Gerichts und seiner Entscheidungen wird heute noch weniger als sonst in Frage gestellt. Meinerseits habe ich das Gericht meist gelobt, manchmal kritisiert, aber immer in Frankreich als vorbildlich bezeichnet. Denn zwischen 1875 und 1968 galt in Frankreich nur die Legitimität der Mehrheit. Die Verfassung der IV. Republik – von 1947 bis 1958 – richtete einen Verfassungsausschuss ein, der bestimmen sollte (aber nie eingesetzt wurde), ob ein Gesetz eine Verfassungsänderung benötige. Später wurde ein Abgeordneter ausgelacht, weil er der Opposition zugerufen hatte: «Vous avez juridiquement tort, puisque vous êtes politiquement minoritaires!» (Ihr habt juristisch unrecht, da ihr politisch in der Minderheit seid!) Die Formel drückte immerhin glasklar die französische Tradition aus.

In der heutigen Republik besteht nun ein Verfassungsrat, der mit dieser Tradition bricht. Er ist nach einem halben Jahrhundert noch immer weit davon entfernt, die Solidität, das Prestige, die Legitimität des Bundesverfassungsgerichts zu haben, obwohl sich auch in Frankreich die parlamentarische Mehrheit oft fragt, ob ihr beabsichtigter Text nicht später vom Verfassungsrat zunichtegemacht werden könnte. Und seit 2008, dank Verfassungsänderung, darf nun der Verfassungsrat endlich bereits bestehende Gesetze für ungültig erklären.

Der Artikel 12 der berühmten französischen Erklärung von 1789 sagte: «Die Gewährleistung der Menschen- und Bürgerrechte erfordert eine *force publique* (öffentliche Streitmacht). Diese Macht ist also zum Vorteil aller errichtet und nicht zum besonderen Nutzen derer, denen sie anvertraut ist.» Die Frage nach der Legitimität von Gewalt ist in Frankreich noch dringlicher gestellt worden als in der Bundesrepublik. Die Regierung hat das Monopol dieser legitimen Gewalt und übt sie mit dem Mittel der Polizei aus. Aber die Legitimität hört auf, sobald diese Gewalt unbeschränkt ausgeübt wird. Einer der Gründe, weswegen der Mai 1968 in Paris unblutig verlaufen ist, war der persönliche Einsatz des Polizeipräfekten Maurice Grimaud. Er ließ jedem Polizisten einen Brief zukommen, in dem er betonte, dass jeder Schlag auf einen gefallenen Demonstranten, jede Gewaltausübung im Polizeiwagen oder auf dem Revier illegitim sei und Gegengewalt hervorrufen müsse. Seit 1986 gibt es einen *Code de déontologie* der Polizei, der unter anderem sagt: «Der Polizeibeamte respektiert voll und ganz jede Person, was auch ihre Nationalität oder ihre Herkunft, ihr gesellschaftlicher Stand oder ihre politischen, religiösen oder philosophischen Überzeugungen sein mögen ... Jede in Haft genommene Person steht unter der Verantwortung und dem Schutz der Polizei. Sie darf vonseiten der Polizeibeamten keine Gewalt noch irgendeine unmenschliche oder entwürdigende Behandlung erleiden.» Leider wird dieser *Code* jedoch in der Wirklichkeit immer mehr verhöhnt. Ich habe mein Bestes versucht, dem entgegenzuwirken durch Unterricht an den Polizeischulen und durch Zusammenarbeit mit der kleinen Organisation *Police et humanisme*.

Muss innerhalb einer legitimen Institution jeder Befehl ausgeführt werden? 1985 hatte ich zusammen mit dem *Inspecteur général de l'armée de terre* den Vorsitz im Prüfungsausschuss, der über das Schicksal der Offiziersschüler der berühmten Militärschule Saint-Cyr Coëtquidan zu entscheiden hatte. Ich stellte einem Kandidaten die Frage: «Sie bekommen den Befehl zu foltern. Was ist Ihre Reaktion?» – «Ich hätte ein Gewissensproblem.» Der General fiel über ihn her. «Sie haben da keine Gewissensprobleme zu haben. Das *Règlement militaire* verbietet Ihnen, unmoralische oder Menschen entwürdigende Befehle auszuführen.» Ich flüsterte ihm ins Ohr: «Aber dieser Passus ist erst nach dem Algerienkrieg eingeführt worden.» Er lächelte und nickte mir zustimmend zu.

Manche Herrscher üben Macht aus, ohne eine Verfassung respektieren zu müssen, oder sie handeln durch eine großzügige Auslegung der Verfassung. Ich bewundere von jeher die Leistungen von Bonaparte. Im Gegensatz zum Arc de Triomphe, an dem nur die Namen von militärischen Siegen eingemeißelt sind, ist das Grabmal Napoleons im Invalidendom umgeben von Inschriften, welche die heute noch bestehenden Institutionen aufzählen, die er als Erster Konsul geschaffen hat. Später hat er noch mehr bewirkt auf den Gebieten des Rechts, der Gleichberechtigung der Juden und anderem mehr – all dies in Ausübung einer unbegrenzten Macht. Die Verfassung, die General de Gaulle im Sommer 1958 ausarbeiten und dann durch einen Volksentscheid bestätigen ließ, hat er nur begrenzt respektiert, denn sie schrieb dem Premierminister und nicht dem Präsidenten die eigentliche Macht zu. 1964 ist er so weit gegangen, in einer Pressekonferenz zu sagen: «Es muss natürlich klar erkannt werden, dass die unteilbare Autorität des Staates völlig dem Präsidenten anvertraut ist durch das Volk, das ihn gewählt hat, und dass es keine andere gibt, weder ministerielle noch zivile, noch militärische, noch richterliche, die nicht von ihm verliehen und aufrechterhalten wird.» Welche beinahe unglaubliche Anmaßung in einer immerhin parlamentarischen Demokratie! Nicolas Sarkozy scheint sich heute diese Auffassung zu eigen gemacht zu haben – mit mehr Kleinlichkeit und weniger Würde. De Gaulle hat immerhin die Regierung walten lassen und fühlte sich dem Volk gegenüber verantwortlich. 1969 veranstaltete er ein Referendum über eine Reform des Senats: Das Hohe Haus vertrat und vertritt, durch ein kompliziertes Wahlsystem, die Dörfer viel mehr als die Städte. Er sagte klar, dass er damit dem Volk gewissermaßen die Vertrauensfrage stellte. Sein Text wurde abgelehnt – und in derselben Nacht gab er die Macht endgültig ab.

Er wird heute in Frankreich und auch anderswo fast uneingeschränkt verehrt. Persönlich war ich tief beeindruckt, als ich im Januar 1962 von ihm empfangen wurde, weil er über mein gerade erschienenes Buch *La Quatrième République et sa politique extérieure* sprechen wollte. Kein Telefon stand auf seinem Schreibtisch. Im Gegensatz zu der französischen Unsitte, einem Besucher auszuweichen und vor ihm ein Telefongespräch zu führen oder von einem Sekretär unterbrochen zu werden, widmete er sich mir voll und ganz. Nur musste ich lächeln, weil sein Adjutant – ein Oberst –, nachdem er mich hineingeführt hatte, rückwärts hinausging: Man zeigte am Königshof dem Herrscher nicht den Rücken. Das Gespräch bewies, neben Lob und Kritik, dass er zugleich vorwärts und traditionell dachte. Als es um Deutschland ging, sagte er: «Sie und ich, wir wissen doch, dass auf der anderen Seite Preußen ist» («de l'autre côté, c'est la Prusse»). Dass die bösen Preußen Kommunisten geworden waren, was könnte natürlicher sein! Wenn es Rheinländer oder Bayern gewesen wären …

In der Bundesrepublik hat der Präsident so gut wie gar keine Befugnisse, weil das Staatsoberhaupt in der Weimarer Republik zu viel Macht gehabt hatte. Er kann aber durch persönliches Prestige einen öffentlichen Einfluss ausüben. 2010 ist viel gesagt worden, um beim Gewählten einen solchen Einfluss von Anfang an zu unterbinden. Der von mir sehr geschätzte, mir seit 1991 persönlich bekannte Joachim Gauck habe in der unfreien DDR die Freiheit verkörpert. Also stand Christian Wulff für die Unfreiheit in der freien Bundesrepublik? Wulff sei von einer Partei aufgestellt worden. Wie Heinemann. Von der Kanzlerin vorgeschlagen. Wie Weizsäcker von Kohl. Und wird nicht ständig geklagt, wie bedauerlich es ist, dass sich junge Leute nicht in einer Partei engagieren, wo doch diese der Inbegriff der pluralistischen Demokratie sei? Wenn ich zu Christian Wulff seit Jahrzehnten gute Beziehungen habe, so weil ich viel mit der Jungen Union zusammengearbeitet habe und er einer von deren «Prominenten» gewesen ist. (Mit den Jusos war die Zusammenarbeit viel schwieriger, weil sie so dogmatisch waren!)

Die Verehrung der Franzosen für de Gaulle, insbesondere als Präsident, hat 2010, zum 10. Jahrestag seines Todes am 9. November (!), einen Höhepunkt erreicht. Diese Verherrlichung hat aber schon früher begonnen. 1990 veranstaltete das *Institut Charles de Gaulle* ein internationales Kolloquium *De Gaulle in seinem Jahrhundert,* dessen Beiträge dann als Buch erschienen. Der meine war betitelt: *Für die kritische Bewunderung, gegen die irreführende Lobhudelei (adulation mystifiante).* Ich analysierte die Widersprüche und Missgeschicke seiner Außen- und Kolonialpolitik. Und ich schloss folgendermaßen: «In meinen Büchern versuche ich, die Balance zu halten zwischen Zustimmung und Kritik. Heute, zu einer Zeit der Seligsprechung, der manchmal intoleranten Verherrlichung, bringt mich mein Respekt für die Wahrheit dazu, meinem Respekt für den General nicht den Vorrang zu geben.» Ich wagte (und wage), mit Marquis Posa zu sagen: «Ich kann nicht Fürstendiener sein.»

Das schließt keineswegs Bewunderung oder auch Verehrung aus. Im Nachkriegsdeutschland galt beides dem SPD-Politiker Fritz Erler, der leider allzu früh verstorben ist. Vielleicht war es sein Widerstand gegen Hitler, der ihm eine moralische Tiefe verliehen hat, mit viel warmer Nüchternheit und mit enormen Kompetenzen auf vielen Gebieten. Ich habe beobachten können, wie er innerhalb der SPD Gehör fand – und warum das Weiße Haus ihn 1957 bei unserer Landung in New York abholen ließ: Man wollte die Ansichten eines kritischen, aber vertrauenswürdigen Mannes über die bundesdeutsche Aufrüstung zur Kenntnis nehmen. Auch bei der NATO-Tagung in Princeton, zu der wir 1956 gemeinsam reisten, wurde er zur Zentralfigur. Auf andere Art galt und gilt meine Bewunderung Wolfgang Schäuble. Nicht nur wegen der täglichen Überwindung seines Körpers. Schon lange vor dem Attentat fand ich ihn vorbildlich in seiner europäischen Überzeugung, in der Leistung, die der Einigungsvertrag darstellte, und in der – von vielen gar nicht geahnten – Herzlichkeit der persönlichen Beziehung.

In Frankreich war ich sogar einige Zeit bereit, einem Staatsmann zu dienen, im Widerspruch zu dem eben Gesagten. Wie viele meiner Generation war ich ab 1953 *mendésiste*. Mit Pierre Mendès-France hatten wir einen Politiker, der sich nicht scheute, in allen Fragen die Wahrheit zu sagen, dann, als Regierungschef, den Indochinakrieg zu beenden, die Unabhängigkeit Tunesiens vorzubereiten und den Text des EVG-Vertrags, nach zwei Jahren der Verzögerung, dem Parlament vorzulegen. Warum es eine starke Mehrheit gegen die Ratifizierung gegeben hat, habe ich in anderen Büchern dargestellt. Ich war in seinem Auftrag in Bonn, um seine Haltung zu erklären. Es hieß später, ich solle als Deutschland-Experte in seinen Stab im Außenministerium eintreten. Aber er übergab das Ministerium einem anderen Politiker und behielt nur – für leider sehr kurze Zeit – das, was in der Bundesrepublik das Kanzleramt ist. Ich würde Jacques Delors beinahe auf dieselbe Ebene stellen, wenn er mich nicht, wie Millionen andere, bitter enttäuscht hätte, als er sich entschied, nicht für die Präsidentschaft zu kandidieren, nachdem sich Hunderte von Gruppen zu seiner Unterstützung organisiert und alle demoskopischen Institute seinen Sieg vorausgesagt hatten. So wurde Jacques Chirac auf zwölf Jahre Präsident der Französischen Republik.

Wann spricht ein Politiker aufrichtig? Wann ist er sich selbst gegenüber aufrichtig? Die vermutete Selbstverleugnung mag einer echten inneren Wandlung entsprechen. Der Sozialist Jules Moch war ein guter Verteidigungsminister, der hart um seinen Haushalt kämpfte, um mehr Waffen herstellen oder kaufen zu können. Später wurde er französischer Delegierter in der Abrüstungskommission der UNO. Mit derselben echten Überzeugung kämpfte er für die Verschrottung von Waffen, die auch Frankreich besaß. Rollenwechsel kann aufrichtigen Meinungswechsel bewirken. Also bin ich vorsichtig in der Beurteilung des Wechsels. Und wenn ich eine Ernennung schlecht finde, weil der Ernannte nicht kompetent ist, so erinnere ich mich an das Wort: «Es wächst der Mensch mit seinen größern Zwecken», und warte erst einmal ab, ob ein Stuttgarter Ministerpräsident ohne weiteres qualifiziert ist, EU-Kommissar zu werden. Der Erwartung scheint mir Willy Brandt besonders gut entsprochen zu haben, und sei es nur durch seine bescheidene Feststellung: «Wir sind Gewählte und nicht Erwählte.»

Auch gibt es verschiedene Formen des Ehrgeizes. Kommilitonen warfen einer Studentin vor, sie hätte, weil sie doch so sozial dachte und aktiv war, sich nicht um einen Platz an der *École nationale d'administration* bewerben sollen, den sie ohne weiteres bekam. Ich riet ihr, den Film *Monsieur Vincent* zu empfehlen. Er erzählt die Geschichte des späteren heiligen Vinzenz von Paul, der sich Anfang des 17. Jahrhunderts um Arme, Ausgestoßene und Sträflinge kümmerte. Der damalige Herrscher Frankreichs, Kardinal Richelieu, lässt ihn kommen und bietet ihm das Amt eines kirchlichen Beauftragten für die Galeeren an. Er sagt zunächst nein, mit der Begründung, er wolle sich weiterhin um die einzelnen Galeerensträflinge kümmern. Darauf Richelieu: «Dann werden Sie am Los aller *galériens* nichts ändern können.» Die

ENA-Schülerin machte einen brillanten Abschluss und wählte das Sozialministerium, obwohl sie ein «höheres» hätte beanspruchen können. Sie durfte nun die Sozialpolitik mitbestimmen oder wenigstens beeinflussen. Ich denke oft an diese Geschichte, wenn ich lese oder höre, wie verächtlich Menschen, die auf unterster Ebene gesellschaftliche Ungerechtigkeiten bekämpfen, von denen reden, die die «Sache» verraten hätten, indem sie in den höheren Staatsdienst eingestiegen sind.

Verachtet werden auch oft die Parlamentarier, in Frankreich noch mehr als in Deutschland. Bei uns werden alle in ihrem Wahlkreis gewählt, es gibt keine überregionalen Listenplätze. Meine Formulierung in Wort und Schrift lautet, dass man DIE Abgeordneten verachtet, weil man von SEINEM Abgeordneten verachtenswerte Dienste fordert – eine Stelle für den Vetter, eine Unterstützung bei der Verwaltung, um einen unverdienten Vorteil zu erreichen. Der französische Abgeordnete steigt aus dem Zug und wird begrüßt: «Ihr seid wirklich faul. Vorgestern habe ich mir im Fernsehen eine Sitzung angeschaut. Du hast wieder einmal nicht auf deinem Platz gesessen. Übrigens, wieso bist du eigentlich letzte Woche nicht hierhergekommen, wo doch die Tochter des einflussreichen Herrn Soundso ihre Hochzeit feierte?» Wird in der Bundesrepublik nie ein Listengewählter von einem Wahlkreisgewählten beneidet? Ich weiß allerdings, wie volksnah man im Allgemeinen in seinem Wahlkreis ist, sodass man den Ministern in Berlin erklären kann, was sie nur durch die Demoskopie zu wissen glauben.

Ich weiß leider nicht, was ein gutes Wahlgesetz ist. Alle Systeme haben Nachteile. Israel leidet seit Jahrzehnten unter der reinen Verhältniswahl, die auch ganz kleinen Parteien viel Macht verleiht. In Großbritannien wurden die Liberalen, die einzige wirklich europafreundliche Partei, bis vor kurzem ständig von den beiden großen erdrückt, weil sie mit dem Mehrheitssystem kaum Wahlkreise gewinnen können. Seit 1945 hat keiner der beiden Großen 50 Prozent der Stimmen erhalten. 1983 stimmten 25,4 Prozent der Wähler für die Liberalen, was diesen nur 2,6 Prozent der Sitze einbrachte. In Frankreich behaupte ich immer, das deutsche Wahlsystem sei das beste, ohne perfekt zu sein. Leider muss ich seit 1949 bei jeder Bundestagswahl französischen Journalisten und Politikern aufs Neue und wiederum vergeblich erklären, dass das System *à la proportionnelle* funktioniert und nicht halb nach Wahlkreismehrheit. Die ganz Gescheiten verstehen manchmal sogar, was ein Überhangmandat ist! Auch erkläre ich manchmal, was der Ursprung der französischen Regelung für die Präsidentschaftswahl ist. Michel Debré, der Schöpfer der Regelung, war über die Weimarer Reichspräsidentenwahl von 1925 informiert worden. In der Stichwahl war Generalfeldmarschall von Hindenburg mit 48,3 Prozent der Stimmen gewählt worden und nicht der von der SPD unterstützte Zentrumsmann Dr. Marx, weil der Kommunist Ernst Thälmann sich nicht zurückgezogen hatte und mit 6,4 Prozent der Stimmen die Wahl der Konservativen ermöglichte. Fazit: In Frankreich bleiben nur die beiden Ersten der ersten Runde in der Stichwahl. So kam es, dass Jacques Chirac 2002 in der zweiten Runde über 80 Prozent der Stimmen erhielt, weil Jean-Marie Le Pen knapp vor dem Sozialisten Lionel Jospin gelegen hatte, der, wenn drei übrig geblieben wären, wahrscheinlich Präsident geworden wäre.

In Deutschland und noch mehr in Frankreich wird über die sinkende Wahlbeteiligung geklagt. Dazu sage ich gern, die Höhe der Beteiligung ist nicht notwendigerweise ein Zeichen der guten Demokratie. In der Schweiz ist man glücklich, wenn man bei einer *votation* eine Beteiligung von 50 Prozent erreicht. In den USA ist die Beteiligung noch geringer als nach einer Wahl verkündet wird, denn Millionen von potentiellen Wählern lassen sich auf den Wahllisten nicht einschreiben. Die höchste Wahlbeteiligung der Weimarer Republik gab es im Juli 1932 – genau diese Wahl wurde zum Triumph der Nationalsozialisten. Es stimmt jedoch, dass es heute in beiden Ländern eine gewisse Parteien- und Politikverdrossenheit gibt, wobei die Ablehnung des Stils des Präsidenten in Frankreich eine nicht unwesentliche Rolle spielt. Aber in meinem Zeitungskommentar zu unseren Regionalwahlen im März 2010 habe ich die anderen Medien angegriffen. Die Beteiligung war bei den Europawahlen noch geringer gewesen, aber davon sei kaum Notiz genommen worden. Diese Enthaltung war aber weitgehend durch Unwissen und daraus folgendes Desinteresse bedingt gewesen. Ein Unwissen, das Politiker, Regierungen und Medien gemeinsam zu verantworten hatten.

Warum nicht gleich zu den Regierenden gehen? Ich werde von Zeit zu Zeit als Berater der Mächtigen dargestellt. Ganz zu Unrecht. Ich bin selten direkt zu Rate gezogen worden. Einmal für eine Deutschland-Rede von Jacques Chirac. Er hat nicht eine einzige Anregung übernommen. Und 1982 beantwortete ich eine Anfrage von Helmut Schmidt, einen Beitrag zur Vorbereitung einer Regierungserklärung zu schreiben. Ich tat mein Bestes, aber da ich sowieso mit seiner Politik einverstanden war, brauchte er eigentlich meine Vorschläge gar nicht. Manchmal, aber selten, befragen mich Mitarbeiter der Regierenden. In die Diplomatie habe ich nur einmal (erfolglos) eingegriffen. 1949 war ich in Düsseldorf. Nachts wurde mir vom Vorsitzenden der Vereinigten Stahlwerke ein Brief von Konrad Adenauer (Wahlgewinner, aber noch nicht Kanzler) überreicht, damit ich ihn Außenminister Robert Schuman übermittle. Der Brief enthielt einen guten Vorschlag. Die August-Thyssen-Hütte sollte von der Demontage-Liste gestrichen werden, dann aber in französischen Besitz übergehen. Ich überreichte den Brief einem mir bekannten engen Mitarbeiter des Ministers – aber es hat keine französische Antwort gegeben. Wenige Wochen später wurde die Thyssen-Hütte durch Druck der USA von der Liste gestrichen – ohne jegliche Kompensierung für Frankreich. Es entsprach der Politik Frankreichs vor dem 9. Mai 1950: Zähneknirschend dem Druck der

Anglo-Amerikaner nachgeben, wo man selbst schöpferisch, das heißt zuweilen zum eigenen Nutzen, hätte handeln können. Botschafter André François-Poncet hat mir diese Einmischung hinter seinem Rücken nie verziehen. Aber es hat mich gefreut, als Willy Brandt beim SPD-Parteitag 1975 nach meiner Friedenspreisrede sagte, man solle doch die Kritik eines ausländischen Professors an den «Berufsverboten» ernst nehmen.

Bei Betrachtung und kritischer Darstellung dieser oder jener Regierungsentscheidung in beiden Ländern hat mich die Haltung der Opposition zuweilen erstaunt, obwohl ich doch vorher die Geschichte der Prügelstrafe unter dem Titel *Was wäre, wenn ...* bei Tucholsky (1928) gelesen hatte. Zunächst ein Gerücht: Die Prügelstrafe soll kommen. Flammende Proteste von SPD und Liberalen. Nach verschiedenen Episoden endet die Sache mit Zustimmung der beiden Parteien. Die Sozialdemokratische Parteikorrespondenz schreibt: «Das Nein wäre Wasser auf die Mühle der Kommunisten. Der klassenbewusste Arbeiter ist eben so diszipliniert, dass er weiß, wann es ein Opfer zu bringen gilt ... Schweren Herzens hat sich der Parteivorstand dem Gebot der Stunde gebeugt ...» Die Liberalen stimmen nur zu, wenn einem der Ihren das neue Amt des Reichszuchtmeisters zufällt!

Inwiefern lässt sich die Geschichte auf die Debatte über Sicherheit und Freiheit übertragen? 2008 schrieb der ehemalige Verfassungsrichter Winfried Hassemer: «Das Spannungsverhältnis zwischen Freiheit und Sicherheit hat sich eindeutig zugunsten der Sicherheit verändert.» Innenminister Schäuble hingegen meinte: «Beide Werte, Freiheit und Sicherheit, müssen immer neu – je nach sich ändernden Bedingungen – ins Gleichgewicht miteinander gebracht werden.» In dieser Sache fühlte ich mich eher auf der Seite der Kritiker von Wolfgang Schäuble, aber ich weiß wohl, dass ich es gut und richtig finde, wenn Terroristen oder Räuber dank der Video-Überwachung gefasst werden. Das Urteil des Bundesverfassungsgerichts vom 2. März 2010 zum Datenschutz hätte mich sehr beeindruckt, wenn es mir nicht so wirklichkeitsfern erschienen wäre. So wie sein Urteil, das verbot, ein entführtes Flugzeug abzuschießen, damit das Leben der Passagiere verschont blieb, auch wenn der Terror Städte oder Atomreaktoren bedrohte! Auf einer von Bundesministerin Annette Schavan und mir eingeleiteten Tagung zum Thema sagte ich nicht «sowohl als auch», aber ließ erkennen, dass ich nicht wusste, wo genau die Grenze zu liegen hat.

Es geht mir ähnlich mit der Frage der Atomkraft. Im Allgemeinen begnüge ich mich damit, in beiden Ländern die offizielle Politik zu kritisieren und die des anderen zu erklären. In Frankreich herrscht die Überzeugung, dass die militärische *und* die zivile Nutzung der Atomenergie von großem Wert seien. Nach dem Krieg schuf General de Gaulle das *Commissariat à l'énergie atomique*. An dessen Spitze stellte er den Chemie-Nobelpreisträger Frédéric Joliot-Curie, nebenbei Mitglied des Zentralkomitees der Kommunistischen Partei. Eine organisierte linke Gegnerschaft zum Atom hat es in Frankreich nie gegeben, und sei es nur, weil jeder neue von Electricité de France gebaute Reaktor dem von kommunistischen Gewerkschaften beherrschten Sozialwerk der EDF viel Geld brachte. Die erste von der IV. Republik vorbereitete Explosion einer Atombombe im Sahara-Gebiet wurde vom an die Macht zurückgekehrten General de Gaulle mit einem «Hourrah pour la France!» begrüßt. Frankreich war nun unter den Atommächten, was ihm ein größeres politisches Gewicht verlieh. (Mit dem ständigen Sitz im Sicherheitsrat der Vereinten Nationen und dem Vier-Mächte-Status von Berlin war es die dritte Überlegenheit über die wirtschaftlich stärkere Bundesrepublik.) Über die durch das Atom gestärkte Sicherheit habe ich mich in meinen Reden in den höheren Militärschulen immer lustig gemacht – bis es nicht mehr bloß die Raketen in der Provence und die Mirageflugzeuge gab, die in der Sowjetunion keine große Angst hervorriefen, sondern die atombewaffneten unauffindbaren Unterseeboote, die heute auch dazu da sind, etwaige atomgerüstete arabische Länder in Schach zu halten.

Lustig gemacht habe ich mich auch über die offizielle Behauptung, die Atomwolke von Tschernobyl habe an der französischen Grenze haltgemacht. (Heute weiß man, dass Partikel sogar auf Korsika niedergegangen sind.) Mit großem Ernst schildere ich in Frankreich immer wieder das Schicksal des meistgepeinigten Landes von ganz Europa, Belarus/Weißrussland. Ich war von einem Besuch in Minsk tief erschüttert. Ein Viertel der Bevölkerung von 1939 ist im Krieg durch deutsche und sowjetische Bombardierungen und Gräueltaten umgekommen. Dann gab es Tschernobyl. Ein Fünftel des Bodens ist für Jahrhunderte unbrauchbar. Es werden noch heute verkrüppelte Kinder geboren. Die Tatsache, dass man von einem Tyrannen beherrscht wird, lindert das Leiden natürlich nicht. «In Frankreich könnte es einen solchen Unfall nicht geben!» Ist das so sicher?

In Deutschland ist die Gegnerschaft zum Atom so verbreitet, dass die Kanzlerin die Bundestagswahl 2009 verloren hätte, wenn sie offen gesagt hätte, was sie wahrscheinlich über die Atomkraft dachte. Manfred Rommel, damals gesunder, immer gut aufgelegter Stuttgarter Oberbürgermeister, sagte mir: «Wenn meine Wähler wüssten, welcher Prozentsatz ihres Stroms von Atomwerken kommt, würden sie mir treu bleiben?» In Frankreich wird kaum verstanden, wie sehr man in Deutschland an der Kohle hängt. Nicht nur dass sie die Umwelt verschmutzt und das Atom nicht, sondern jeder französische Schüler hat in der Grundschule den Jugendroman *Sans famille* von Hector Malot gelesen, in dem eine Bergbaukatastrophe ausführlich beschrieben wird. Im Gymnasium liest man heute noch Émile Zolas *Germinal*, worin ebenfalls die mörderischen Seiten des Bergbaus geschildert werden.

Gegen Pazifismus und Gewalt

Politik geht auch nach außen. Durch die Tat und durch das Wort. Die Tat mag kriegerisch sein. So im ehemaligen Jugoslawien oder in Afghanistan. Die französische Demokratie zeigt hier eine enorme Schwäche. Bei militärischen Einsätzen entscheidet der Präsident allein. Das Parlament wird manchmal informiert und darf manchmal debattieren, aber ohne Schlussabstimmung. In der Bundesrepublik bestehen zwei Besonderheiten, von denen die eine kaum, die andere gar nicht wahrgenommen wird. Die Bundeswehr hat, wenigstens in der Theorie, eine andere Grundlage als die mit ihr verbündeten Armeen. Als der damalige Verteidigungsminister Volker Rühe die erste Bundeswehrkaserne in Berlin am 5. Januar 1995 einweihte, taufte er sie auf den Namen des sozialistischen Widerstandskämpfers Julius Leber und sagte: «Das Ethos des deutschen Widerstands prägt das Selbstverständnis der Bundeswehr.» Und am 31. Juni 1996 bekannte er in Berlin zum «feierlichen Gelöbnis»: «Der Soldat der Bundeswehr ist bereit, Deutschland zu schützen und den Frieden zu sichern; er steht ein für unsere Verfassung und übernimmt Mitverantwortung für die Freiheit anderer ... Es sind diese Werte – Freiheit und Menschenwürde, Recht und Frieden, Solidarität mit Verbündeten und Hilfe für Menschen in Not –, die den Dienst der Soldaten der Bundeswehr seit 40 Jahren bestimmen.» Die Worte Vaterland und Nation werden (noch) nicht verwendet. Die Entscheidung, deutsche Soldaten ins Ausland zu schicken, beruhte auf der neuen Überzeugung, man dürfe sich dieser Mitverantwortung nicht auf Dauer entziehen. Die andere Besonderheit (die eigentlich gar nicht so besonders ist!) besteht in der Art, Frieden stiftende Landsleute einfach zu übersehen. Christian Schwarz-Schilling hat als Sonderbeauftragter der EU in Bosnien Wichtiges bewirkt. Hans Koschnick hat als EU-Administrator in der herzegowinischen Stadt Mostar Großes geleistet. Welche Politiker, welche Medien haben ihren Einsatz gebührend gewürdigt?

Welchen Staaten oder Nationen soll von außen geholfen werden? Als ich nach dem Krieg zum ersten Mal in die Schweiz fuhr, auf Einladung eines evangelischen Pfarrers in Tavannes, erlebte ich die Krise des *Jura bernois*, des frankophonen Teils des Kantons Bern. Er wurde schließlich abgetrennt – aber ein Distrikt hatte für das Verbleiben bei Bern gestimmt und ist somit überstimmt worden. Die Komoren sind von Frankreich unabhängig geworden, aber die Insel Mayotte hatte anders gestimmt und durfte französisch bleiben. *Passport to Pimlico* hieß 1949 ein lustiger englischer Film. Pimlico, ein Stadtteil von London, entdeckt ein Manuskript des 15. Jahrhunderts, das beweist, dass Pimlico einmal souverän gewesen ist. Es verkündet seine Unabhängigkeit (unter anderem um keine Steuern mehr zu bezahlen), wird eingeschlossen und belagert (bekommt aber über die Mauer von empörten Londonern Lebensmittel zugeworfen). Schließlich gibt es Verhandlungen mit Premierminister Churchill, und Pimlico wird wieder Stadtteil der Metropole. Kosovo? Der serbische Teil von Kosovo? Wer soll ein souveräner Staat im Kaukasus sein? Und zwischen Rumänien und Russland? Manchmal glaube ich antworten zu können, manchmal nicht! Das Prinzip der Selbstbestimmung der Völker ist einleuchtend, seine Anwendung ist jedoch nicht immer einfach. Sicher bin ich nur, dass Massaker durch den Mächtigen, der neue Staaten nicht dulden will, nicht gerechtfertigt sind.

Aber wie begegnet man dem Mächtigen? Bernard Kouchner hat eine erstaunliche Entdeckung gemacht. Bevor er Außenminister wurde, hatte er ständig jede Regierung gebrandmarkt, die Russland, China oder afrikanischen Staaten gegenüber nicht rücksichtslos für die Menschenrechte eintrat. Als Minister entdeckte er – was ihm jeder Student hätte sagen können –, dass die Sache gar nicht so einfach ist! Nun verzichtete er darauf, auf Befehl seines Herrn im Élysée-Palast, irgendetwas zu sagen, was Putin, die chinesischen oder afrikanischen Machthaber kränken und somit negative wirtschaftliche Konsequenzen für Frankreich zeitigen könnte. Dabei sollte doch klar sein, dass die politische Lösung eines Problems nie gut sein kann, sondern nur weniger schlecht als eine andere. (Ich übernehme hier eine Stelle der schönen Rede, die Joachim Gauck 1997 anlässlich des 50. Jubiläums der evangelischen Akademiearbeit in Thüringen gehalten hat: «Sie wissen nach der Diktatur, dass das weniger Schlechte in der Politik ein hoher Wert ist.») Es gibt immer Möglichkeiten, ein Minimum an Druck durch offene Kritik auszuüben und sich nicht sofort von der Drohung des Unterdrückers beeinflussen zu lassen. Und seit 1975 und dem «Dritten Korb» der Schlussakte von Helsinki sollte keiner mehr sagen dürfen, er verbiete jegliche Einmischung in innere Angelegenheiten, wenn es um Menschenrechte geht.

Kleine Kapitulationen mit doch großer Tragweite kann es auch jenseits der Regierungspolitik geben, bei öffentlichen Gelegenheiten. Zum Beispiel, wenn die Veranstalter der Frankfurter Buchmesse chinesischem Regierungsdruck nachgeben; oder wenn in Paris nach einer beeindruckenden, ehrlichen Ausstellung *Paris–Berlin* die Ausstellung *Paris–Moskau* nichts von dem enthält, wogegen die damalige sowjetische Regierung hinter den Kulissen Einspruch erhoben hatte.

Wenn allein schon der Vergleich provoziert, muss er doch klar artikuliert werden. Am Anfang des Algerienkriegs hatte ein einflussreicher französischer Politiker erklärt: «Sobald die Attentate aufhören, hört die Repression auch auf.» Der Erzbischof von Algier sagte seinerseits: «Eine einzige schlimme Ungerechtigkeit, der ein Unschuldiger zum Opfer fällt, kann die ganze Bevölkerung eines Dorfes oder eines Stadtviertels zur Verzweiflung und zur Gewalt führen.» Ich beziehe diese Aussage auf die israelische Repressalienpolitik. Nicht nur weil ich den Vergleich treffend finde. Noch mehr, weil ich für Israel den Palästinensern gegenüber die gleiche Sorge hatte und habe. Frankreich gestern und Israel heute gehören zu der «westlichen» Welt, die sich ständig den anderen Kontinenten gegenüber auf gemeinsame Werte beruft. Wir sind da nur glaubwürdig, wenn wir diese Werte nach innen *und* nach außen respektieren.

Nun sind wir in ein Zeitalter eingetreten, in dem die Abtrennung zwischen Innen und Außen immer schwieriger wird. Man nennt das Globalisierung in Deutschland, *mondialisation* in Frankreich; so neu ist das Phänomen allerdings nicht. Die Europäer haben zur Zeit ihrer Macht nur nicht wahrgenommen, wieweit ihr Wohlstand zum Teil dem wirtschaftlichen Stillstand anderer Kontinente zu verdanken war. Heute allerdings hat die Entwicklung der Kommunikation uns so weit gebracht, dass zum Beispiel weltweite Unternehmen gar keinen eigentlichen Sitz mehr haben, wo sie kontrolliert und besteuert werden könnten. Und dass, wenn ich versuche, an France Télécom oder an die deutsche Telekom eine Frage zu stellen, mir die Antwort am Telefon aus Marokko oder aus Indien gegeben werden mag.

Die weltweiten Fragen sind bereits auf europäischer Ebene vorhanden, und sei es nur, weil die Einsicht, dass es eine Gemeinschaft gibt, oft nicht vorhanden ist. Meine Kritik in dem von Patrick Bahners und Alexander Cammann 2009 herausgegebenen Buch *Die Debatte um Hans-Ulrich Wehlers «Deutsche Gesellschaftsgeschichte»* war einfach: Wehler schreibt, als habe die EU keinerlei strukturellen Einfluss auf die deutsche wirtschaftliche, gesellschaftliche, politische Entwicklung. Wer nimmt wirklich ernst, was Jacques Chirac 1974 als junger Premierminister von Valéry Giscard d'Estaing gesagt hatte? «Die europäische Politik gehört nicht mehr zu unserer Außenpolitik. Sie ist etwas anderes und unterscheidet sich nicht mehr von den Zielen, die wir uns für Frankreich setzen.» Wenn die Renault-Werke in Rumänien billige Wagen bauen können, weil die Löhne niedrig sind, so müssen wahrscheinlich französische Werke wenigstens teilweise geschlossen werden, aber die rumänischen Löhne werden bald steigen, dank der Renault-Fabrik. Diese Entwicklung ist, trotz EU, ebenso schwer im französischen Werk zu verdauen wie eine neue Renault-Fabrik in Nordafrika. (Schließt allerdings Renault eine Fabrik in Belgien, so ist die französische Aufregung gering!) Ich schwanke in meiner Beurteilung, je nachdem ob ich die Lage der neuen Mitgliedsstaaten betrachte oder einen Streik der Verzweiflung in einem von Schließung bedrohten Werk, vor allem, wenn dieses der einzige Arbeitgeber der Kleinstadt ist. Und ich versuche klarzumachen, dass das Problem mit China nicht dasselbe ist, weil es dort nicht nur niedrige Löhne gibt, sondern auch Lager, in denen bestrafte Bürger gratis arbeiten.

Weltweit ist zwar das Geld schlechthin. Die Korruption jedoch verfälscht den Wettkampf. Der Kampf von *Transparency International* und seines deutschen ehemaligen Vorsitzenden Peter Eigen sollte mehr Unterstützung erhalten. Doch mache ich einen Unterschied zwischen der – durch internationale Abkommen verbotenen – Bestechung in fernen Ländern, wie die, die bei Siemens oder Daimler entdeckt wurde, und den *rétrocommissions*, den Geldern, die auf sichere Bankkonten der Korrumpierenden zurückfließen. Wo liegt die Grenze der Korruption? Die Bank Goldman Sachs übt bereits Einfluss aus durch die ehrenwerten Persönlichkeiten, die sie in ihre Dienste gestellt hat. Der Präsident von Goldman Sachs International in London ist Peter Sutherland, ehemaliger Präsident von BP. In Frankreich sind es nacheinander zwei bekannte ehemalige Großbankdirektoren. In Deutschland sagt Otmar Issing nicht, dass, wenn er im Februar 2009 einen europakritischen Beitrag in der *Financial Times* schreibt, er das nicht nur als ehemaliges Vorstandsmitglied der Bundesbank und Chefökonom der Europäischen Zentralbank tut, sondern auch als internationaler Berater von Goldman Sachs, einer Bank, die zunächst Griechenland geholfen hat, Mogeleien zu verheimlichen, dann gegen die griechische Währung gespielt hat.

Der Ruf der Schweizer Banken hätte schon seit langem leiden sollen. Als ich vor Bankiers sprach, die zu einer Tagung in St. Gallen versammelt waren, sagte ich, die Schweiz sei ein Land der Hehlerei. Ein Teilnehmer unterbrach. Ich wisse als Ausländer wohl nicht den genauen Sinn dieses Wortes. Ich antwortete: «Doch. Derselbe wie *recel.* Wenn unterschlagene Steuergelder in der Schweiz landen, ist das nicht Mithilfe zu einem Vergehen?» Dazu kommen noch die Gelder, die von später vergasten Juden in den Schweizer Banken hinterlegt wurden, ohne dass die Banken nach dem Krieg die Erben mit großem Eifer gesucht hätten. (Übrigens gilt dies leider auch für israelische Banken, die erst 2010 ähnlichen Erben das einbehaltene Geld ausgezahlt haben.)

Die Globalisierung umschließt nicht nur Wirtschaft und Finanzen. Dazu gehört auch der Schwarzhandel mit menschlichen Organen. Noch viel älter ist der Waffenhandel. Die Bundesrepublik konnte sich 2009 beinahe so guter Zahlen erfreuen wie Frankreich. *Human Rights Watch* weist 59 Unternehmen nach, die noch in 34 Ländern Clusterbomben produzieren, das heißt Bomben, die jede 200 bis 700 Stück Submunition enthalten. Diejenigen, die nicht explodieren, bleiben lebensgefährlich noch lange Jahre nach Ende eines Krieges. Frankreich besitzt mehrere Modelle, von denen einige im Golfkrieg 1991 eingesetzt wurden. Die USA haben 1982 ihre Lieferungen an Israel vorläufig unterbrochen wegen des Einsatzes gegen Zivilisten im Libanon.

Natürlich ist jedoch heutzutage die Problematik der Globalisierung, der *mondialisation,* die immer größere Abhängigkeit der nationalen Gesellschaften vom weltweiten Geschehen. Bevor vom Heute die Rede sein soll, ist ein Rückblick auf eine andere Globalisierung angebracht, die der so genannten Dritten Internationale.

Die Kommunisten und ich

Kaum eine politische Frage hat mich jahrzehntelang so beschäftigt und so dazu verleitet, völlig verschiedene Argumentationen in Frankreich und in Deutschland zu benutzen, wie die des Kommunismus und der kommunistischen Parteien. Nach Kriegsende hatte der Zwanzigjährige, der sich für die Erneuerung seines Landes einsetzen wollte, eine Entscheidung zu treffen. Die alten Vorkriegsparteien und -gruppierungen wie die Sozialdemokraten oder die Liberalen (unter dem falschen, aber bis 1939 sehr erfolgreichen Namen *radicaux-socialistes)* hatten nichts Neues zu bieten. Zukunftsträchtig schienen nur einerseits die Kommunisten, andererseits die christlichen Jugend- und Sozialbewegungen zu sein. Daher meine bis heute erfreuliche Zusammenarbeit mit dem französischen lebendigen Katholizismus. Denn die KP war für mich in vieler Hinsicht abstoßend. Sie nahm es mit der Wahrheit nicht wirklich ernst, und sie predigte den Hass. Um auch den Unterschied zur deutschen Situation darzustellen, braucht man den Rückblick auf die Periode, die 1919/20 beginnt.

Die deutsche Kommunistische Partei ist als Splittergruppe einer Splittergruppe der SPD entstanden. Im Dezember 1920 hat die französische sozialistische Partei, genannt SFIO *(Section française de l'Internationale ouvrière)*, mit großer Mehrheit auf ihrem Parteitag in Tours beschlossen, die Zweite Internationale zu verlassen und sich den 21 Bedingungen der Dritten Internationalen, der Komintern, zu unterwerfen. Die *Parti communiste français* behielt das Geld und die noch heute bestehende Zeitung *L'Humanité. Fondateur Jean Jaurès* (Gründer Jean Jaurès, der 1914 ermordete gemäßigte Sozialistenführer). Die 21 Bedingungen forderten absolute Unterwerfung. Die Komintern (ab 1928 ein reines Instrument von Stalin) bestimmte über die leitenden Posten, über die Propaganda, über die politischen Einstellungen der Mitgliedsparteien. Die PCF verlor schnell an Mitgliedern und Wählern, die bei der von Léon Blum aufrechterhaltenen SFIO blieben oder zu ihr zurückkehrten. Ab 1928 hatten die kommunistischen Parteien nur einen Hauptfeind zu bekämpfen, nämlich die Sozialdemokratie, und nur eine Bruderpartei zu unterstützen, nämlich die deutsche, von der Stalin hoffte, sie würde bald die Macht ergreifen. Und da die KPD die NSDAP im Nationalismus übertreffen wollte, musste die PCF auch diese Orientierung mitmachen. So sprach ihr Generalsekretär Maurice Thorez am 15. Januar 1933 in Berlin und forderte Selbstbestimmungsrecht für das Elsass und für alle Völker deutscher Sprache. Als Hitler die KPD verbot und verfolgte, hatte diese ihre Strategie noch nicht geändert.

Dies geschah erst 1934/35, als in Frankreich die Volksfrontpolitik begann und Stalin sie dann zur Strategie des Komintern machte. So kam 1936 die Volksfrontregierung von Léon Blum an die Macht, ohne kommunistische Beteiligung, aber mit spektakulärer kommunistischer Unterstützung. Die rote Gewerkschaft CGTU ließ sich von der großen sozialistischen CGT *(Confédération générale du travail)* einverleiben. Der bezahlte Urlaub für alle, die 40-Stunden-Woche, die neuen Einrichtungen für Arbeiterkinder und für Sport – das Prestige der KP stieg zusammen mit dem der SFIO. Der Stalin-Hitler-Pakt zwang die Partei wieder zu einer vollen Wende. (1959 änderte die Partei ihre Haltung zum Algerienkrieg. Sie rühmte sich dann dieses Umschwungs: «Sofort haben wir neue Plakate gedruckt, auf denen stand: Staline a raison.») Die Partei wurde verboten, spielte dann aber, noch einmal «gewendet» nach dem Angriff Deutschlands auf die Sowjetunion, eine große Rolle im französischen Widerstand. Dabei war sie viel kleiner, als sie propagandistisch behauptete. Sie gab sich aus als «le parti des 75 000 fusillés», der 75 000 Erschossenen, wobei die in Frankreich Erschossenen insgesamt ungefähr 4500 gewesen sind, darunter allerdings 80 Prozent Kommunisten. Die Hauptsache war, dass sie ab 1944 zum ersten Mal an der Regierung beteiligt war. De Gaulle hatte als Gegenleistung erreicht, dass die kommunistischen *milices patriotiques* ihre Waffen abgaben und sich auflösten. Die kommunistischen Minister, darunter Maurice Thorez als Vizepremier und der Arbeitsminister Ambroise Croizat, leisteten gute Arbeit für den Wiederaufbau Frankreichs. Die positive neue Sozialpolitik mit der Einrichtung der *Sécurité sociale* zeigte, wie schöpferisch normal die Partei geworden war, die dann auch bei Parlamentswahlen im Oktober 1945 den höchsten Stimmenanteil erhielt. In Westdeutschland war zu dieser Zeit die KP, trotz ihrer Verdienste im Widerstand gegen Hitler, zwar am politischen Leben beteiligt, mit späterer Mitgliedschaft im Bonner Parlamentarischen Rat, aber schon bald mit gutem Grund verpönt durch ihre Billigung der Zwangsvereinigung zur SED, die in der sowjetischen Zone im April 1946 die SPD faktisch ausgelöscht hatte.

Ein neuer Umschwung kam bereits 1947, als bei der Gründung des Kominform die italienische und die französische Kommunistische Partei gestehen mussten, dass sie zu aufbauend mitregiert hatten. Nun war wieder die Sozialdemokratie der Hauptfeind. Später wurde es in Frankreich dann doch möglich, Bündnisse mit den Sozialisten einzugehen und 1981 bis 1984 unter François Mitterrand sogar mitzuregieren. Der Einfluss der Partei auf die Wähler sank jedoch ständig. Einem Höhepunkt von 21,23 Prozent der Stimmen bei der Präsidentschaftswahl von 1969 standen nur noch 1,9 Prozent im Jahre 2007 gegenüber. Aber zu jeder Zeit blieb eine gewisse Anerkennung. Nach dem Tod von Maurice Thorez 1964 schrieb Präsident de Gaulle an dessen Sohn: «Ich vergesse nicht, dass in einer für Frankreich entscheidenden Periode der Präsident (der Partei) Maurice Thorez – was auch seine Aktion vorher und nachher hat sein mögen – auf meinen Ruf hin und als Mitglied meiner Regierung dazu beigetragen hat, die nationale Einheit zu bewahren.» Und nach dem Tod von Jacques Duclos (dem Kandidaten von 1969, aber vorher der hasserfüllteste Kämpfer im Kalten Krieg) schrieb Präsident Valéry Giscard d'Estaing 1975 an dessen Witwe: «Mit Jacques Duclos verschwindet ein hervorragender Zeuge eines halben Jahrhunderts unserer nationalen Politik und ein authentischer Vertreter des französischen Volkes ...» Solche Äußerungen haben mich zu in doppelter Hinsicht doppelseitigen Stellungnahmen in Frankreich und in Deutschland geführt.

In Deutschland, um den Abscheu vor dem SED-Regime bei nachgiebigen Sozialdemokraten und Protestanten wachzuhalten und zugleich den verbreiteten Abscheu gegen die westdeutschen Kommunisten abzuschwächen, der noch viel von Hitlers Antibolschewismus enthielt. Zur Zeit der Berufsverbote verteidigte ich kommunistische Lehrerinnen und Lehrer, die gerade aufgrund ihrer sozialen Überzeugungen oft hervorragende Pädagogen waren. Ich zeigte öffentlich Bescheinigungen von Schuldirektoren, die diesen oder jenen Lehrer rühmten und hinzufügten, sie hätten immer von dessen KP-Mitgliedschaft gewusst. Allerdings blieb auch die Borniertheit. Nach meiner Friedenspreisrede 1975 kamen Peter Gingold und seine Tochter Silvia auf mich zu, um mir zu danken. Er, Kommunist und ehemaliger Widerstandskämpfer in Frankreich, sie überzeugte Kommunistin, die ich im Fernsehen gegen den hessischen Kultusminister verteidigt hatte. Ich sagte ihr: «Sie sind nicht verbeamtet worden, haben aber eine normale Stelle im öffentlichen Unterricht. In Prag wären Sie als Oppositionelle arbeitslos, vielleicht sogar im Gefängnis.» – «Wie können Sie einen solchen schockierenden Vergleich machen!»

Ich dachte sofort an das Rätsel, das mir mehrmals von kommunistischen Geistern gestellt wurde. So 1948 in der Thiers-Stiftung für zukünftige Professoren, wo wir eines Abends bei Tisch saßen mit einem unserer Kameraden, *agrégé de philosophie,* ehemaliger Schüler der *École normale supérieure,* Sekretär der KP-Zelle des Viertels. Wir hatten ihn im Vorjahr erlebt als glühenden Verehrer des Marschalls Tito. Seitdem dieser von Stalin als Feind bezeichnet worden war, hasste er ihn. «Was hast du eigentlich gegen Tito?» – «Er hat ein faschistisches Regime.» – «Was ist denn das?» – «Ein Regime, in dem man die Opposition durch Säuberungen liquidiert.» Wir lachten schallend. Eine Minute lang hat er nicht verstanden, warum diese Heiterkeit ausbrach. Dann sagte er: «Wenn ihr so schmutzige Argumente verwendet, gehe ich auf mein Zimmer.» Diese Minute habe ich bis heute noch nicht verstanden! (Übrigens hat das ZK der KPF im Januar 1980 einen lobhudelnden Brief an den *Président Josef Broz Tito* geschickt, der den *Camarade Tito* zu einem Symbol und einem Vorbild für die französischen Kommunisten erklärte.)

Das Fußvolk der Kommunisten und die kleineren Kader der Partei und auch, bis heute, ihre noch zahlreichen Bürgermeister in verarmten Städten haben fast immer aufopferungsvoll für Benachteiligte gewirkt. Millionen Arbeiter und Angestellte haben sich von der seit 1946 von der KP dominierten CGT beschützt und verteidigt gefühlt, wobei die Vertreter der Gewerkschaft in den Betrieben große Risiken des Rausschmisses oder wenigstens der Nichtbeförderung auf sich nahmen. Die Partei war für viele so etwas wie eine gesellschaftliche Heimat. Dies von den «Bürgerlichen» anerkennen zu lassen war ein Teil der Aufgabe, der ich mich stellte. Der entgegengesetzte Teil war es, dem enormen Druck der kommunistischen Intellektuellen zu widerstehen, der lange auf das ganze geistige Leben Frankreichs ausgeübt wurde.

Die Einsicht kam bei vielen erst nach Budapest 1956 oder sogar erst nach Prag 1968, zu einer Zeit, in der der Druck nicht mehr bestand – wohl aber eine merkwürdige Nachsicht im Hinblick auf die vergangenen, oft unmenschlichen Überzeugungen. Ich habe mich mit einem Vergleich nicht nur bei ehemaligen Kommunisten unbeliebt gemacht. Die kommunistischen *négationnistes* seien in einem Sinn schlimmer gewesen als die Leugner der Shoah. Diese verneinten das Schicksal von Toten. Jene hatten die tödliche Bedrohung von Menschen nicht beherzigen wollen, die vielleicht durch einen internationalen Aufschrei noch zu retten gewesen wären. Das betraf große Dichter wie Paul Éluard und Louis Aragon, zahlreiche Historiker, aber auch Ärzte. Als Stalin kurz vor seinem Tod jüdische Ärzte des Komplotts gegen ihn bezichtigte, gab ihm ein sehr bekannter Pariser jüdischer Arzt sofort recht! Heute noch besteht eine gewisse Nachsicht, die man, wenigstens in Frankreich, gegenüber einem ehemaligen Nazi nie anwenden würde.

Ein Beispiel irritierte mich besonders. Als KP-Mitglied hatte Annie Besse (dann Kriegel) viel «gesäubert» und auch geschrieben, eine Gattin solle ihren Mann unverzüglich verlassen, wenn dieser aus der Partei ausgestoßen worden sei. Später wurde sie eine liberale Historikerin des Kommunismus und besonders von den gemäßigten intellektuellen Tocqueville-Schülern hochgeachtete Professorin. Ich habe sie in meinem Buch *Verbrechen und Erinnerung* hart kritisiert. Sie antwortete in einer Fußnote ihrer Memoiren. Sie verstehe nicht, was ich gegen sie hätte. Sie habe doch nur geschrieben, wozu die Partei sie beauftragt hatte ...

Hier darf ruhig mit Deutschland verglichen werden. Nicht nur wegen der verbreiteten Nachsicht gegenüber einem Herbert Wehner. Noch mehr wegen der Art, wie man nach der Wende die Opfer verleugnet und die Täter oder ihre intellektuellen Komplizen von ihrer Vergangenheit befreit hat. Was ein Stefan Heym 1953 Furchtbares geschrieben hatte, als er die härtesten Strafen gegen unbotmäßige Gymnasiasten in der DDR billigte (die Demonstranten vom 17. Juni seien «keine Deutschen und keine Arbeiter, sondern etwas, das man aus dem Leibe der Nation auspresst wie Eiter aus einem Furunkel») – was zählte das, nachdem er sich als im Geist zum Widerstand gegen das SED-Regime Gehörender darstellen durfte?

In Frankreich war für mich der Streit die DDR betreffend ein anderer. Bei manchen von Deutschland unter Hitler enttäuschten Germanisten und Historikern galt die DDR als gut, weil sie sich auf den Antifaschismus berief und weil sie die «böse» Bundesrepublik als Feind bekämpfte. In einer längeren, harten Rezension der Schrift *République démocratique allemande* (1961) aus der weitverbreiteten Taschenbuchreihe *Que sais-je?* sagte ich, um was es für mich ging. Der Autor Georges Castellan, ein angesehener Universitätshistoriker, erklärte in der Einleitung, jede Kritik, die nicht vom Standpunkt des DDR-Systems ausgehen würde, sei nicht legitim. Ich verglich das mit einem Buch derselben Reihe über *L'Allemagne de Hitler.* Hätte dessen Autor im Namen des Nationalsozialismus jede Darstellung der Gewalt unterbinden sollen? Ich war gewohnt, den Westen, auch die Bundesrepublik, jedes Mal zu kritisieren, wenn er von seinen Prinzipien abwich. Der Osten sollte nur im Namen der Prinzipien kritisiert werden, die er als stets verwirklicht darstellte! Und jedes Mal, wenn ich Kritik an der Bundesrepublik übte, hieß es gleich: «Sogar er muss zugeben, dass ...», während ein kommunistischer Professor der Germanistik ruhig ein Buch über die DDR veröffentlichen durfte, in dem die Mauer als Abwehr gegen den Faschismus dargestellt wurde. Nach seinem Tod – die Mauer war schon gefallen – wurde er geehrt, als hätte er nie Blindheit oder Unterwürfigkeit gezeigt!

Selten wird in diesem Buch Bitterkeit zu spüren sein. Hier, bei der Erinnerung an vergebliche Stellungnahmen in Deutschland und in Frankreich, mögen doch meine Feststellungen etwas bitter klingen.

KAPITEL 3

Geld, Macht und Opfer

«Die Wirtschaft» sagt man nur in Deutschland

Nicht selten habe ich den Eindruck, ein Wirtschaftsexperte zu sein. Zum Beispiel, wenn ich in der Nordbretagne, wo wir ein Ferienhaus haben, die ständige Klage der Schweinezüchter höre, dass die Preise fallen. Dabei werden immer mehr Schweine gezüchtet. Die Behörden geben im Rückblick den Landwirten recht, die gesetzwidrig die Ställe erweitert haben und statt zum Beispiel 200 vorgesehene Tiere zu füttern auf 500 hochgehen. Einem Schulkind kann ich dann gut erklären, dass die Preise sinken, wenn das Angebot zu groß ist. Die Berater der Schweinezüchter haben das noch immer nicht verstanden.

Öfter noch habe ich seit langem den Eindruck, dass ich nicht schlechter in der Wirtschaftsanalyse bin als die anerkannten Experten oder Fachleute. Wenn man armen Menschen Geld leiht, damit sie das heißersehnte Haus kaufen können, und dabei weiß, dass sie höchstwahrscheinlich nicht zurückzahlen können, so sollte man verstehen, dass das Wertpapier wertlos ist. Entweder zeigt man da Unfähigkeit – oder man bereitet sich darauf vor, diese Papiere mit anderen zu vermischen, bis sie unkenntlich werden. Aber was sind denn diese Fachleute bei den Banken und anderen Unternehmen, die unfähig sind, den Bestand an wertlosen Papieren zu erkennen? Für eine solche Erkenntnis werden sie doch (hervorragend) entlohnt. Die Wirtschaftsprofessoren ähneln dann den Politologen. Wie oft sage ich, dass ich als ein solcher im Nachhinein gut erklären kann, wieso das Geschehene geschehen ist! Unfähig oder allzu fähig? Es hat sich doch herausgestellt, dass große Banken wissentlich verrottete Papiere empfohlen und verkauft haben, während sie oder Mitwissende bereits auf deren Zusammenbruch spekulierten. Die Regel Nr. 1 von Goldman Sachs in *Our Business Principles* wurde somit verhöhnt: «Das Interesse unserer Kunden ist immer unser Hauptziel.» Der Hedgefondsgründer Paulson soll einerseits Goldman Sachs beraten haben, welche schlechten Kredite in CDOs *(collaterized debt obligations)* eingepackt werden sollten, und andererseits darauf gewettet haben, dass diese Kredite ausfallen. Er habe dabei eine Milliarde Dollar verdient – die die unwissenden Anleger verloren haben. Der amerikanische Senat hat bei Moody's und Standard & Poor's nachgeforscht. Dabei konnte festgestellt werden, dass beide Agenturen wissentlich gefährliche Papiere übernotiert haben, um die guten Kunden nicht zu verlieren, die die nach Bewertung fragenden Banken zugleich waren.

Der berühmteste, der weltweit anerkannteste und meistbewunderte Experte hat einen 48 Seiten langen Text veröffentlicht, in dem er versucht, seine Fehler zu rechtfertigen. Alan Greenspan ist im August 1987 von Ronald Reagan zum Vorsitzenden der Fed *(Federal Reserve)* ernannt worden. Unter Bush Vater und Sohn, unter Clinton konnte er seinen Ruhm ständig vergrößern – bis sich nach seinem Abschied 2006 herausstellte, dass seine Politik des leichten Geldes und der niedrigen Zinsen zwar hilfreich gewesen war, aber zugleich die weltweite Finanzkrise zumindest mitverursacht hatte. Dabei fiel eine seiner Grundthesen, nämlich dass die Geldmärkte sich selbst regulieren, in sich zusammen wie ein Kartenhaus. Wieso sollte also ein Laie wie ich den «Wissenden» Vertrauen schenken? Nie habe ich geleugnet, dass die Politische Wissenschaft gar nicht Wissenschaft genannt werden sollte. Nun aber erfahre ich mit einer gewissen Schadenfreude, dass im März 2010 David Brooks, Leitartikler der *New York Times*, schreiben darf, dass die Wirtschaftswissenschaftler denselben Beruf ausüben wie die Historiker und … die Romanciers!

Zu den Wissenden müssten auch die Männer (und die wenigen Frauen) gehören, die in Deutschland respektvoll als «die Wirtschaft» bezeichnet werden. Stimmt es aber noch, dass sie im Namen der Wirtschaft denken und handeln und nicht in Bezug auf die Finanzmärkte? Inwieweit sinkt nicht die Rendite, wenn man langfristig investiert oder *(horribile dictu)* Löhne und Gehälter der Belegschaft am Gewinn profitieren lässt? Investieren heißt auch, einen Betrieb zu kaufen, ihn durch Entlassungen zu «entfetten» und dann mit Profit bald zu verkaufen? Dies zu bewerten ist nicht immer einfach: Besonders kaufkräftige Fonds enthalten die Ersparnisse von Millionen kleiner Rentner, denen die hohe Rendite zugutekommt.

Ja, bewerten. Bevor Adam Smith 1776 *An Inquiry into the Nature and Causes of the Wealth of Nations* veröffentlichte, hatte er 1759 *The Theory of Moral Sentiments* drucken lassen, worin er den Wert der Sympathie für andere betonte. Und der Vater des Wirtschaftsliberalismus hat in seinem Hauptwerk die Rolle und den Wert der Arbeit in den Mittelpunkt gestellt. Wie steht es heute mit diesem Wert? Allerdings sehe ich ein, wie intensiv und fachkundig die Arbeit der besten Trader ist. Sie beherrschen die kompliziertesten mathematischen Modelle so gut, dass sie in einer Sekunde ein Produkt auf ihrem Computer kaufen, um es beinahe sofort mit einem wenigstens kleinen Gewinn wieder zu verkaufen.

So gut ich konnte, habe ich stets die zu wenig beachtete und besprochene Rede zitiert, die Bundespräsident Köhler am 24. März 2009 in Berlin gehalten hat: «Es fehlte der Wille, das Primat der Politik über die Finanzmärkte durchzusetzen … Zu viele Leute mit viel zu wenig eigenem Geld konnten riesige Finanzhebel in Bewegung setzen. Viele Jahre gelang es, den Menschen weiszumachen, Schulden seien schon für sich genommen ein Wert;

man müsse sie nur handelbar machen ... Auch Banken können nur dauerhaft Wertschöpfung erbringen, wenn sie sich als Teil der ganzen Gesellschaft sehen. Wenn sie den Grundsatz unserer Verfassung achten: ‹Eigentum verpflichtet. Sein Gebrauch soll auch dem Allgemeinwohl dienen.› ... Wir erleben das Ergebnis von Freiheit ohne Verantwortung ... Die Krise zeigt uns: Schrankenlose Freiheit birgt Zerstörung. Der Markt braucht Regeln und Moral.» Sein nicht ganz würdiger Rücktritt am 31. Mai 2010 mindert keineswegs den Wert dieser Rede.

Was diese Moral beinhalten sollte, ist natürlich nicht ganz klar. Aber dass die Korruption nicht zu ihren Bestandteilen zählen sollte, wird von niemandem verneint, obwohl sie doch weltweit verbreitet ist. Die Organisation *Transparency International* untersucht und bekämpft Korruption so gut sie kann, aber immer wieder tauchen in der Wirtschaft und auch in der Politik neue Fälle auf, sodass man berechtigt ist zu vermuten, nur die Spitze des Eisbergs werde bekannt. Von Frankreich aus gesehen gibt es einen großen Unterschied zwischen der Korruption ohne und mit Selbstbereicherung der Korrumpierenden. In besonders schlimmen französischen Affären wird klar, dass es große *rétrocommissions* gegeben hat, das heißt, dass ein Teil des Korruptionsgeldes aus Afrika oder Asien nach Frankreich (oder an Franzosen in Steuerparadiesen) zurückgeflossen ist. In Deutschland, bei Siemens oder Daimler, ist nur von Korruption ohne Selbstbereicherung die Rede, was allerdings seit dem *Foreign Corrupt Practices Act* von 1977 auch verboten ist. Wegen der Steuerhinterziehung und wegen der unfairen Konkurrenz zu anderen europäischen oder amerikanischen Unternehmen, die vielleicht nur weniger geheimes Geld anbieten.

Wie weitgehend die Verquickung zwischen Politik und Privatunternehmen hier geht, ist schwer zu beurteilen, besonders wenn, wie in den USA, Mitbesitzer mächtiger Großunternehmen an die politische Macht kommen. Bisher fehlt ein Buch über die enormen Gewinne, die die Firma Halliburton im Irak und nun in Afghanistan gemacht hat und macht, dank der Präsenz eines ihrer Tycoons an der Spitze des Verteidigungsministeriums. Vielleicht ist heute die Formulierung wahr, die Henry de Montherlant in seinem erfolgreichen Stück *Le Maître de Santiago* (Erstaufführung 1948) seinem strengen Helden Don Alvaro in den Mund legt: «Ehemals liebte man das Gold, weil es die Macht verschaffte und weil man mit der Macht große Dinge vollbrachte. Heute liebt man die Macht, weil sie das Gold gibt und weil man mit diesem Gold kleine Dinge tut.» In seiner guten, aber falsch verstandenen und schlecht aufgenommenen Rede, die ihn zum Rücktritt vom Amt des Bundestagspräsidenten zwang, nannte Philipp Jenninger den Nationalsozialismus ein «Faszinosum». Heute spielt das Geld diese Rolle! Das mag auch für Politiker gelten, die nicht auf Selbstbereicherung ausgehen, sondern eben von der Welt der Geldmächtigen fasziniert sind. Leider gehört Nicolas Sarkozy dazu. In der Nacht seines Wahlsieges scharten sich Tausende seiner Wähler auf der Place de la Concorde zusammen, um auf ihn und seine Dankesrede zu warten. Er aber verbrachte zunächst zwei Stunden auf den Champs-Élysées, im snobistischen Restaurant *Fouquet's*, inmitten von reichen Freunden und deren (bald: seinen) Günstlingen.

Seit langem gibt es auch Kavaliersdelikte, die nicht nur entschuldigt, sondern sogar gepriesen werden. Die regierungstreue größte Pariser Tageszeitung *Le Figaro* bezeichnet diejenigen, die ihr Geld in die Schweiz gebracht haben und nun dort (geringe) Steuern bezahlen, als *réfugiés* und sogar als *émigrés*. Ich hatte und habe eine andere Vorstellung von Flüchtlingen und Emigranten! Wie Heine es geschrieben und Schumann es vertont hat: «Es ist eine alte Geschichte, doch bleibt sie immer neu.» Anfang März 1933 schrieb Klaus Mann ein ironisches Gedicht: *Liechtenstein*. Es klingt erstaunlich aktuell:

In unserm Erdteil steht es kläglich.
Man ist mit uns nicht mehr galant,
Die Steuern nehmen überhand,
Es ist schon bald nicht mehr erträglich.

Das Land, in dem man Milch und Honig schlürfte
Wir suchen's alle …
Da ist es hübsch und angenehm zu sein!
Der Flüchtling findet hilfsbereite Hände.
Er kauft sich ein.
Kann so was sein?
Jawohl: in Liechten- meinem Liechtenstein.

Woanders: Zähneklappern und Geschlotter –
Doch auf der Alm, da gibt's kei Sünd,
Weil hier doch ALLE Hinterzieher sind …

Damit sie im Lande bleiben, gesteht man ihnen Privilegien zu. In Frankreich klammerte sich Nicolas Sarkozy lange an den von ihm eingeführten «Steuerschild» *(bouclier fiscal)*. Niemand darf mehr als 50 Prozent seines Einkommens an Steuern und Sozialabgaben bezahlen – nach Abrechnung aller möglichen Abzüge. Sonst zahlt der Staat zurück. 2008 haben die tausend kleinsten Betroffenen zusammen 0,027 Prozent der Gesamtsumme erhalten (im Durchschnitt eine Rückzahlung von 122 Euro), während die hundert höchsten Rückzahlungen im Durchschnitt 1,15 Millionen Euro ausmachten, zusammen ein Drittel der 578 Millionen, das der Schild den Staat kostete. Und ihr Vermögen lag bei jedem über 15 Millionen. Dies geschah, weil sie Frankreich nicht verlassen sollten. In Wirklichkeit gilt es doch, «die da oben» nicht zu belästigen. Bei der Finanzkrise im Frühling 2010 hieß es von Regierungsseite in einem ungewollten Eingeständnis: «Es werden nun auch die Reichen etwas zahlen müssen.» Man hätte erwarten können, es gebe eine Entschuldigung, weil auch die Ärmeren Opfer bringen sollten!

Es stimmt, dass man gute Trader hoch bezahlen muss, weil sie sonst ins Ausland gehen. Bei Goldman Sachs wirkte eine ganze Reihe genialer französischer Trader. Die Trader der französischen Banken haben 2009 zusammen circa 2 Milliarden Euro Bonus (als Zulage zu ihrem Gehalt) erhalten. Die Größe Frankreichs scheint mir jedoch nicht durch die Qualität seiner Trader bewiesen. Unbemerkt bleibt, wie viele Franzosen an die Spitze großer internationaler Institutionen gewählt wurden: Dominique Strauss-Kahn im Internationalen Währungsfonds, Pascal Lamy in der Welthandelsorganisation, Jean-Claude Trichet an der Europäischen Zentralbank, Jean-Paul Costa am Straßburger Menschenrechtsgerichtshof, Luc Guyau in der FAO (UNO-Landwirtschaftsorganisation), Pierre de Boissieu als Generalsekretär des EU-Ministerrats.

Im Allgemeinen versuche ich in Rede und Schrift nüchtern zu analysieren und darzustellen. Wenn es aber um die Gelder der obersten Etage geht, spreche und schreibe ich mit Empörung und greife zum Wort *indécence* – Schamlosigkeit. Es ist mir gleich, ob es rechtlich einwandfrei ist, dass der 46-jährige Vorstandsvorsitzende der vom Staat am Leben erhaltenen Hypo Real Estate nach 18 Monaten im Amt eine jährliche Rente von 237 000 Euro ab seinem 60. Lebensjahr erhalten soll und dass die mit enormen Steuergeldern am Leben erhaltene Bank noch 2009 25 Millionen Euro Boni in der Chefetage verteilt hat. Die Tatsache ist skandalös. Nicht schlimmer jedoch als in Frankreich ist die Lage von Serge Tchuruk, der die Großfirma Alcatel zwölf Jahre geleitet hat als *président/directeur général* (eine französische Besonderheit der Doppelfunktion). In dieser Zeit hat es die Fusion mit der amerikanischen Firma Lucent gegeben, mit Abertausenden Entlassungen bei Alcatel. Die Aktie des Unternehmens war 2000 92 Euro wert. 2009 war sie auf 6,20 Euro gesunken. Tchuruk durfte nun mit 8,5 Millionen Euro Abschied nehmen und wird ein Ruhestandsgeld von jährlich 1,1 Millionen Euro einstreichen. Im März 2009 erfuhr man, dass die Dresdner Bank 2008 einen Verlust von 6 Milliarden Euro beklagen musste, dass aber den neun Vorstandsmitgliedern, von denen keiner von der neuen Muttergesellschaft Commerzbank übernommen wurde, zusammen 27 Millionen überwiesen worden waren. Den höchsten Betrag – 8 Millionen – hat der für die Verluste maßgeblich verantwortliche Leiter der Investmentbank der Dresdner erhalten. Ich könnte fortfahren. Der erstaunlichste Fall ist der des ehemaligen Chefs des Crédit Lyonnais, einer Bank, die ich als Steuerzahler mit gerettet habe. Er klagte gegen die Steuerbehörde, die nicht einsehen wollte, dass die hohe Abfindung, die er bei seinem Rauswurf erhalten hatte, nicht steuerpflichtig sei, sondern als *préjudice moral* (ideeller Schaden) steuerfrei!

Oben die Gier. Unten sieht es anders aus. Ich hätte «ganz oben» schreiben sollen, denn bereits auf einer etwas niedrigeren Ebene sind die Gehälter völlig anders. Der Abstand zwischen leitenden Angestellten und Vorstand vertieft sich ständig. «Unten» wächst aber ständig der Geist der Revolte gegen die Unverfrorenheit von «ganz oben», so wie sie gewissermaßen symbolisch vom wichtigsten, gewichtigsten Schweizer in Deutschland, nämlich Josef Ackermann, Chef der Deutschen Bank, verkörpert wird. Auch entsteht ein berechtigter Zorn über die horrende Ungerechtigkeit. Es wurde berichtet, dass Klaus Zumwinkel, Exchef der Post, für die Hinterziehung von 970000 € Steuern mit Bewährung davonkam und sich mit 20 Millionen Vorausrente in seine Villa am Gardasee zurückziehen konnte.

Ungefähr zur gleichen Zeit wurde der Fall von Barbara E. viel diskutiert, die als Kassiererin entlassen wurde, weil sie Bons im Werte von 1,30 Euro entwendet hatte. Die *Frankfurter Allgemeine Zeitung* schrieb: «Das Vertrauensverhältnis war aus Sicht des Arbeitgebers zerstört.» Daraufhin schrieb ich einen Leserbrief, den die Zeitung freundlicherweise veröffentlichte. Ich zitierte ein französisches Witzwort aus dem 19. Jahrhundert: «Der Beweis, dass die Reichen ehrlicher sind als die Armen, ist die Tatsache, dass man nie einen Reichen einen Laib Brot hat stehlen sehen.» Ich fügte hinzu: «Das Vertrauensverhältnis der Bankkunden zu ihrer Bank ist auch zerstört sowie das Vertrauen unzähliger Arbeiter und Angestellter, die nun durch die mangelnde Umsicht, manchmal sogar durch den Betrug der oberen Etagen ihren Job verlieren. Nur dass der Bankkunde und der Lohnempfänger diejenigen nicht entlassen kann, die sein Vertrauen zerstört haben.» Im Juni 2010 entschied jedoch das Bundesarbeitsgericht, ein Bagatelldelikt dürfe nicht zur Entlassung führen. Eine Rüge hätte genügt. Barbara E. sollte wieder an ihren Arbeitsplatz zurückkehren. Unterdessen waren aber andere ähnliche Fälle öffentlich geworden.

Davor las ich am 29. Dezember 2009 ein in meinen Augen furchtbares Interview in der *Süddeutschen Zeitung* mit Ingrid Schmidt, der Präsidentin des Bundesarbeitsgerichts. Die Betitelung entsprach dem Inhalt: *Es gibt keine Bagatellen.* Sie sagte: «Seit Jahrzehnten sagt die Rechtsprechung: Diebstahl und Unterschlagung auch geringwertiger Sachen sind ein Kündigungsgrund.» Am übernächsten Tag mailte ich einen Leserbrief, den die Zeitung leider nicht veröffentlicht hat. Ich schrieb: «Die Präsidentin des Bundesarbeitsgerichts scheint keine Ahnung von den Konsequenzen ihrer Auffassung zu haben. Ein nicht vorbestrafter Ladendieb kommt im Allgemeinen vor Gericht. Die Strafe wird dann auf Bewährung ausgesetzt. Die entlassene Kassiererin wird ohne Bewährung mit Arbeitslosigkeit bestraft. Nach dreißig Jahren an der Kasse würde sie sowieso kaum eine neue Stelle finden. Für eine aus Strafe Entlassene ist die Lage hoffnungslos. Ist sie Alleinerziehende mit Kindern, so ist sie zur dauerhaften Armut verurteilt ... Eine Verwarnung hätte für die ‹vertrauensunwürdige› Frau genügt. Sie hätte ihr furchtbares Vergehen nicht wiederholt. Einen Vortrag in Karlsruhe vor Richtern und Anwälten hatte ich betitelt ‹Die Bundesrepublik, Rechtsstaat und Land der Juristerei›. Die Auffassung der Präsidentin gehört zur Juristerei.»

Unten wächst überhaupt eine neue Schicht der Verunsicherten. Die Behandlung der Teilzeitbeschäftigten rechtfertigt den Begriff des Herrscher-Untertanen-Verhältnisses, das doch gerade in Deutschland die Sozialgesetzgebung und der Sozialstaat schlechthin überwinden und vermeiden sollten. Gewiss ist in Deutschland mehr als anderswo die Arbeitslosigkeit relativ begrenzt geblieben, aber dies nur, weil immer weniger Menschen ein normales Arbeitsverhältnis haben, das heißt mit unbefristetem Arbeitsvertrag und voll sozialversicherungspflichtigem Lohn oder Gehalt. Als Laurence Parisot (leider ehemalige Studentin des von mir geleiteten Doktoranden-Programms in Politologie) Präsidentin des MEDEF – des Spitzenverbands der Unternehmer – wurde, prägte sie den furchtbaren Satz, den sie vielleicht später bereut hat: «Das Leben, die Gesundheit, die Liebe sind prekär. Warum sollte dieses Gesetz nicht für die Arbeit gelten?»

Systematische Unterschiede zwischen Oben und Unten findet man auch in der Landwirtschaft, insofern die Hilfen der Europäischen Union betroffen sind. In Frankreich wie in Deutschland war die Verteilung lange ein wohlgehütetes Geheimnis. Langsam gab man dem Druck zur Veröffentlichung nach, der aus Brüssel kam. Bayern übte länger als die anderen Länder den Widerstand. Nun wurde bekannt, dass die Familie von Thurn und Taxis mit einer Million Euro unter den Bevorzugten war und dass überhaupt 1,49 Milliarden (20 Prozent der 7,5 Milliarden, die 2009 in die Bundesrepublik überwiesen wurden) nach Bayern geflossen sind. Auf Bundesebene gingen die größten Zuschüsse an Molkereien, Zuckerproduzenten, Tiermastbetriebe. An der Spitze steht der Rindermastbetrieb Osterhuber Agrar. Ganz oben findet man auch Europas größten Produzenten von Geflügelfleisch, die französische Gruppe Doux, die in Nordpommern ein Werk betreibt, und den US-Geflügelzüchter Aviagen für seine Zuchtbrüterei bei Dresden. Die kleinbäuerliche Landwirtschaft bekommt wenig, obwohl ihre Unterstützung der Sinn der Sache sein sollte.

Der böse Hayek und die Diskriminierten

Die nationale Aufschlüsselung der Agrarhilfen wird auf europäischer Ebene in Brüssel bestimmt. Aber in jedem Land könnte der Staat für mehr Gerechtigkeit sorgen. Ebender Staat, der bei vielen verpönt ist, aber von allen in Krisenzeiten als Helfer angerufen wird – wenn es zum Beispiel um die Rettung von privaten Banken geht oder um die endlich angestrebte Kontrolle der Hedgefonds. Das Rettungsgeld ist staatlich, das heißt, dass es den Steuerbeiträgen der Bürger und der Betriebe entnommen wird. Auch wenn politische Machthaber an den gesetzwidrigen Machenschaften teilgenommen hatten, die zu Finanzkatastrophen geführt haben – so zum Beispiel bei der Bayerischen Landesbank.

Der Staat wird vor allem als Gesetzgeber in Anspruch genommen, wenn es darum geht, die Gesellschaft in Richtung von mehr Gerechtigkeit zu verbessern. Das erste, noch nicht einmal sofort angewandte französische Sozialgesetz verbot 1841 die Arbeit von Kindern unter 8 Jahren, mit acht Stunden täglicher Arbeit von 8 bis 12 Jahren, zwölf Stunden pro Tag von 12 bis 16 Jahren. Leider glaubte die Französische Revolution, dass es gelte, die Gleichheit unter allen Einzelmenschen herzustellen. Daher das berühmte Gesetz *Le Chapelier* von 1791, das nicht nur alle Zünfte auflöste, um ihre Mitglieder von Zwängen zu befreien, sondern auch die Bildung von Berufsverbänden verbot, was die gesetzliche Zulassung von Gewerkschaften in Frankreich bis 1884 verzögern sollte. Arbeitgeber und Arbeitnehmer waren sich als Individuen gleich – so die Theorie. 1866 kam das «Urteil der

Holzschuhe» *(arrêt des sabots)* des Obersten Gerichtshofs. Ein Arbeitsgericht hatte die harte Geldstrafe drastisch verringert, die vom Unternehmer einer Arbeiterin auferlegt worden war, weil sie in Holzschuhen die Fabrik betreten hatte. Dies verstieß gegen die Regeln des Betriebs. Die hohen Richter entschieden, dass die Strafe ihrem Vergehen entsprach: Hatte sie doch bei ihrer Einstellung freiwillig diesen Regeln zugestimmt! Die Freiheit der Abkommen: Das war auch noch 1905 das Prinzip, in dessen Namen das amerikanische Verfassungsgericht, im Urteil Lochner gegen den Staat New York, ein Gesetz als verfassungswidrig verwarf, das die Arbeit in den Bäckereien auf zehn Stunden pro Tag und sechzig Stunden in der Woche begrenzte. Die Lohnempfänger sollten doch frei sein, betriebliche Abkommen abzuschließen, die höhere Arbeitszeiten vorsehen würden.

In Deutschland hat der Aufbau des Sozialstaats eigentlich mit Bismarck begonnen. In Frankreich kam ein Wendepunkt 1936/37 mit der Volksfront. In den meisten westeuropäischen Ländern wurde der Sozialstaat ab 1945 neu und entscheidend gestaltet. In Großbritannien fußte die neue Gesetzgebung auf dem Bericht, den 1942 Lord Beveridge vorgelegt hatte. In Frankreich versuchte man, das Programm des *Conseil national de la Résistance* mit der 1945 entstandenen *Sécurité sociale* (heute kurzerhand *la Sécu* genannt) umzusetzen. Dies erklärt den vielleicht im echten Sinn reaktionärsten Artikel, der jemals in der französischen Presse erschienen ist. Im Mai 2008 veröffentlichte *Le Figaro* einen Beitrag eines Professors für Wirtschaftswissenschaften, der ein neues, echtes Arbeitsrecht forderte. Dazu müsste man nicht etwa die Folgen des Mai 1968 liquidieren, sondern die sozialen Reformen der Volksfront und der *Libération* abschaffen. «Die Freiheit hat das Leitmotiv zu sein: Freiheit der Anstellungen und der Entlassungen, Abschaffung der Privilegien der Gewerkschaften ...» Dazu wurde das Ende der Berufung auf die Präambel der Verfassung von 1946 gefordert, ein Text, der heute noch die Grundlage der Rechtsprechung des Verfassungsrates bildet, weil er soziale Grundrechte auflistet.

Ich schrieb Jean-Philippe Feldman einen aggressiven Brief. Einen ähnlichen hatte ich bereits einige Jahre vorher an einen seiner gleichgesinnten Kollegen geschickt. Und das Gleiche hatte ich Jahr für Jahr den Studenten in meinen Vorlesungen gesagt. Die Professoren waren wie ich Staatsbeamte. Ich sagte, ich könnte anfangen, ihnen Gehör zu schenken, sobald sie auf ihren Beamtenstatus verzichtet hätten und an einer Privatuniversität unterrichteten, die pleitegehen und sie in die Arbeitslosigkeit schicken könnte. Das Briefpapier, auf dem die gekränkte Antwort kam, zeigte, dass der Professor zugleich Mitglied einer vornehmen Anwaltspraxis war, was meinen Hinweis auf mögliche Arbeitslosigkeit sehr entkräftete!

Der eigentliche Gegner war und bleibt für mich der vielgerühmte, hochgeehrte Friedrich August von Hayek, dessen dreibändiges Opus *Recht, Gesetz und Freiheit* als ein Meisterwerk des 20. Jahrhunderts gilt und dessen zweiter Band *Die Illusion der sozialen Gerechtigkeit* in meinen Augen einen Höhepunkt der herablassenden, kenntnis- und verständnislosen Verdammung des Sozialstaates darstellt. Meinen härtesten Angriff auf Hayek veröffentlichte ich im Januar 1981 in einer meiner Kolumnen der Wirtschaftszeitung *L'Expansion*, nachdem *L'Express* ein besonders erschreckendes Interview von Hayek gedruckt hatte. Es dürfe, sagte er, keine Umverteilung geben zwischen armen und reichen Teilen der USA. New York dürfe nicht belastet werden wegen der selbstverschuldeten Armut von Puerto Rico. Dass man auch in einem demokratischen Staat ohne eigene Schuld arm bleiben mag, weil man in eine in Armut lebende Familie geboren wurde, das scheint Hayek und seinen gutsituierten Jüngern verborgen geblieben zu sein.

Was ich jedoch nicht erwartet habe, war der enorme Erfolg des Buches von Thilo Sarrazin *Deutschland schafft sich ab*. Niemand scheint es wirklich gelesen zu haben. Auch die Presse nicht. Auch nicht die Prominenten, die respektvolle Gespräche mit dem Autor veröffentlicht haben. Sonst hätte doch eine Welle der Entrüstung über Deutschland gehen müssen. Denn der Sozialrassismus, der im Kapitel «Mehr Kinder von den Klugen, bevor es zu spät ist» zum Ausdruck kommt, ist schlimmer als der schlimmste Rassismus des 19. Jahrhunderts. Man soll davon ausgehen, «dass die menschliche Intelligenz zu 50 bis 80 Prozent erblich ist». Was Deutschland bedroht, sei die «relative Zunahme bildungsferner autochthoner Schichten, Zunahme des Anteils bildungsferner Migranten, starke Abnahme der Nachfahren bildungsnaher Schichten». Um dies zu verstehen, müsse man Folgendes wissen: «Abstammungsgeschichtlich hat sich der Mensch aus niederen Arten entwickelt ... Menschen sind mit unterschiedlichen Eigenschaften ausgestattet, die im Erbgut verankert sind.» Das traurige Resultat ist (mit Darwin!) «die Tatsache, dass die Besitzlosen und Leichtsinnigen, die häufig genug noch durch Laster aller Art hinabgezogen werden», leider mehr Kinder haben als «die Sorgsamen und Mäßigen, welche meist auch in anderen Beziehungen gewissenhaft leben». Gewissenhaft wie die Bankiers, die Steuergelder als Boni unter sich verteilen oder wirtschaften wie die Vorstandsmitglieder der Bayerischen Landesbank? Wo standen solche dummen, ja verbrecherischen Aussagen in den Rezensionen und in den Interviews?

In Wirklichkeit hat der Sozialstaat in unseren Ländern Abermillionen Menschen erlaubt, von großer Not verschont geblieben zu sein und ein Leben zu führen, das menschenwürdiger ist als das, zu dem sie ohne ihn gezwungen worden wären. Vielleicht hat man es auch übertrieben, sodass der Schutz in allen Lebenslagen von der gesellschaftlichen Gemeinschaft einfach nicht mehr bezahlbar ist. Aber in den Köpfen der Bürger hat Hayek nicht gesiegt. Was geschieht mit den Langzeitarbeitslosen, die ihre Rechte auf Unterstützung verwirkt haben? Dass für sie etwas getan werden muss, schien 2009 in Frankreich eine Selbstverständlichkeit zu sein. Auch hat die Einführung der CMU (*couverture maladie universelle* – allumfassende Krankheitsabsicherung) nur wenige Proteste gezeitigt, obwohl sie auch denen ärztliche Hilfe und Krankenhausbehandlung zusichert, die nie einen Beitrag gezahlt haben, zum Beispiel den illegalen Zuwanderern.

Der Sozialstaat sollte zugleich ein Staat der Gerechtigkeit sein, mit Gleichbehandlung aller seiner Bürger, unter Anwendung der bestehenden Gesetze. Aber in Frankreich werden immer mehr Stellen der staatlichen *Inspection du Travail* abgeschafft – und die Anzeigen der *Inspecteurs* werden von der Justiz oder von der Verwaltung im Allgemeinen gar nicht behandelt. Als ein *inspecteur* von einem Kleinunternehmer erschossen wurde, der keine Kontrolle dulden wollte, kam kein Minister und auch nicht der Präsident zur Beerdigung, obwohl Nicolas Sarkozy jeder Beerdigung eines ermordeten Polizisten mitleidvoll beiwohnt. Derselbe Staatspräsident hatte am 13. Oktober 2009 feierlich verkündet: «Von nun an zählt in Frankreich, um *réussir* (erfolgreich zu sein), nicht mehr *être bien né* (wohlgeboren zu sein), sondern hart zu arbeiten und seinen Wert durch Studium und Arbeit bewiesen zu haben.» Dieser Satz, der an Gymnasiasten gerichtet war, füllte die ganze erste Seite der linken Tageszeitung *Libération* am folgenden Tag, als bekannt geworden war, dass Sarkozy durchsetzen wollte, einen Sohn (der das 4. Semester Jura nicht bestanden hatte) an die Spitze eines der reichsten Unternehmen Frankreichs zu setzen. Jean Sarkozy hat dann der allgemeinen Empörung nicht standgehalten, aber fast jeden Tag kommt eine Nachricht, dass der Präsident einen Günstling irgendwo an hoher Stelle untergebracht hat. Es kann auch sein, dass jemand zum Rücktritt gezwungen oder schlicht abgelöst worden ist, weil er dem Präsidenten irgendwie missfallen hatte. So zum Beispiel der *Grand chancelier de la Légion d'Honneur* wegen seiner Kritik an einigen nach seiner Ansicht unverdienten Ernennungen im Orden der Ehrenlegion. In Deutschland – in Bayern vielleicht noch mehr als in anderen Bundesländern – kennt man die Seilschaften und die «Amigos». Das königsähnliche Verhalten von Nicolas Sarkozy ist dabei unerreicht.

Trotz der angestrebten Gleichbehandlung aller Einwohner bestehen in der Praxis große Unterschiede, die zweierlei Reaktionen rechtfertigen. Die erste war die meine, so wie ich sie in meiner Dankesrede für den Friedenspreis 1975 zum Ausdruck brachte: «Rebellen wogegen? Wenn es gegen die freiheitlich-demokratische Grundordnung geht, muss die Rebellion mit Entschiedenheit abgelehnt werden. Was ist nun aber diese Grundordnung? Hier herrscht eine erstaunliche Konfusion. Man tut, als sei die politische Ordnung mit der Gesellschaftsordnung identisch. In der Urteilsbegründung des Bundesverfassungsgerichts über die Zulassung zum öffentlichen Dienst wird von denen gesprochen, die ‹die rechts- und sozialstaatliche Ordnung ablehnen›. Soll das etwa heißen, dass die gesellschaftliche Ordnung als ebenso vorbildlich und erhaltungswürdig dargestellt wird wie der politische Pluralismus und die Grundrechte? Wenn ja, so birgt dies eine echte Gefahr: dass immer mehr anspruchsvolle Jugendliche glauben, man könne das Ungerechte an dieser Gesellschaftsordnung nicht verändern, ohne zugleich die rechtsstaatliche Ordnung zu beseitigen!»

Die zweite Reaktion ist schön formuliert in einem Buch, dessen Titel heute von vielen nicht mehr verstanden werden mag: *Lass uns mal 'ne Schnecke angraben. Sprache und Sprüche der Jugendszene* von Claus Peter Müller-Thurau (Düsseldorf 1983). Darin steht nicht nur «Legal, illegal, scheißegal», «Ratschläge sind auch Schläge» oder «Wir sind die Leute, vor denen uns unsere Eltern immer gewarnt haben», sondern auch «Unordnung: wo nichts am rechten Platz ist. Ordnung: wo am rechten Platz nichts ist». Nicht bei allen kollektiv Benachteiligten mag eine solche Überzeugung entstehen, aber doch bei manchen. Und wer unter ihnen wird glauben, dass die Gerechtigkeit durch den *ordre spontané du marché* (die spontane Ordnung des Markts) hergestellt würde?

Eine Gruppe der deutschen Benachteiligten wird als solche kaum wahrgenommen. Circa eine Million Männer und vor allem Frauen stehen im Dienst der katholischen Kirche oder der EKD. Diese Arbeitgeber genießen ein in Europa wohl einmaliges Privileg. Artikel 140 des Grundgesetzes lässt den Artikel 137 der Weimarer Verfassung weiterhin gelten: «Jede Religionsgemeinschaft ordnet und verwaltet ihre Angelegenheiten selbständig, innerhalb der Schranken des für alle geltenden Gesetzes.» Sie kennen somit keine Arbeitgeber, sondern nur Dienstgeber. Es gibt keine Arbeitsverhältnisse, sondern christliche Dienstgemeinschaften. Was dies bedeutet und wie nun vom Europäischen Gerichtshof für Menschenrechte geurteilt wird, wird noch näher darzustellen sein.

Wie in Deutschland, werden auch in Frankreich die Frauen von der katholischen Kirche benachteiligt. Man geht nicht so weit wie der wegen seines Leugnens der Shoah berühmt gewordene Bischof Richard Williamson. Er wurde 2001 befragt, ob Frauen an einer gewissen katholischen Hochschule studieren dürften. Seine lange Antwort bewies, dass Frauen überhaupt nicht studieren sollten. Erstens weil sie ihre männlichen Kommilitonen verführen, zweitens weil sie sich lieber der Mutterschaft widmen sollten, drittens weil sie sowieso nicht das intellektuelle Niveau für ein Studium haben! So etwas wird nicht mehr gesagt, aber die katholischen Frauen dürfen nicht Priesterinnen werden, und vieles andere bleibt ihnen mehr (in Rom) oder weniger (in Frankreich) untersagt.

Soll das heißen, dass ansonsten in unseren westlichen Gesellschaften die Gleichheit von Mann und Frau hergestellt ist? Im Vergleich zu den islamischen Ländern ist die Lage gut. Auch im Vergleich mit unserer Vergangenheit. Die Enkelkinder sind verblüfft, wenn man ihnen erklärt, wann die französische Frau endlich das

Wahlrecht bekommen hat, wann sie ein Bankkonto ohne Einwilligung des Gatten einrichten durfte, wann Mutter und Vater das gleiche Erziehungsrecht erhielten. In Deutschland gibt es noch die Formel KKK. Nur dass sie nicht mehr Kinder, Küche, Kirche bedeutet, sondern Kinder, Krippe, Karriere, was eine Reihe von schlecht gelösten Fragen aufwirft. Auch existiert noch immer ein tief verankertes Macho-Denken. Besonders bei Sigmund Freud und seinen Nachfolgern. Die Frau ist ihnen zufolge durch das Unvermögen geprägt, einen Penis zu besitzen. Meine Antwort darauf ist immer gewesen, dass mein Arbeitsdrang, mein Wille, zu gelten und zu beeinflussen, in der traurigen Feststellung wurzeln, dass ich keine Kinder gebären kann. Ich habe auch nie Simone de Beauvoir dafür bewundert, dass sie sich gerühmt hat, keine Kinder zu wollen, weil sie keine Lust nach einem Fleisch empfinde, das dem ihren entsprungen sei. Schlimmer war ihre Behauptung, dass jede Arbeit frei mache. Die Philosophin, ehemalige Gymnasiallehrerin, hat nie an der Kasse eines Supermarkts oder an einem Fließband gesessen!

Ich habe mich von Alice Schwarzer überzeugen lassen, dass 1992 Petra Kelly keinerlei Wunsch empfand zu sterben. Wenn sie, die Frau, General Gerd Bastian getötet hätte, so wäre sie als Mörderin bezeichnet worden. Als er, der Mann, sie tötete und dann sich selber erschoss, hieß es «doppelter Selbstmord». In Frankreich, zwölf Jahre zuvor, erwürgte der Philosoph Louis Althusser seine Frau. Das ganze intellektuelle Frankreich beklagte den armen Mann (der übrigens keinen einzigen Tag in Haft verbrachte. Er kam in eine psychiatrische Anstalt, aus der er bald entlassen wurde). Wenn Hélène ihn getötet hätte, wäre sie von allen Seiten als Mörderin angeprangert worden.

Viele Berufe haben sich allerdings «verweiblicht». Es gibt immer weniger Lehrer. (Wenn der männliche Schüler Klasse nach Klasse nur Lehrerinnen gehabt hat, entstehen auch pädagogische Probleme.) Das bedeutet nicht, dass die Gewerkschaftsführung in den Händen von Frauen liegt – in Frankreich ist das noch weniger der Fall als in Deutschland. Die französischen Richter werden in der *École nationale de la magistrature* ausgebildet. Im Jahrgang 1985 waren 54,4 Prozent Frauen, 2000 waren es 63,2 Prozent, 2005 72,9 Prozent, 2010 77,2 Prozent. Es wird also immer weniger männliche Richter geben, was doch auch Probleme aufwirft. Und nach und nach werden endlich auch für die hohen Posten Frauen ernannt. Man entfernt sich langsam von der in meinen Augen fürchterlichen zweiten Strophe des Lieds der Deutschen:

> Deutsche Frauen, deutsche Treue,
> Deutscher Wein und deutscher Sang
> Sollen in der Welt behalten
> Ihren alten schönen Klang,
> Uns zu edler That begeistern
> Unser ganzes Leben lang.

Es fehlte wahrscheinlich der Platz, um auch noch die deutschen Pferde unterzubringen …

Langsam wird auch endlich vom Kriegsverbrechen der Vergewaltigungen gesprochen. In dem Zweiteiler *Anonyma – Eine Frau in Berlin* hat das ZDF auf das Ausmaß des Verbrechens hingewiesen, wo doch so lange den Frauen gesagt wurde «Schämt euch!» oder «War das denn wirklich so schlimm?». Aktueller wird nun eine andere Wirklichkeit, die bisher stets verschleiert wurde, nämlich die Gewaltausübung gegen Frauen in der Familie, insbesondere gegen Ehefrauen.

Die Diskriminierung der Frauen ist in Deutschland wie in Frankreich noch nicht vollständig beendet, aber im Vergleich mit der Lage auf anderen Kontinenten ist sie nun recht begrenzt.

Lange hat es die Diskriminierung, die Brandmarkung, die strafrechtliche Verfolgung der Homosexuellen gegeben. Als Jugendlicher las ich mit Erschütterung *Die Ballade vom Zuchthaus zu Reading*. Der Bericht von Oscar Wilde war 1898 erschienen, nachdem er 1895 wegen Homosexualität zu zwei Jahren Zwangsarbeit verurteilt worden war. In den letzten Jahrzehnten hat sich die Lage drastisch verändert. Wer greift schon die Oberbürgermeister von Berlin und von Paris an, auch wenn sie sich nicht nur zu ihrer Homosexualität bekennen, sondern auch an Demonstrationen gegen noch vorhandene Zurücksetzungen teilnehmen? Allerdings gibt es noch immer mehr oder weniger drastische Fälle von Diskriminierung, und sei es nur in den französischen «Vororten». Aber im Dezember 2009 hat das französische Parlament das berühmte Gesetz von 1881 über die Pressefreiheit geändert (das Verbot, Plakate anzukleben, steht auf Tausenden französischen Mauern unter Bezug auf dieses Gesetz). Drei neue Artikel wurden in das Gesetz, das die HALDE (*Haute autorité de lutte contre les discriminations et pour l'égalité* – Hohe Behörde zum Kampf gegen die Diskriminierung und für die Gleichheit) begründet hatte, eingefügt. Jetzt ist auch die Provokation zur Diskriminierung, zum Hass und zur Gewalt aufgrund des Geschlechts oder der geschlechtlichen Orientierung einer Person oder einer Gruppe von Personen strafbar.

Die Lage hat sich so sehr «normalisiert», dass ich schon als mutig betrachtet werden mag, wenn ich einige Einschränkungen mache. Zunächst kritisiere ich so oft und laut es geht die Verteidigung, die sich auf eine Diskriminierung bezieht. Rachida Dati war eine sehr schlechte Justizministerin. Jede Kritik wurde von ihr als rassistisch abgewiesen, weil sie selbst dunkelhäutig ist. Jede Kritik an der Schriftstellerin Elisabeth Badinter soll den Antisemitismus des Kritikers beweisen, so wie in Deutschland jede Kritik an Marcel Reich-Ranicki, auch wenn der Roman von Martin Walser *Tod eines Kritikers* das Wort Jude nur einmal verwendet. (Übrigens, um etwas Richtiges zu sagen: «Es ist in Deutschland schlimmer, einen Juden zu töten als einen Nichtjuden.»)

Der Vizekanzler und Außenminister Guido Westerwelle hat versucht, jegliche Verdächtigung als ein Zeichen der Homophobie zurückzuweisen. Die Bezichtigung der Homophobie ertönt auch bei jeder Infragestellung nicht der Gleichberechtigung, sondern der Gleichheit. Für mich bleibt die Liebesbeziehung zwischen Mann und Frau normaler als die zwischen Mann und Mann. Ich habe Verständnis für den nicht zur Schau getragenen Schmerz eines befreundeten Ehepaars, das vier Söhne hat, von denen drei schwul sind. Sie gehen mit allen liebevoll um, aber wie gerne hätten sie mehr Enkelkinder! Ich finde, eingetragene Lebensgemeinschaften (die französischen PACS) bieten auch für Homosexuelle eine gute Lösung mancher rechtlicher Fragen. Aber ich habe wenig Verständnis für die Kirchen, die homosexuelle Ehen weihen. Mit welcher Grundlage in der Schrift? Natürlich werden Mädchen von Männern als Sexobjekt betrachtet, gesucht und behandelt. Aber wenn ich in der Korrespondenz zwischen dem skandalerpichten Roger Peyrefitte und dem von mir als Dramatiker verehrten Henry de Montherlant lese, wie sie sich gegenseitig Pariser Pissoirs empfehlen, vor denen junge Araber sich gegen Entgelt zur Verfügung stellen, so empfinde ich Ekel. Ebenso wenn ich daran denke, wie mir beschrieben wurde, was eine *Blackbox* ist. Es besteht heute eine Art intellektueller Terrorismus, der jede nüchterne Überlegung als Beweis der Homophobie brandmarkt. Der von mir angestellte Vergleich mit dem Terrorismus der Antisemitismusanklage mag schockieren, aber ich lasse nicht davon ab. Das steht nicht im Widerspruch zu meiner Bewunderung für die Liebesbriefe von Jean Cocteau an Jean Marais, auch nicht zu meiner im nächsten Kapitel ausführlicher dargestellten Begeisterung für Maurice Béjart und seinen Lieblingstänzer Jorge Donn.

In einem anderen, wichtigeren gesellschaftlichen Konflikt beziehe ich keine klare Stellung, weil es keine «gute» Lösung gibt. Wenn ich meine eigenen Texte zum Thema wieder lese, stelle ich fest, dass ich lediglich versucht habe, die Problematik darzustellen und um Verständnis für die jeweils andere Seite zu bitten. Was heißt Generationengerechtigkeit? Es ist wahr, dass die heutigen Kinder und Jugendlichen die Last der Schulden zu tragen haben werden, die die vorige Gesellschaft gemacht hat. Und auch, dass die Berufsaussichten keineswegs mehr dieselben sind wie die der vorhergehenden Generationen. Es sollte also mehr Geld für Studium und Ausbildung zur Verfügung gestellt werden. Junge Leute sollten in mancher Hinsicht bevorzugt werden. Aber es ist nicht weniger wahr, dass Menschen, die jahrzehntelang hart gearbeitet haben, sich mit einer kleinen Rente abfinden müssen und, da das Leben sich glücklicherweise verlängert hat, im hohen Alter pflegebedürftig sein und jedenfalls die Krankenkassen mehr in Anspruch nehmen werden als die Jugendlichen. Die Frage nach der Gerechtigkeit wird noch komplizierter, sobald man zwischen den Rentnern gewichtige Unterschiede macht. Nicht wenige haben gute Gehälter bezogen, haben Geld gespart und angelegt zu Zeiten, in denen es der Wirtschaft gutging. Also leben sie nicht nur von der Rente und sind nicht allzu sehr zu beklagen, denn sie können sich vieles leisten, was den heutigen Jugendlichen nicht vergönnt ist, noch weniger später vergönnt sein wird. Gewiss – aber zugleich helfen immer weniger Erwachsene ihren alten Eltern, wohingegen viele Rentner der jungen oder auch der mittleren, arbeitslosen Generation finanziell zur Seite stehen.

Gerade hier soll eine deutsche Besonderheit nicht übersehen werden. Zwanzig Jahre nach der «Wende» ist die Kluft zwischen den alten und den gar nicht mehr so neuen Ländern nicht überwunden. In einem Punkt wird sie ständig tiefer: Die Flucht unzähliger Jugendlicher nach «Westen» lässt Mecklenburg-Vorpommern und auch Sachsen-Anhalt veralten. Eine Studie des Deutschen Instituts für Wirtschaftsforschung im Auftrag der Deutschen Rentenversicherung hat im März 2010 gezeigt, dass die westdeutschen Rentner langfristig mit relativ stabilen Altersbezügen rechnen dürfen, während das Ergebnis für Ostdeutschland düster aussieht. Eine im Mai 2010 entstandene Karte «Armut in Deutschland» zeigt, dass die meisten Gegenden der ehemaligen DDR Armutsquoten von 17 bis 23 Prozent und sogar von mehr als 23 Prozent haben, wohingegen die Quote im Saarland oder im «Revier» unter 17 Prozent bleibt. Mit der Arbeitslosenquote ist es ähnlich. Im März 2010 lagen alle «neuen Länder» zwischen 10 und 13 Prozent oder höher. Mit der Ausnahme von Bremen lagen alle westdeutschen Länder unter 10 Prozent. Gewiss hat die Wiedervereinigung vom westdeutschen Steuerzahler einige Opfer verlangt, aber dafür hatten die Westdeutschen in Freiheit und Wohlstand leben dürfen.

Der mangelnde Wille zur Solidarität, zur Überwindung der Ost-West-Kluft kam prägnant in der Märznummer 1992 der Zeitschrift *Metall* der IG Metall zum Ausdruck. Ich kritisierte damals die Titelseite, die zwanzigmal, erst groß und fett gedruckt, dann immer kleiner ein Zitat von Helmut Kohl brachte: «Für die Menschen der Bundesrepublik gilt: Keiner wird wegen der Vereinigung Deutschlands auf etwas verzichten müssen.» Heute bestehen auch noch andere, kaum anerkannte Unterschiede – mit Vorteil für die ehemalige DDR: Die Quote der in öffentlichen Einrichtungen betreuten Kleinkinder lag im März 2009 zwischen 55,1 und 40,1 Prozent in den «neuen Ländern», zwischen 22,2 und 11,5 Prozent in den Ländern der Bonner Republik. Der DGB und die IG Metall hätten doch eine Gleichstellung mit dem «Osten» fordern sollen!

Die bekannteste, meistdiskutierte Diskriminierung betrifft die Immigration. Ein Immigrant sollte jemand sein, der endgültig dableiben will. Ludwig Börne und Heinrich Heine waren Emigranten, die nur so lange in Frankreich bleiben wollten, bis sie in ein freiheitliches deutsches Vaterland zurückkehren könnten. Als Erika Steinbach 1998 im *Deutschen Allgemeinen Sonntagsblatt* schrieb: «Die Rückkehr in die Heimat muss möglich sein … Zum Recht auf Heimat gehört auch, dem Flüchtling das eigene

Eigentum zurückzugeben und in Würde heimzukehren», so betrachtete sie sich kaum als Bürgerin der Bundesrepublik. In einem längeren Brief konnte ich ihr im Februar 2004 sagen: «Ich bin ein Teil einer vertriebenen jüdischen Familie, der sich aber nie als Vertriebener, sondern als ein für die Zukunft der Bundesrepublik mitverantwortlicher Franzose empfunden hat. Das deutsche Gesetz, das auch die völlig in Westdeutschland integrierten nächsten Generationen als Vertriebene bezeichnet, habe ich von Anfang an kritisiert.» Dass viele Vertriebene 1945 schlecht aufgenommen wurden, ist eine andere Sache.

Dass Deutschland, in der Nazizeit ein Land der Emigration, mittlerweile ein Immigrationsland geworden ist, wird heute endlich kaum noch bestritten. Frankreich ist es, und sei es nur wegen seiner schlechten demographischen Lage im 19. und 20. Jahrhundert, ganz bewusst seit langem. Mit Wellen des Fremdenhasses. Um über (billige) Arbeitskräfte zu verfügen, ließ man ganze Züge aus Polen kommen, mit den Familien und den Priestern. Viele wurden normale französische Bürger, andere wurden nach geleisteter Arbeit wieder zurückgeschickt. In Westdeutschland «benutzte» man erst die Vertriebenen, dann die DDR-Flüchtlinge, danach erst brauchte man wirklich die Ausländer. So kam es zum Regierungsabkommen mit der Türkei. Eine doppelte Frage bleibt seitdem in Deutschland wie in Frankreich offen: Integrieren sie sich? Werden sie akzeptiert?

In seiner Weihnachtsansprache 1999 sagte Bundespräsident Johannes Rau: «Im kommenden Jahr können viele Menschen, die seit langem bei uns leben, die deutsche Staatsangehörigkeit erhalten. Helfen wir mit, dass sie sich in unserem Land wirklich heimisch fühlen. Es geht um Menschen, die seit vielen Jahren mit ihrer Arbeit und mit ihren Steuern und Sozialabgaben zu unserem Wohlstand beitragen. Und es geht um ihre Kinder, die bei uns geboren wurden und die hier aufgewachsen sind.» Am 12. Mai 2000 hat er dann im Berliner Haus der Kulturen der Welt eine längere Rede zum Thema gehalten, die in allen deutschen Schulbüchern stehen sollte. Er sagte unter anderem: «Zuwanderung ist stets beides, Belastung und Bereicherung ... Darum möchte ich all den Lehrerinnen und Lehrern ganz herzlich danken, die sich Tag für Tag damit auseinandersetzen müssen, dass unsere Gesellschaft so vielfältig und damit auch so schwierig geworden ist ... Erleben inzwischen nicht manche, die selber ohne religiöse Prägung sind, im muslimischen Nachbarn zum ersten Mal einen Menschen, der seinen Glauben im Alltag lebt?»

Meinerseits durfte ich am 16. Juni 2001 eine schöne Erfahrung machen. Ich saß im Plenarsaal der *Assemblée nationale* in Paris auf der Ministerbank. Alle 577 Sitze waren von Immigranten oder Immigrantenkindern besetzt. Dies auf Einladung des Präsidenten Raymond Forni, selbst ein Sohn italienischer Immigranten. Man feierte den 50. Jahrestag der Genfer Flüchtlingskonvention. Es wurde eine lange, gedankenreiche Sitzung. Wir hatten gehofft, sie würde etwas bewegen. Aber die Presse, mit ganz wenigen Ausnahmen, schwieg, die Fernsehanstalten, die gefilmt hatten, haben die Bilder nie gesendet. Allerdings hatte kurz davor schon eine Broschüre keinerlei Aufmerksamkeit erregt. Sie hieß *Zones d'attente. En marge de l'État de droit* (Wartezonen. Am Rande des Rechtsstaats) und wurde veröffentlicht von der *Anafé – Assocation nationale d'assistance aux frontières pour les étrangers* – der nationalen Vereinigung zum Beistand für Fremde an den Grenzen. Der Text beschrieb Grausames.

Die Diskriminierung besteht in Frankreich wie in Deutschland auch für seit langem Eingebürgerte, die die Normalität anstreben. Wenn sie «anders» aussehen, werden sie zunächst einmal von der Polizei öfter und eindringlicher kontrolliert als die «Weißen». Der Fußballweltmeister Lilian Thuram (der 2010 das schöne Buch *Mes étoiles noires,* «Meine schwarzen Sterne», veröffentlicht hat über alle großen Schwarzen, die in den Schulbüchern nie erwähnt werden) erzählte bereits 2008: «Ein Fünfjähriger fragt mich, was meine Nationalität sei. Ich antworte, ich sei Franzose. Er erwidert: ‹Aber nein, du bist schwarz.›» Thuram fügt hinzu: «Wie viele Leute in der französischen Gesellschaft denken spontan, dass ein Karim oder ein Zinedine Franzosen sind, wenn sie nicht der Nationalmannschaft angehören?» Hunderttausende Leser von *Le Monde* werden ein ungutes Gefühl bekommen haben, als sie am 24. September 2009 die volle Seite gelesen haben, in der ein Redakteur des Blattes namens Mustapha Kessous eingehend erzählte, welchen Diskriminierungen er auch in seinem Beruf ausgesetzt war. Er ging so weit, seinen Vornamen zu verheimlichen, denn der Nachname fiel weniger auf! Das Jurymitglied eines Journalistenwettbewerbs fragte ihn: «Sind Sie bei *Le Monde*, weil die einen Araber brauchten?» Einige Tage später widmete die Zeitung wieder eine ganze Seite den Leserbriefen, die die Aussage von Mustapha Kessous mit vielen Beispielen bestätigten.

Viele sind nicht echte arabische Franzosen, sondern ausgebeutete Arbeiter ohne Arbeitserlaubnis, oft schwarze Schwarzarbeiter, die es doch fertigbringen, Geld an ihre Familie in Afrika zu schicken, von dem die überweisenden Banken übrigens 10 Prozent behalten. Ein harter Streik hat gezeigt, dass große Baufirmen und Stadtreinigungsgesellschaften ohne sie gar nicht funktionieren könnten. Andere werden unter unmenschlichen Bedingungen ausgewiesen.

Die sichtbarste Diskriminierung, die aber nicht als solche anerkannt wird, ist die geographische. Die sogenannten *banlieues*, vor allem im *Département Seine-Saint-Denis*, das die Nummer 93 trägt und schlicht das Neun-Drei genannt wird, werden, im Widerspruch zur verkündeten Politik, immer mehr vernachlässigt – weniger Beamte in den Arbeitsämtern, in den Büros der Sozialversicherung und sogar in den Polizeirevieren. Im April 2010 konnte man in *Le Monde* den Aufschrei eines sich aufopfernden Bürgermeisters lesen. Der fettgedruckte Sechsspaltentitel trug die Überschrift: *Moi, Claude Dilain, maire de Clichy-sous-Bois, j'ai honte* (Ich schäme mich). Auch ein 2010 erschienenes Buch des Journalisten Luc Bronner *La loi du Ghetto. Enquête sur les banlieues françaises* (Das Gesetz des Ghettos. Enquête über die französischen Banlieues) untersucht eingehend und nüchtern die Zustände, die zu einer blutigen Revolte führen könnten. Der Vergleich mit den türkischen Vierteln in Berlin oder anderen deutschen Städten fällt doch zugunsten Deutschlands aus.

Nun werden vielleicht alle Menschen in unseren Gesellschaften, die Privilegierten wie die Unterprivilegierten, Erstere noch mehr als Letztere, als Verbraucher auf vielfache Art rücksichtslos, verantwortungslos behandelt. Durch Fälschung: «Gefälschter Feta, Analogkäse, Vanilleeis aus Kokosfett, Hähnchenschnitzel ohne Hähnchen» – die Liste wird immer länger. Wie kann der Verbraucher noch sicher sein, was er isst? Der Vorstandsvorsitzende des Chemischen und Veterinäruntersuchungsamtes in Krefeld Detlef Horn fordert, derartige Produkte so zu kennzeichnen, dass der Verbraucher zwischen einem gewachsenen Schinken und einem zusammengesetzten Produkt unterscheiden könne. So ein Zeitungsbericht. Ein anderer, längerer im April 2010 war betitelt: *Ärzten und Apothekern drohen Strafverfahren. Oberlandesgericht: Kassenärzte dürfen sich nicht bestechen lassen.* Es geht um die kleinen oder größeren Geschenke, Reisen, Kongressunterstützungen, die der pharmazeutischen Industrie erlauben, neue Produkte rühmen oder wenigstens empfehlen zu lassen. Andererseits schreiben beinahe zur gleichen Zeit der Berufsverband der Kinder- und Jugendärzte sowie die Vereinigung der europäischen Kinderärzte im Kampf gegen Übergewicht, man möge doch eine leicht verständliche, farblich untermalte Kennzeichnung von Fett, Zucker und Salz einführen. Die Industrie sträubt sich aber gegen die sogenannte Ampelkennzeichnung. In Frankreich geht es nicht anders zu. Ein harter, ausführlicher Bericht zum 50. Jahreskongress für Ernährung und Diätetik hat alle psychologischen Mittel aufgelistet, die angewendet werden, um den Verbraucher davon zu überzeugen, dass schädliche Produkte hilfreich oder zumindest ungefährlich seien.

Der Philosoph Emmanuel Levinas hat in seinem Buch *Humanisme de l'autre homme* (1972) darauf hingewiesen, dass kein menschliches Bedürfnis eindeutig dem eines Tieres entspricht, sondern von Anfang an auf einer kulturellen Grundlage umgedeutet wird. Im verbreitetsten französischen Wörterbuch *Le petit Robert* heißt es unter «besoins»: «Les désirs naissent des besoins» – Die Begehren entspringen den Bedürfnissen. In einem Artikel für *La Croix* unter der Überschrift *Der Verbraucher, die Bedürfnisse und die Werbung* schrieb ich im Februar 2010, dass es heißen sollte: «Die Bedürfnisse entspringen den Begehren.» Und diese werden weitgehend von der Werbung gezeitigt. Als ich das schrieb, hatte sich nicht viel geändert, seit ich 1976 auf einem französischen Verbraucherkongress gesprochen hatte. Allerdings hätte ich damals noch nicht gedacht, was ich erfuhr, als ich später vor dem deutschen Apothekerverband sprechen sollte. Der Verband stellte mir freundlicherweise seine Zeitschrift zur Verfügung. Ich entdeckte darin lange, ausführliche Ratschläge an die Mitglieder, wie sie ihr Schaufenster am besten ausstatten könnten, um die nichtrezeptpflichtigen Produkte zu verkaufen. Ob diese Ware nun der Gesundheit schaden oder helfen sollte, das wurde kaum thematisiert. Zu Beginn meiner Rede drückte ich mein Erstaunen darüber aus, was wiederum das Erstaunen der Teilnehmer hervorrief. Wichtig ist es doch, Geld zu machen.

Als naiver Verbraucher verglich ich lange in meinen Vorlesungen die Werbung der Firma Black & Decker mit derjenigen der Reifenfirma Pirelli. Die eine sagte: «Für diesen oder jenen Gebrauch sind meine Werkzeuge besonders gut und wirksam. Also kauft sie.» Pirelli sagte gar nichts über die Qualität der Reifen, sondern zeigte schöne Frauenbeine, die die Reifen des Wagens des zu verführenden Käufers verkörpern sollten. Zur Zeit der besonderen Vorliebe für die mittelalterliche Vergangenheit erfand ein

Bierfabrikant den Meister Kanter, einen Bierhersteller, den es nie gegeben hat, der aber mit seinem Hund durch den Schnee stapft, um seine altmodische kleine Brauerei zu erreichen. Der Erfolg war kolossal. Heute ist die Werbung für Parfums und für Autos besonders erfindungsreich (wobei ich die französische Werbung künstlerischer finde als die deutsche). Es herrscht oft der unausgesprochene Syllogismus: ‹Diese Frau (meist eine Schauspielerin) ist schön. Sie benutzt das Produkt X. Wenn du das Produkt X benutzt, bist (oder wirst) du auch schön. Du musst ja sowieso deinen Körper verschönern, verjüngen. 77 Prozent deiner Runzeln werden dank jenem Produkt entfernt.› Das sei wissenschaftlich bewiesen durch ein Sample von 80 Frauen, die dies im Selbstversuch erfahren hätten. (Der Beweis ist klein gedruckt in Presse und Fernsehen.) Der Mann darf keinen Körpergeruch haben, er soll noch glatter rasiert sein. (Heute wohl eher: Er soll ständig einen drei Tage alten Bart zeigen können.) Der Beweis, dass China nun wirklich zur entwickelten Welt gehört, ist die Höhe der Investitionen, die die französische Weltfirma L'Oréal in China macht, ganz besonders für die immer mehr gefragte männliche Körperpflege.

In seiner eindringlichen Rede auf dem Weltwirtschaftsforum in Davos 2010 sagte Erzbischof Reinhard Marx: «Wir brauchen eine Ethikdebatte darüber, welche Güter der Verbraucher nicht akzeptieren sollte.» Ein solcher Wunsch wird nicht in Erfüllung gehen. Der Kampf gegen die Verführung durch die Werbung ist einigermaßen hoffnungslos. Die Verbraucherverbände und ihre Schriften haben kaum einen Widerhall bei den Medien, denn sofort heißt es: «Wenn ihr etwas bringt, was die Qualität meiner Produkte oder die Ehrlichkeit meiner Werbung in Frage stellt, so ist es aus mit meinen teuren Anzeigen in eurer Zeitung, vor oder nach euren Sendungen.» Die Abhängigkeit der Medien von der Werbung ist allzu groß.

Durch Medien wirken

Schon im Mai 1990 hatte ich bei einem ARD-Werbetreff in der Frankfurter Alten Oper die Aufrichtigkeit anerkannt, mit der die Geschäftsführung des *Spiegel* in ihren *Thesen zu Zeitschriften der Zukunft: Meinungsbildner* schrieb: «Was Werber wissen, aber selten sagen: Käufer kaufen keine Ware, sondern erfüllen sich Wünsche. Daran soll sich die Medien-Werbung orientieren.» Viel brutaler drückte sich im Juli 2004 Patrick Le Lay, der allmächtige Präsident der größten französischen Privatfernsehanstalt TF I, in einem Beitrag zu einem Buch aus: «Es gibt viele Arten, über Fernsehen zu sprechen. Aber seien wir doch in einer ‹business-Perspektive› realistisch. Grundlegend besteht unser Beruf daraus, zum Beispiel Coca-Cola zu helfen, sein Produkt zu verkaufen. Damit ein Werbespot vernommen wird, muss das Gehirn des Zuschauers verfügbar sein. Unsere Sendungen sind dazu da, es verfügbar zu machen, das heißt, es zu unterhalten, zu entspannen zwischen zwei Spots. Was wir an Coca-Cola verkaufen, das ist Zeit des verfügbaren menschlichen Gehirns.»

Brutaler konnte es kaum ausgedrückt werden. Die Sendungen sollten also am besten einer von deutschen Fernsehkritikern gern gebrauchten Formulierung entsprechen: Unterhalten durch Untenhalten. Oft heißt es auch, für gute Information bliebe in den Zeitungen wenig Platz zwischen den Werbespalten. Viele Journalisten würden ihre Stelle verlieren, wenn sie sich nicht fügten. Aber welche Verachtung für den Beruf trug Patrick Le Lay da zur Schau! Ich denke an die 76 Journalisten, die weltweit 2009 ermordet, und an alle, die als Geisel genommen wurden. Ich erinnere mich an eine Formulierung, die mich 1996 beim 8. Internationalen Festival des Fotojournalismus in Perpignan so beeindruckt hatte. An der runden Decke des Pavillons der algerischen Journalisten stand: «Wenn ich spreche, sterbe ich. Wenn ich nicht spreche, sterbe ich auch. Also sprich und stirb!»

(Viele wurden damals allein wegen ihres Berufs verfolgt und ermordet.)

Ich habe mich immer mit den Journalisten verbunden gefühlt, obwohl ich nie ein Journalist im eigentlichen Sinne gewesen bin. In Frankreich bekommt man nur einen Presseausweis, wenn mehr als die Hälfte des Einkommens aus dem Journalismus resultiert. Das ist bei mir nie der Fall gewesen. Aber ich habe seit meinem 19. Lebensjahr für Zeitungen geschrieben, für den Funk, dann auch für das Fernsehen gearbeitet. Als eifriger Leser bin ich der Presse zu ständigem Dank verpflichtet. Jeden Tag *Le Monde, La Croix, Le Figaro, Ouest-France* (und mehrmals in der Woche die Sportzeitung *L'Équipe)*, dazu jeden Morgen als Fernausgabe in der Wohnung ausgeliefert die *Frankfurter Allgemeine* und die *Süddeutsche Zeitung*. Darüber hinaus die Wochenzeitungen *(Zeit, Spiegel, Nouvel Observateur, Le Point, L'Express, Le Canard Enchaîné)*. Als Verbraucher lerne ich viel. Andererseits versuche ich natürlich auch, als Beteiligter Einfluss zu nehmen. Nicht nur auf meine Leser, sondern auch auf die Medienleute: Durch Reden auf dem eben erwähnten ARD-Werbetreff, 1986 für den Deutschen Presse-Vertrieb im Ostseebad Timmendorfer Strand, 1988 für die Zeitschriftenverleger in Düsseldorf und in Zürich zum Thema *Was kann, was darf die Presse in der Politik?*, 1990 in Mainz zum Bundesjournalistentag über *Kritische Betrachtung der deutschen Medienlandschaft*, 1996 in Bonn über *Medienwahrheit und Politik* anlässlich von 40 Jahren Deutscher Presserat und nicht zuletzt in der Lutherstadt Wittenberg, beim 4. Wittenberger Gespräch *Macht der Medien*, über *Macht der Macher – Ohnmacht der Konsumenten?* Dazu kommt etwas, was in Frankreich kaum möglich wäre: Einladungen von Zeitungen und Zeitschriften (*Stern* 2008, *Neue Ruhr Zeitung* und andere mehr), das eigene Blatt vor der Redaktion kritisch zu bewerten und dann mit den Journalisten zu diskutieren.

Die Akzeptanz der Kritik mag weit gehen. Zum 70. Geburtstag von Rudolf Augstein gab *Der Spiegel* ein Sonderheft heraus. Anruf bei mir: Ob ich nicht einen längeren Beitrag schreiben wolle? «Ja, aber er würde viel Kritisches enthalten.» – «Deswegen fragen wir doch bei Ihnen an!» Also schrieb ich, und meine Kritik wurde ohne jeden Einwand veröffentlicht.

Immer trifft das jedoch nicht zu. 1985 schlug mir der *Stern* vor, das Vorwort zu einem Buch über die Flick-Affäre zu schreiben. Ich antwortete, wenn schon über schlechte Geldsitten in der Bundesrepublik berichtet werden solle, dann auch über die skandalösen, vom *Stern* veröffentlichten gefälschten *Hitler-Tagebücher*. Das wurde nicht akzeptiert. In meinem die Angelegenheit abschließenden Brief schrieb ich: «Sie haben darauf hingewiesen, dass die Redaktion noch unter dem Trauma der Affäre stünde, dass viele Redakteure damals noch nicht dabei waren und dass die anderen versucht hätten, sich zu wehren. Ist das aber nicht die traditionelle Argumentation, die der *Stern* in fast jeder Nummer mit viel Aggressivität verwirft, wenn es sich um die deutsche Vergangenheit handelt?» Unangenehmer wurde es 1989, als ich einen Beitrag kürzen sollte und entdeckte, dass die Zeitung dabei war, alles zu streichen, was ihrer Linie widersprach. Mit der Drohung, die Stellen im Fernsehen vorzulesen, erreichte ich, dass mein Text ungekürzt veröffentlicht wurde – aber nur in der Auslandsausgabe! 1982 hatte es auch Streit mit Henri Nannen gegeben, der mir, wie anderen, die Fahnen eines Leitartikels zu Polen geschickt hatte, mit der Bitte um einen Kommentar, der in derselben Nummer erscheinen sollte. Da ich den Text hart kritisierte, weil er Wałęsa als Unruhestifter verurteilte, erschien mein Text nur als Leserbrief in der folgenden Ausgabe. In jenen Wochen hatte auch Augstein über die Polen und ihr «irgendwo doch unverdientes Schicksal» geschrieben. Der *Spiegel* veröffentlichte mein Protest-Telegramm. Augstein schrieb, er habe das Wort «unverdient» nicht verwendet. Ich telegraphierte seinen Text. Mein Schreiben wurde veröffentlicht mit Augsteins Schlussbemerkung: «Na und?»

Nach Nannens Tod 1996 schrieb Theo Sommer in seinem Nachruf in der *Zeit*, Nannen habe zwar während der Nazi-Zeit schlimme Artikel unterzeichnet, aber das sei nicht vermeidbar gewesen. Gerade dieses Argument hatte aber derselbe Nannen nicht gelten lassen, als er wegen eines Artikels in einer Musikzeitschrift an der Kampagne gegen Werner Höfer teilnahm, die zum Sturz des beliebtesten deutschen Fernsehmanns führte, der darüber hinaus ein effizienter und nachsichtiger Fernsehchef beim WDR gewesen war. Es blieb unbeachtet, was ein so kritisches Organ wie der *Evangelische Pressedienst* nach eingehender Forschung zugunsten von Höfer geschrieben hatte. Nicht nur ich war schockiert. Später nahm ich mit Willy Brandt an Frankfurter Veranstaltungen mit Höfer teil, die dem *Internationalen Frühschoppen* ähneln sollten. Ich weiß nicht, wie oft ich seit den fünfziger Jahren an dieser Sonntagssendung teilgenommen habe, aber ich weiß, wie gerne ich stets den Nachtzug und dann das Flugzeug nach Köln benutzte. Höfer hat oft Mut bewiesen, insbesondere wenn ein Gast kritisch gewesen war, auch gegen den Bundespräsidenten. Ich muss gestehen, dass der *Frühschoppen* meine Bekanntheit und somit meine Wirkungsmöglichkeiten in der Bundesrepublik sehr erweitert hat. Gewiss schmeichelte das meiner Eitelkeit, aber es wirkte sich auch aus im Sinne einer schöpferischen Politik. Nach der Wende durfte ich feststellen, welch starke Resonanz die Sendung auch in der DDR gehabt hatte. Einige Politiker der «neuen Länder», darunter Dieter Althaus, sagten mir, sie hätten geschätzt, dass ich in meinen Beiträgen stets das Regime hart verurteilt habe, aber immer Verständnis gezeigt habe für die Menschen im SED-Staat.

Zehn Jahre lang habe ich mit Freude an einer in mancher Hinsicht ganz anderen Sendung teilgenommen, nämlich dem *Baden-Badener Disput* des Südwestfunks, meistens geleitet von dem fast immer pessimistischen Schweizer Schriftsteller Adolf Muschg. Anderthalb Stunden Gespräch über ein ernstes Thema – ohne Musik, ohne Bildereinblendungen: Man mutete dem Fernsehzuschauer einiges zu. Die Aufnahme kam ungeschnitten zu später Stunde und hatte mehrere hunderttausend Zuschauer. Die Sendung wurde vom neuen Intendanten der mit dem Süddeutschen Rundfunk vereinten Anstalt abgeschafft. «Geben Sie uns doch eine bessere Sendezeit, dann gibt es auch mehr Zuschauer!» – «Eben weil diese nicht zahlreich genug sind, könnt ihr erst gegen Mitternacht übertragen werden. Außerdem seid ihr zu teuer.» Es waren 300000 DM im Jahr. Wir wurden ersetzt, zu besserer Stunde, durch eine Unterhaltungssendung, die dasselbe kostete – aber pro Woche! Wir behandelten ernste Themen, mit der häufigen Beteiligung von Antje Vollmer, Hans Küng, Hans Maier. Eine hieß: *Hat Gott eine Zukunft?* Ich sagte, er habe auch keine Vergangenheit – und war voller Bewunderung für den ruhigen, geistdurchdrungenen Bischof Hermann Josef Spital aus Trier. Der Zuschauerkreis war keineswegs nur im Südwesten angesiedelt, ich bin auch öfter in Niedersachsen oder in Hamburg auf den Baden-Badener Disput angesprochen worden.

Zweimal durfte ich eine regelmäßige Rundfunksendung übernehmen. 1948 in Paris. Das staatliche *Radiodiffusion française* begann, ein deutschsprachiges Programm zu entwickeln. Ich wurde mit den Sendungen für die deutsche Jugend beauftragt. 1974 erlaubte mir der Sender Freies Berlin, jeden Monat eine Viertelstunde lang zur jugendlichen Hörerschaft zu sprechen, über alle möglichen sozialen, kulturellen, politischen Fragen. Solange die Sendung über SFB 1 lief, erhielt ich nicht wenige Hörerbriefe, die dann in manchen Fällen rege Briefwechsel zeitigten. Und auch Gefängnisbesuche, wenn die Schreiber Häftlinge waren. Sobald dann die Sendung über das «Kulturghetto» SFB 3 lief, war es mit den Hörerbriefen aus. Die Versuchung, das etwas vornehmere

Kulturprogramm einzuschalten, scheinen Jugendliche nie empfunden zu haben!

Ständiger Mitarbeiter war und bin ich nur bei französischen Zeitungen. Es begann 1945 mit dem *Wochenkurier*, den das französische Verteidigungsministerium für die deutschen Kriegsgefangenen veröffentlichte. Als *Neuer Kurier* wurde er vom Arbeitsministerium 1947 übernommen, als ehemalige Kriegsgefangene als freie Arbeiter in Frankreich blieben. Mit einem Auftrag dieser Zeitung durfte ich im Juli/August 1947 meine erste, sechs Wochen lange Deutschlandreise durch die drei Westzonen machen. Nach meiner Rückkehr veröffentlichte *Combat* im Oktober meine Artikelserie *Jeunesse d'Allemagne*, die den eigentlichen Beginn meiner Deutschland-Arbeit darstellen sollte. Bis 1955 gab es nur einzelne Zeitungs- und Zeitschriftenartikel, darunter 1953, nach den Bundestagswahlen, einen längeren, sehr kritischen Beitrag, den *Le Monde* veröffentlichte, obwohl die Zeitung in meine Kritik inbegriffen war. Er hieß (unter Anlehnung an einen berühmten Vers von Pierre Corneille in seiner Tragödie *Horace*): *Que vouliez-vous qu'ils fissent?* «Was hätten sie denn tun sollen?» Der Triumph Adenauers hatte in der französischen Presse Befürchtungen hervorgerufen. Was würde wohl die deutsche Zukunft sein? Ich fragte, ob die Kommentare anders ausgefallen wären, wenn die noch vom Nationalismus Kurt Schumachers beeinflusste SPD gesiegt hätte. Oder wenn die extreme Rechte erstarkt wäre. Ich betonte auch, dass positive Nachrichten aus der Bundesrepublik über die deutsch-französische Zusammenarbeit zugunsten jeglicher, auch kleinster negativer Informationen vernachlässigt würden. Hubert Beuve-Méry, hochgeachteter, zu Recht als Modell journalistischer Redlichkeit geltender Direktor von *Le Monde*, antwortete in einer langen Fußnote.

Meine ständige Zusammenarbeit mit der katholischen Jugendbewegung brachte mir 1955 das Angebot, Kolumnist der einzigen überregionalen katholischen Tageszeitung *La Croix* (Das Kreuz) zu werden, was ich heute noch bin, mit Beiträgen zweimal im Monat. Die Themen kündige ich nicht vorher an. In stillem Einvernehmen schreibt der notorische Atheist nicht über Kirche und Religion, sondern mit moralischem Unterton über Gesellschaft, Politik und Kultur. Probleme hat es nur zweimal gegeben. Ich hatte einen Minister Francos als «hasserfüllt» bezeichnet. Der Chefredakteur, ein Ordenspater, rief mich an. Ich wisse doch nicht, was im Geiste dieses Mannes vor sich gehe. In einer christlichen Zeitung sollte ich doch nur seine Taten brandmarken. Er hatte recht. 1956 war die französische Presse ziemlich kriegsbegeistert, als Frankreich, Großbritannien und Israel das von Abd el-Nasser regierte Ägypten angriffen. Ich schrieb hart gegen den Krieg. Sogar *La Croix* zögerte – und mein Artikel blieb liegen, bis der *Osservatore Romano* des Vatikans ungefähr dasselbe sagte wie ich. Mein Beitrag erschien dann gleich. Aber sonst hat es nie Schwierigkeiten gegeben, auch weil die Zeitung immer mutig gewesen ist, selbst dem Vatikan gegenüber. Zur Zeit des Algerienkriegs verlor sie einen guten Teil ihrer Abonnenten, weil sie viele Artikel (darunter die meinen) gegen die französische Kriegsführung, gegen die Folter, die Lager, die Zerstörungen veröffentlichte.

Und doch bin ich *La Croix* von 1965 bis 1984 untreu gewesen. Wie hätte ich die Einladung von Hubert Beuve-Méry ablehnen können, regelmäßig für *Le Monde* zu schreiben, mit der Garantie, dass meine Beiträge auf Seite 1 erscheinen würden – unter der Bedingung, für keine andere Pariser Tageszeitung zu schreiben (in Wochen- und Provinzzeitungen durfte ich veröffentlichen)? Auch hier hatte ich volle Freiheit, bis ein neues Team mir erklärte, man könne nicht so weitermachen. Keine Garantie mehr, aber dafür die Erlaubnis, auch in *La Croix* zu veröffentlichen. Von 1984 bis 1994 erschienen noch unregelmäßig Beiträge von mir, dann gab es Streit und das Ende der Zusammenarbeit.

Ich lernte schnell, wie die Seite 1 aufgemacht wurde. Erschien meine Kolumne unten, so sollte der Leser wissen, dass es ein Beitrag von außen war, allerdings von einem ständigen Mitarbeiter, weil mein Name ohne jeglichen Titel dastand. Ein Kollege hat jahrelang vergeblich darauf gewartet, dass er nicht als Professor bezeichnet wurde. Wenn mein Artikel oben erschien, so galt er, jedenfalls in den Augen der Redaktion, als Ausdruck der Meinung der Zeitung. Das geschah selten, zum Beispiel während der Ereignisse vom Mai 1968 – als Gegengewicht zu den meisten Stellungnahmen von *Le Monde*. Ganz besonders war ich der Zeitung dankbar, dass sie auch während der deutsch-französischen Krise von 1976/77 meine Kritik an den französischen Medien, die doch auch *Le Monde* betraf, oben brachte.

Es braute sich in Frankreich eine neue Spielart der Deutschenfeindlichkeit mit doppelter Argumentation zusammen. «Schaut die Terroristen an: Wie gewalttätig sind die Deutschen doch geblieben! Schaut den Kampf gegen den Terrorismus in der Bundesrepublik an: Wie wenig demokratisch ist dieses Land doch noch immer!» Ich wage zu behaupten, dass ich ein wenig auf die Entwicklung der öffentlichen Meinung eingewirkt und zur Beruhigung und Ernüchterung beigetragen habe. Jedenfalls habe ich zu keinem anderen Zeitpunkt eine solche Intensität des Einsatzes erlebt, mit so vielen Irritationen, zugleich mit einer so starken Überzeugung, nützlich zu sein. Es ging mir vor allem darum, die Eskalation zwischen den deutschen und den französischen Medien zu unterbrechen. Jede Seite hatte und gab ein falsches Bild der Gegenseite, was diese dazu verleitete, noch entstellender zu berichten, und so fort: Das Bild, das man vom Bild gab, das der andere vom Bild hatte, das man von ihm gab, zeitigte eine weitere Steigerung der Empörung des anderen!

Telefonate mit Redaktionen, Artikel und Interviews in der deutschen und der französischen Presse, in Funk und Fernsehen beider Länder: Von Anfang September bis Ende Oktober 1977 führte ich ein engagiertes Medienleben. Angefangen hatte der Streit mit einem Artikel, der auf der ersten Seite unten von *Le*

Monde erschienen war. Er stammte von Jean Genêt, einem bekannten Schriftsteller und ehemaligen Häftling, der für den Leser keiner Vorstellung bedurfte, wobei die deutschen Journalisten nicht wussten, dass ein unten stehender Beitrag nicht die Meinung der Zeitung wiedergab. Genêt, ein Mann jeder Provokation, verherrlichte Andreas Baader und die RAF. Das brachte die Lawine ins Rollen. Ein hartes Telegramm an die *Frankfurter Allgemeine Zeitung* («Betitelung und Darstellung Artikel von Duverger an Fälschung grenzendes Machwerk der FAZ nicht würdig ...») brachte die Zeitung in aller Fairness ungekürzt. Daraufhin unterbreitete ich Jacques Fauvet, Direktor von *Le Monde,* mein Telegramm und fragte, wieso unsere Zeitung enorme Entstellungen fabrizierte und vieles verschwieg, unter anderem die für die RAF-Häftlinge so vorteilhaften Haftbedingungen in Stammheim. Am 17. Oktober veröffentlichte die gemäßigte Wochenzeitung *Le Point,* der ich in einem Artikel vorgeworfen hatte, als Beweis für die skandalöse Einstellung der deutschen Presse eine Titelseite der *National-Zeitung* abgebildet zu haben, als eine Art Akt der Reue einen Beitrag von mir. Er war *Schluss mit der Angst und den Verurteilungen!* betitelt. Sein letzter Absatz fasste meine Grundeinstellung zusammen, damals wie heute: «Müssen wir Angst *vor* den Deutschen haben? Gewiss nicht. Angst *um* die Deutschen? Dafür gibt es Gründe. Doch diese Angst wird nur fruchtbar, wenn wir sie *mit* den Deutschen empfinden. Solidarisch.»

Meine wiederholten Vorwürfe gegenüber Jacques Fauvet zeigten Undankbarkeit, denn *Le Monde* brachte meine Artikel ohne jeden Widerspruch. Insbesondere, auf Seite 1 oben, *Gegen den Terrorismus*, einen Artikel, der die französischen Linksintellektuellen brandmarkte, die im wahren Sinne des Wortes Sympathisanten der deutschen Terroristen geworden waren. «Zu verlangen, dass der Terrorismus bekämpft werde ohne Verzicht auf die Rechte und Freiheiten, die das Privileg unserer pluralistischen Gesellschaften sind, setzt voraus, dass man klar und unmissverständlich gesagt hat: Diese Gesellschaften sind derzeit freiheitlich und human, und ebendeshalb ist die Sprache der Terroristen voll zu verwerfen.» Mein ständiges Nachhaken erklärte ich Fauvet in einem meiner Schreiben: «Du wirst finden, dass ich übertreibe ... Aber ich kann die Zeitung, deren Mitarbeiter zu sein ich die Ehre habe, nur nach außen verteidigen, wenn ich nach innen einwirken kann, sobald sie auf den Gebieten, für die ich mich zuständig fühle, dem Berufsethos untreu wird, zu dem sie sich im Prinzip bekennt.»

Bereits 1974 hatte mich Fauvet befragt, was ich denn an *Le Monde* auszusetzen hätte. Ich hatte die Zeitung einen Monat lang scharf «beobachtet» und einen dreißig Seiten langen Bericht geschrieben, in der Hoffnung, er würde mit der Chefredaktion diskutiert werden, was leider nicht geschah. Er enthielt kurze, harte Kritik an der Deutschland- und der USA-Berichterstattung, am Verschweigen wichtiger mao- und gulagkritischer Bücher, an der voreingenommenen Auswahl der Leserbriefe. Länger befasste ich mich mit den kleinen, alltäglichen Einseitigkeiten und Entstellungen der normalen Berichterstattung durch die Betitelung, durch die Wahl der Wörter, die An- oder Abwesenheit der Ironie und auch durch alle heimlichen, nicht als solche gekennzeichneten Stellungnahmen.

Natürlich verhalten sich andere Zeitungen ähnlich, auch viele deutsche Blätter. Zum Beispiel als am selben 11. August 1995 auf Seite 1 der *Frankfurter Allgemeinen* und der *Süddeutschen Zeitung* derselbe wahrheitswidrige Titel stand: *Kruzifixe oder Kreuze in Klassenzimmern sind verfassungswidrig* – obwohl das Bundesverfassungsgericht das in dieser Form gar nicht gesagt hatte. Der *Spiegel*-Leser konnte auch glauben, Rudolf Augstein und seine Begleiter hätten die Kreml-Größen wirklich mündlich interviewt: Dieselbe Einstellung (an einem langen, meist grünen Tisch sitzen sich die *Spiegel*-Leute und die Machthaber im Kreml gegenüber) erschien auf der Titelseite am 2. November 1981 mit

Breschnew, am 25. April 1983 mit Andropow, am 24. Oktober 1988 mit Gorbatschow. Das Bild zeigte eigentlich nur die Übergabe der schriftlichen sowjetischen Antwort auf die schriftlichen Fragen der Zeitung. Immerhin hat der *Spiegel* nach und nach auf den furchtbaren Stil verzichtet, der gegen ungeliebte Politiker verwendet wurde – wie beim zukünftigen Bundespräsidenten, damals noch Präsident des Bundesverfassungsgerichts, am 24. Januar 1994: «... verkündet der schwergewichtige Niederbayer gemütlich grunzend, während er sich in den schwarzen Sitzpolstern seines Karlsruher Büros räkelt ... seine flapsige Erinnerung an die Karlsruher Penthouse-Wohnung ... der belesene Hobby-Historiker ... Roman Herzog faltet die Hände über dem fülligen Oberbauch.» Allerdings war im Juni 2010 der Stil der Kritik an Guido Westerwelle und an Bundespräsident Köhler auch nicht von Zimperlichkeit gekennzeichnet!

Ehrlich bin selbst ich nicht immer gewesen, nachdem ich 1953 in das Gründungsteam der Wochenzeitung *L'Express* aufgenommen wurde. In Anlehnung an die amerikanischen News waren die Artikel nicht unterschrieben, außer wenn sie von den beiden Mitbegründern stammten, Jean-Jacques Servan-Schreiber und Françoise Giroud, Letztere übrigens die größte Journalistin, der ich je begegnet bin. Warum ich nicht ehrlich war? Nun, ohne Paris zu verlassen, schrieb ich regelmäßig als *«de notre correspondant à Bonn»*. Später schrieb ich nur noch unregelmäßig – über deutsche und französische Politik. Im März 1979 und im November 1999 gab man mir die Verantwortung über vor allem Deutschland gewidmete Nummern. Die erste zeigte auf der Titelseite ein besonders hübsches deutsches Mädchen mit dem Satz «Ich bin nicht, was Sie glauben». Die zweite hieß *Peut-on faire aimer l'Allemagne?* – «Kann man Deutschland lieben lassen?» 1998 wurde ich Mitglied des Aufsichtsrats der Zeitung. Ich verließ diesen 2004 aus Protest gegen den Mangel an Israel-Kritik und an Verständnis für das Leiden der Palästinenser.

Bei *Ouest-France* bin ich seit 1973, mit seltenen Artikeln, die aber immer großgedruckt auf Seite 1 erscheinen. Eine Untersuchung zeigte, dass dies Anlass zur Bescheidenheit sein sollte, denn nur 15 Prozent der Abonnenten oder Käufer lesen diese Art Beiträge, während über 95 Prozent den Teil der Lokalseiten lesen, der ihre Gemeinde betrifft. *Ouest-France* ist nämlich die größte französische Zeitung, mit einer Auflage von im täglichen Durchschnitt 786000 Exemplaren (*Le Figaro* 331000, *Le Monde* 323000) im Jahre 2009. Sie hat eine Art Monopolstellung im Westen Frankreichs, das heißt auf beinahe einem Viertel des Territoriums. Die meisten Leser sind treue Abonnenten, deren Exemplare ihnen frühmorgens nach Hause geliefert werden. Wenn jemand am Zeitungsstand noch eine sogenannte nationale, das heißt Pariser Zeitung, dazu kaufen will, sagt er zum Beispiel: «Donnez-moi le journal et *Le Figaro*.» Es ist eben DIE Zeitung (übrigens viel billiger als die Pariser Blätter). *Ouest-France*, ziemlich christdemokratisch geprägt, übt auf seine Leserschaft einen doppelten, in meinen Augen positiven Einfluss aus. In keiner anderen Region findet man so wenige Le-Pen-Wähler und so viele Anhänger eines vereinten Europas. Die Seiten über Politik und Wirtschaft sind nicht sehr zahlreich, aber besser als die der meisten anderen französischen Provinzzeitungen, allerdings weniger gut und ausführlich als die soliden deutschen Zeitungen in Stuttgart, Hannover oder auch Konstanz und kleine, doch unabhängig überlebende Familienblätter in Kleinstädten. Die circa dreißig regionalen und lokalen Ausgaben erlauben es, das tägliche Leben gewissermaßen aufzusaugen. Vor Jahren fiel eine ähnliche Monopolzeitung *Sud-Ouest* wegen eines Streiks für mehrere Wochen aus. Nicht nur kamen weniger Leute zu den Hochzeiten und Beerdigungen. Die Kaufhäuser machten weniger Geschäfte, weil sie keine Werbung mehr machen konnten, die Kinos standen weitgehend leer, weil niemand die Programme kannte, und vor allem gab es Pannen bei den verschiedenen Clubs und Verbänden, die ihre Mitglieder nicht mehr erreichten. In diesem Sinne ist eine Zeitung wie *Ouest-France* immer noch sozusagen das Sprachrohr der Zivilgesellschaft.

Heute ist all dies natürlich anders. Ich gewöhne mich daran, von der Medienentwicklung völlig überholt worden zu sein. Nicht nur durch das Internet als solches. Was verstehe ich von der Kommunikation über *Facebook*? In den achtziger Jahren habe ich zusammen mit Peter Glotz eine Berliner Tagung über «Neue Medien» organisiert. Was bleibt von der damaligen Neuigkeit? Ich habe kein allzu schlechtes Gewissen, der Entwicklung ziemlich verständnislos gegenüberzustehen, seitdem ich gelesen habe, was man heute eine Generation nennen sollte. Ehemals waren es ungefähr dreißig Jahrgänge. Nun sind es nur noch drei oder vier. Der Achtzehnjährige weiß nicht richtig, wie man den neuen Apparat benutzt, mit dem der Vierzehnjährige problemlos umgeht!

Die Helfer in der Not

Eine solche Entwicklung macht jedoch den Begriff der Zivilgesellschaft nicht obsolet. Auch nicht den der Bürgergesellschaft. Das sagte ich auch in der Rede, die ich am 14. Mai 2009 zur Einweihung der Alfred-Grosser-Gastprofessur für Bürgergesellschaftsforschung an der Goethe-Universität Frankfurt/Main halten durfte. Die Wörter «Bürger» und «bürgerlich» haben dabei im Deutschen sehr unterschiedliche Bedeutungen. Das Bürgerliche Gesetzbuch und Lessings bürgerliche Trauerspiele, eine Bürgerinitiative und die bürgerliche Kultur, die Bürgerrechtsbewegung und das Großbürgertum, der Staatsbürger (wozu auch die Eingebürgerten zählen, aber nicht die eben nicht eingebürgerten «Mitbürger», wie man die «Gastarbeiter» schmeichelhaft bezeichnete): Wo in diesem Begriffsfeld befindet sich die Bürgergesellschaft? Jedenfalls nicht bei den Staatsbürgern, die Heinrich

Manns *Untertan* Diederich Heßling ähneln. Auch nicht bei den *petits bourgeois,* deren Geist oder Ungeist von so vielen Intellektuellen, bei Karl Marx angefangen, verachtet wird. Aber auch nicht nur bei Menschen, Gruppen und Einrichtungen, die außerhalb der staatlichen Institutionen wirken.

Für mich gehören schon alle *go-between*-Menschen dazu, die Mittler, die in ihrem öffentlichen Amt Bürgernähe schaffen. So zum Beispiel der Wehrbeauftragte des Deutschen Bundestags, die Träger der Inneren Führung bei der Bundeswehr, in Frankreich diejenigen, die die Funktion eines *Ombudsmannes* ausüben und deren Ämter 2010 vom Präsidenten in Frage gestellt werden. Es mag sich auch um Leute handeln, die als Bürger anderen Bürgern hilfreich zur Seite stehen, gerade weil es ihnen der Staat verfassungsgemäß erlaubt. Zeitungstitel: *Nur noch sechs Monate Zivildienst: Heime und Krankenhäuser warnen vor Personalnot.* Und dann: «Wer schiebt künftig Kranke, wer bringt sie zur Toilette? Drei Zivildienstleistende ersetzen eine Pflegestelle.» Dass diese jungen Leute sich nicht einfach vor dem Dienst mit der Waffe drücken wollen, zeigt die Aufgliederung ihrer Einsätze im Jahr 2007: Pflege, Betreuung 62,0 Prozent; Handwerk 14,6 Prozent; Krankentransport, Rettungswesen 3,4 Prozent; Umweltschutz 3,2 Prozent; Mobile Soziale Hilfsdienste 3,0 Prozent; Verwaltung 1,5 Prozent; Fahrdienst 1,3 Prozent; Spitzensport 0,1 Prozent. In Frankreich war, bis zur Abschaffung des Militärdienstes, die Lage der Verweigerer eine andere, weniger von Ethik durchdrungene. Wird das nun in Deutschland nach der Guttenberg-Reform mit den (bezahlten) Freiwilligen des Sozialdienstes ähnlich sein?

Bis 2005 gehörte auch das Deutsch-Französische Jugendwerk zur Bürgergesellschaft, da zwar die Jugendminister den Vorsitz über das Kuratorium führten, dieses aber mehrheitlich Mitglieder aus der «Zivilgesellschaft» umfasste. Nun ist es zur zwischenstaatlichen Einrichtung geworden, die bestimmt, welchen Teilen der Bürgergesellschaft Unterstützung gewährt werden soll. Obwohl sie Staatsbeamte sind, würde ich Lehrer und Professoren als Mitglieder der Bürgergesellschaft bezeichnen, insofern sie sich als solche fühlen und danach unterrichten. In Frankreich stand lange die *éducation civique,* die Erziehung zum Bürgersein, im Mittelpunkt des Lehrplans der Schulen. Heute, wie in Deutschland, geht es mehr um das Vermitteln von Wissen über die staatlichen Institutionen, über Geschichte und Wirtschaftsmechanismen, was natürlich ethische Überlegungen zulässt. Ja, der Lehrer hilft, den zukünftigen Bürger auszubilden. Aber was die 68er oft vergessen haben, ist eine Einsicht, die Josef Isensee 2004 formuliert hat: «In Wahrheit geht es um die Grundrechte der Schüler. Denn Amt ist Dienst, nicht Selbstverwirklichung. Diese Askese ist der Preis für die Teilhabe an der Staatsgewalt.»

Meine Unterstützung für die besonders Engagierten beschränkt sich oft auf das Schreiben von Vorworten zu ihren Büchern oder auf Beiträge zur Wertung ihrer Tätigkeit. Das eine jüngst geschehen zum Buch *Un regard sur l'école. Avec confiance malgré tout* (übersetzt: Ein Blick auf die Schule, mit Zuversicht trotz allem) von Michel Le Corno, Direktor eines katholischen Gymnasiums in der Bretagne, dessen verständnisvolles, schülernahes Wirken seit Jahren von mir bewundert wird. Das andere war mein Text *An Bedeutung nichts verloren*, ein Beitrag zu dem über Claus Leggewie herausgegebenen Band, der das 1993 verkündete *Manifest der 60* neu bewertete, in dem Professoren und andere Intellektuelle das deutsche Einwanderungsproblem behandelten. Hier galt und gilt meine Bewunderung dem Kollegen und Freund Klaus Bade. Er hat sich eben nicht damit begnügt, seine Studenten zu unterrichten und wissenschaftliche Arbeit zu leisten. Als Bürger hat er versucht, durch seine in den Medien dargestellten Analysen und durch seine Mitwirkung in Gremien die Gesellschaft zum Besseren zu verändern.

Man braucht nicht einer Organisation oder einer Einrichtung anzugehören, um als Mitglied der Bürgergesellschaft zu handeln.

Die Abertausende, die am 13. Februar 2010 den provokatorischen und entwürdigenden Einmarsch der Neonazis in ihre Stadt Dresden durch mutigen körperlichen Einsatz verhinderten, sie haben im Sinne der freiheitlich-demokratischen (bürgerlichen) Grundordnung gehandelt. Günter Wallraff wie Florence Aubenas sind zu Unrecht angegriffen worden, weil sie als Einzelgänger Aspekte der gefährdeten oder verletzten demokratischen Grundordnung aufgezeigt haben, unter ganz persönlichem Einsatz. Wallraff, indem er sich als Schwarzer ausgab, Florence Aubenas, einst von den Medien gerühmtes Opfer einer Geiselnahme, als arbeitssuchende Putzfrau. Ein halbes Jahr lang hat sie erfahren – und dann in einem erfolgreichen Buch erzählt –, wie man insbesondere vom Arbeitsamt behandelt wird. Anderthalb Stunden pro Tag, um die Schaufenster eines Luxusgeschäfts zu waschen, von 9 bis 14.30 und von 19.30 bis 22 Uhr in einem Betrieb mit Tafeldienst, Geschirrwäsche, Sauberhalten der Räume. Jede Anstellung unterbezahlt. Sie beschreibt das tägliche Schicksal all der Mädchen und Frauen, mit denen sie gemeinsam Schlange steht oder zur Arbeit geht. Ihre Leserinnen und Leser werden mit einer gesellschaftlichen Realität bekannt gemacht, von der sie kaum eine Ahnung haben. Die Mitglieder der Organisationen, die sich in Frankreich zum Beispiel um Zimmer für Farbige bemühen, können die Erfahrungen von Günter Wallraff nur bestätigen.

Hier handelt es sich um Einzelne. Inwiefern sind Vereine und Organisationen Teile nicht der Zivilgesellschaft – das sind sie per Natur –, sondern der Bürgergesellschaft? Die Frage sollte man für die Gewerkschaften gar nicht zu stellen brauchen. Helfen sie nicht ihren Mitgliedern, die Rechte und die Chancen zu erringen, die an sich jedem Bürger zukommen sollten? Von Anfang an, das heißt seit dem 19. Jahrhundert, besteht ein klarer Unterschied zwischen Deutschland und Frankreich. In Deutschland war die Sozialdemokratische Partei kämpferisch, die Gewerkschaften waren eher ein Fürsorgeverein; in Frankreich schirmte sich die harte CGT *(Confédération générale du travail)* 1906 durch die *Charte d'Amiens* gegen die Sozialistische Partei ab, die ihr zu parlamentarisch und zu wenig revolutionär war. Heute spielen die Juristinnen und Juristen der DGB-Rechtsschutz GmbH eine solche Helferrolle. In Frankreich hat keine Gewerkschaft die Repräsentativität des DGB. Niemand entspricht Michael Sommer, der im Mai 2010 zum dritten Mal auf vier Jahre mit 94 Prozent der Stimmen des Bundeskongresses als Vorsitzender gewählt wurde. Aber ist er stark genug, um die Interessen wirklich aller Arbeitnehmer zu vertreten? Kümmern sich nicht mächtige Verbände wie IG Metall oder ver.di mehr um ihre Kundschaft als um die Arbeitnehmer schlechthin – und, wie in Frankreich, mehr um die Lohnempfänger als um die Arbeitslosen ihrer Branche? Inwiefern handeln die Streikenden der Pariser öffentlichen Transportmittel als Bürger, wenn sie die arbeitenden kleinen Leute gewissermaßen zu Geiseln machen, nur um unklare Vorteile zu behalten oder um eine andere Gewerkschaft durch mehr *combativité* (Kampfgeist) zu übertreffen? Genau im entgegengesetzten Sinne bewundere ich in Frankreich seit langem Gewerkschaftsmitglieder, wenn sie sich im Betrieb mutig für die Rechte ihrer Kollegen einsetzen, die meist nicht «organisiert» sind. Theoretisch haben sie Garantien gegen eventuelle Sanktionen des Arbeitgebers. De facto werden sie überwacht, unter irgendeinem Vorwand entlassen und dann bei allen Betrieben der Branche als gefährlich denunziert.

Selbstverständlich entstehen in der Organisation Verkrustungen, entsteht Distanz zwischen Oben und Unten, aber bei vielen findet man ein echtes Bürgerengagement zugunsten der Schwächeren. In diesem Sinne bildet auch ein gemäßigter Gewerkschaftsverbund wie die CFDT (die sich bis 1964 selbst als christlich bezeichnete) ihre Aktivisten und Funktionäre aus. Es war für mich eine Ehre, manchmal an dieser Ausbildung teilnehmen zu dürfen.

Zur Bürgergesellschaft gehören ganz gewiss die vielen Stiftungen, die es in Deutschland und leider nicht in Frankreich gibt. Frankfurt und Hamburg können da Rekordzahlen aufweisen. Der meinen Namen tragende Lehrstuhl wird von der Stiftung Polytechnische Gesellschaft finanziert. Die Gesellschaft wurde 1816 von Frankfurter Bürgern gegründet, um Bildung, Wissenschaft, Kultur, Gewerbe sowie Verantwortung in der Stadtgesellschaft zu fördern. Heute wirkt die Stiftung auf denselben Grundlagen weiter. Woanders – in Berlin, in Hamburg, München, Stuttgart – habe ich feststellen können, wie sehr deutsche Stiftungen dem Gemeinwohl dienen, während in Frankreich Stiftungen meist mit vornehmen Kulturprodukten arbeiten und vor allem dem Ruhm der Stifter nützen sollen. Eine Besonderheit, auch in Deutschland, sind die Francke'schen Stiftungen zu Halle. Da ich als Germanist eine Habilitationsschrift über den deutschen Pietismus, zu dem Francke gehörte, vorbereitet hatte – davon war bereits die Rede –, bleibt Halle für mich ein Ort der Bewunderung und auch der Zusammenarbeit mit den weiterhin im Sinne von August Hermann Francke arbeitenden Stiftungen. Ich fühle mich geehrt, wenn sie mich in ihrem Programm als «guten Freund» aufführen.

Die Verbände und Vereine, denen ich am stärksten versuche zu helfen, sind diejenigen, die ohne Überheblichkeit oder Bevormundung den am meisten Vernachlässigten unserer Gesellschaften zur Seite stehen. Seine eigene Kindheit hatte Pater Joseph Wresinski in größter Armut verbracht. Das veranlasste ihn, sein Leben unter den Armen zu verbringen, zusammen mit *volontaires,* Freiwilligen, die mit ihm auch auf Dauer arm unter den Armen leben wollten. Auch eine entfernte Cousine von mir gehörte zu seinen Helfern; sie hat jahrzehntelang freiwillig in einer Slum-Gegend gewohnt und ihre vier Kinder mit den Kindern der Bevölkerung dieser Slums zur Schule geschickt. Zur Organisation *Aide à toute détresse* (Hilfe für jede Not), bald ATD/Quart Monde (Vierte Welt) genannt, gehörten auch *les alliés,* die Verbündeten, die von außen durch das Erteilen von Unterricht oder durch Interventionen bei Medien oder Behörden Beistand leisteten. Eine Zeitlang war ich einer von diesen «Verbündeten», allerdings mit einem für mich wesentlichen Streitpunkt mit *le père Joseph.* Für ihn war das Wichtigste die Ermutigung der Armen, ihre menschliche Würde zu bewahren oder wiederzuerlangen. Die Familie war in seinen Augen der beste gesellschaftliche Ort dafür. Also sollten die Kinder nie von den Eltern getrennt werden, so unwürdig und nicht selten alkoholisiert manche dieser Eltern auch lebten, von denen einige ihre Kinder sogar misshandelten.

Er blieb in unserer Diskussion von zwei Geschichten unberührt, die ich ihm erzählte. In einer Novelle von Maupassant, *Aux Champs*, weigert sich ein armes Bauernehepaar, ein Baby einem gutbürgerlichen Ehepaar anzuvertrauen, das es adoptieren möchte. Ein anderes Elternpaar willigt ein und erhält für sein Kind eine monatliche Rente. Zwanzig Jahre später kommt ein wohlerzogener, reich gekleideter Jüngling ins Dorf, umarmt Vater und Mutter und wird von allen, auch vom Bürgermeister, gerühmt. Der Gleichaltrige, der nicht «verkauft» worden war, verdammt seine Eltern und verschwindet noch in derselben Nacht in völliger Verzweiflung. Die andere Geschichte hatte ich selbst erlebt. Anfang der fünfziger Jahre begleitete ich den befreundeten Jugendrichter Jean Chazal, Vorbild aller späteren Jugendrichter, in eine Erziehungsanstalt bei Reims. Dort erzählte man uns von zwei Brüdern. Einer hatte gestohlen und kam ins Heim. Er wurde dort so gut «umerzogen», dass er Lehrer werden konnte. Der Bruder, der nicht gestohlen hatte, ist wie sein Vater sein Leben lang Lohnarbeiter bei Bauern gewesen. Ist für die Zukunft der Kinder wirklich der Verbleib in der Familie immer der beste Weg?

Von der katholischen Caritas (in Frankreich *Secours catholique*, in gutem Verhältnis zum von der kommunistischen Gewerkschaft gegründeten *Secours populaire*) und von der protestantischen Diakonie soll im letzten Kapitel noch die Rede sein. Nicht aber von den französischen Organisationen, die sich um Benachteiligte kümmern, wie dem GISTI (*Groupe d'information et de soutien des travailleurs immigrés* – Information und Unterstützung der immigrierten Arbeiter), der das T nicht mehr ausschreibt und ausspricht: Es geht um alle Immigranten! Kaum jemand kennt heute die Bedeutung des Kürzels CIMADE. Als *Comité intermouvements auprès des évacués* wurde die evangelische Hilfsorganisation vor dem Krieg gegründet, um den Bevölkerungen beizustehen, die wegen des Krieges durch Zwang oder freiwillig evakuiert wurden. Die CIMADE hat dann spanischen Republikanern und deutschen Hitlerverfolgten beigestanden, Zugang zu den Lagern erhalten, in denen die Flüchtlinge in Frankreich «untergebracht» worden waren, hat Juden versteckt, hat später der vom Krieg betroffenen algerischen Bevölkerung geholfen. 2010 hat sie, als zu unbequem, das Monopol des Zugangs zu den *Centres de rétention administrative* (einer Gewahrsamseinrichtung für «Ausreisepflichtige») verloren, weil sie die von Ausweisung Bedrohten über ihre Rechte aufklärte, ihnen Telefongespräche erlaubte, sich mit Anwälten in Verbindung setzte, die Öffentlichkeit über die Lebensbedingungen der betroffenen Menschen aufklärte und sich anderer ähnlicher «Verbrechen» schuldig gemacht hatte. (Sie heißen übrigens *Centres de rétention*, um nicht das krassere Wort *détention* – Haft – zu gebrauchen. In Deutschland ist die Bezeichnung noch heuchlerischer, aber die Wirklichkeit weniger gesetzlos: Gewahrsam ...)

Nicht nur *Amnesty International*, auch die ACAT (*Action des chrétiens pour l'abolition de la torture* – Christlicher Verein zur Abschaffung der Folter) kämpft gegen Folter und Todesstrafe. Mancher meiner Studenten arbeitete in einer Vereinigung mit, die Unterrichtsangebote in Gefängnissen organisierte. Persönlich habe ich nur einmal in einer Strafanstalt über Gesellschaft und Politik gesprochen und mit Häftlingen diskutiert. Meist begnüge ich mich damit, mit etwas Geld Helfer der Helfer zu sein, wobei dann immer wieder die Frage entsteht, ob der Helfer der Helfer

Die Familie Grosser in Frankfurt kurz vor der Emigration

Meine Mutter, 1918

Habilitationsurkunde meines Vaters

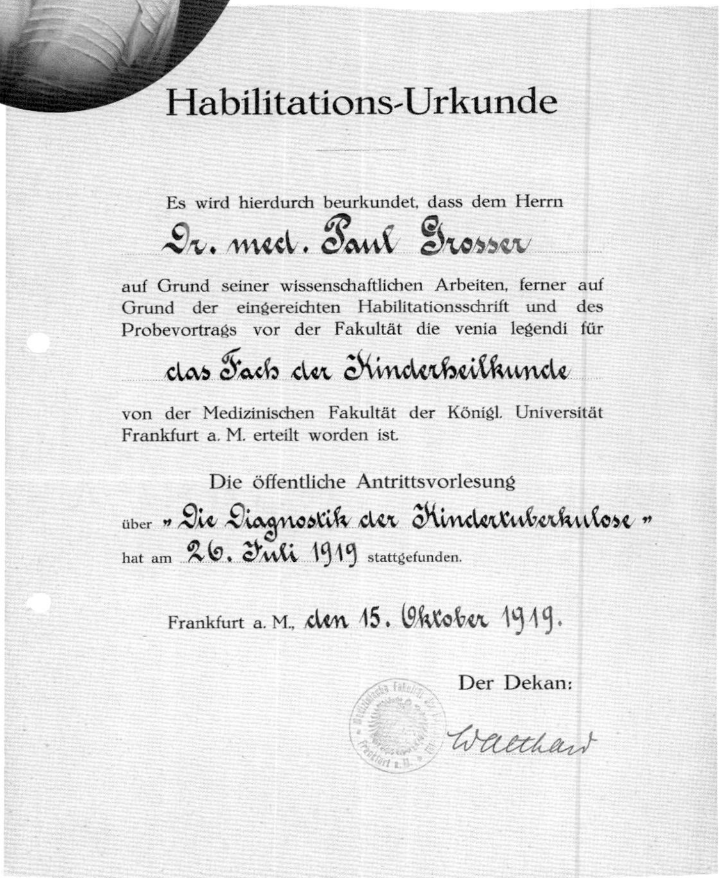

Habilitations-Urkunde

Es wird hierdurch beurkundet, dass dem Herrn

Dr. med. Paul Grosser

auf Grund seiner wissenschaftlichen Arbeiten, ferner auf Grund der eingereichten Habilitationsschrift und des Probevortrags vor der Fakultät die venia legendi für

das Fach der Kinderheilkunde

von der Medizinischen Fakultät der Königl. Universität Frankfurt a. M. erteilt worden ist.

Die öffentliche Antrittsvorlesung

über „Die Diagnostik der Kindertuberkulose"

hat am 26. Juli 1919 stattgefunden.

Frankfurt a. M., den 15. Oktober 1919.

Der Dekan:

Walthard

Meine Eltern, meine Schwester
Margarete und ich beim
Sonntagsspaziergang in
Frankfurt

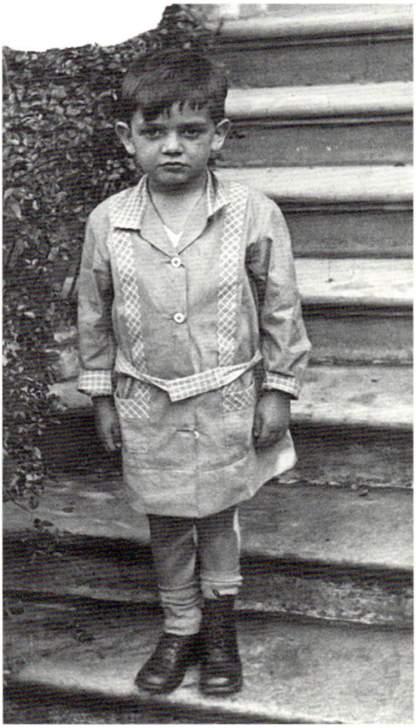

Frankfurt,
Mendelssohnstraße 92,
vor den Treppen
des Elternhauses, ca. 1931

Mit Schwester und Mutter im Garten des Kinderheims St.-Germain-en-Laye, ca. 1939

AT FRANÇAIS n° 293 -

CARTE D'IDENTITÉ

Nom : GROSSER

Prénoms : Alfred

Profession : Etudiant

Né le : 1er Février 1925

à Vendôme

Département : Loir et Cher

Nationalité : Française

Domicile 5 Avenue de la Gare

Callian Var

15 FRANCS

Gefälschter Personalausweis, 1943. Angeblicher Geburtsort: Vendôme. Das dortige Rathaus war 1940 abgebrannt, daher waren Personaldaten nicht mehr überprüfbar.

Marseille 1944 im Hof der École Saint-Joseph, rechts ein Ordensbruder *(frère assomptionniste)*

Ausweis als Pressezensor in Marseille, Januar 1945.
Das Dokument verschaffte mir Zutritt zur Offiziersmesse.

Oben: Vorsitz bei der ersten deutsch-französischen Journalistentagung in Speyer, Frühjahr 1948
Unten: NATO-Treffen in Princeton 1957, mit dem SPD-Verteidigungsexperten Fritz Erler (links), J. Robert Oppenheimer, dem reuigen Miterfinder der Atombombe

9. Juli 1959: Alfred Grosser und Anne-Marie (Annie) Jourcin auf dem Weg zum Standesamt

Bei einem meiner Auftritte in Werner Höfers «Internationalem Frühschoppen», 1955

Oben: Ein Porträt des berühmten Fotografen Henri Cartier-Bresson, aufgenommen in meinem Arbeitszimmer 1964
Unten: Bei einem meiner geliebten Auftritte als Gastredner

Meine Mutter Lily Grosser im Krankenhaus von St.-Germain kurz vor ihrem Tod, September 1968

Oben: Friedenspreis des Deutschen Buchhandels, 1975. Der Preisträger und seine Frau in einer französischen Ecke, die zugleich dem Jahr der Frau gewidmet war
Unten: Ausgezeichnet als «Schärfste Klinge 1987» in Solingen, mit dem Oberbürgermeister Gerd Kaimer, dem ehemaligen Bundespräsidenten Walter Scheel und dem amtierenden Präsidenten Richard von Weizsäcker

Oben: Mit Carl Friedrich von Weizsäcker, 1984
Unten: Börne-Rede in Frankfurt, 1986, mit Oberbürgermeister Walter Wallmann

Festredner beim Kongress der ARD-Werbeträger, Alte Oper Frankfurt 1990

Oben: Mit Hans Küng bei einer Bertelsmann-Begegnung, Gütersloh 1989
Unten: Mit Daniel Cohn-Bendit, Paris 1992

Oben: Einweihung einer Gedenktafel im Clementinen-Hospital in Frankfurt, dessen Direktor mein Vater bis 1933 gewesen ist. Mit Oberbürgermeisterin Petra Roth und Ignatz Bubis, 1998
Unten: Mir immer besonders wichtig: nach Vortrag und Diskussion gehen die Gespräche weiter – oft der beste Moment eines Abends.

Oben: Ich halte die letzte Rede vom Rednerpult des Bundestags in Bonn, auf Einladung von Bundestagspräsident Wolfgang Thierse, 1. Juli 1999.
Unten: Anne-Marie und Alfred, 1999 – nach vierzig Jahren glücklicher Ehe

Oben: Mit unseren vier Söhnen (v. l. n. r.): Marc (geboren 1968), Paul (1969), Jean (1960) und Pierre (1963)
Unten: Mit unseren fünf Enkelkindern (v. l. n. r.): vorn Mathilde, Juliette, Isadora, hinten stehend Thomas und Constantin

eigentlich selbst überhaupt ein Helfer ist. Allerdings wird man ja nicht notwendigerweise gebraucht. Ich war einige Jahre lang Mitglied eines Wissenschaftlichen Beirats von *Médecins sans frontières*. Was sollten wir denn Männern und Frauen raten, die sehr gut wussten, welche Probleme sie zu bewältigen hatten? Die insbesondere um die Spannung wussten zwischen der notwendigen konkreten Hilfe für die Bevölkerung von mörderischen Regimen (was nicht ohne Kompromisse mit den Regierungen ging) und der Treue zu den moralischen Prinzipien und zur Kompromisslosigkeit (was zur Ausweisung und somit zum Ende der Hilfe zu führen drohte)?

Selbstverständlich widmen sich nicht alle eingetragenen Vereine, nicht alle *Associations loi de 1901* (dem Gesetz, das die völlige Freiheit der Gründung von Vereinen und Verbänden verkündete), der Unterstützung Benachteiligter. Sie sind alle Teil der Zivilgesellschaft, ob es ums Kegeln oder ums Segeln geht. Ich weigere mich jedoch, die «Schlachtenbummler» des Fußballs als Mitglieder der Bürgergesellschaft zu bezeichnen. Auch mache ich einen Unterschied zwischen den Ruderern (dem schönsten, weil fast alle Muskeln beanspruchenden Sport) und ihren sich meist selbst aufopfernden Trainern und Clubverwaltern einerseits und den grölenden Bewunderern von zu hoch bezahlten Fußballstars andererseits. Die Doping-Skandale bei der *Tour de France* haben mich jedoch persönlich nie der Freude beraubt, mich noch in reifem Alter beim Fahrradfahren schwitzend anzustrengen …

KAPITEL 4

Meine Kulturwelten

Es lebe der gute Sport

Die Anstrengung beim Sport gehört zu den Lebensfreuden, vorausgesetzt, man treibt es nicht bis zur Selbstquälerei. Im Alter von zwölf Jahren habe ich mit Fußball angefangen. Da ich für mein Alter ziemlich groß war, wurde ich als Verteidiger eingesetzt. Also hatte ich nie Gelegenheit, selber Tore zu schießen, und wurde beschimpft, wenn ich den Stürmer nicht aufgehalten hatte. Deswegen bin ich zum Basketball übergegangen, ein Sport, bei dem man zwar verteidigen muss, aber wo auch alle Spieler Punkte sammeln dürfen. Dem Fußball bin ich nur als Stadionbesucher und Zeitungsleser, dann als Fernsehzuschauer treu geblieben.

Ende der fünfziger Jahre staunte ein etwas älterer Kollege darüber, dass ich 1936 die Volksfrontregierung nicht politisch bewusst miterlebt hatte. Ich antwortete, für mich sei es das Jahr gewesen, in dem der Pariser Club Racing Meisterschaft und Pokal gewonnen hatte. Ich bewunderte damals den Torhüter Rudi Hiden, nicht weil er aus Österreich stammte, sondern weil er so tolle Hechtsprünge machte, und den Verteidiger Raoul Diagne, nicht weil er der Sohn eines Abgeordneten aus Senegal war, sondern weil er eine besonders elegante Art hatte, einem Stürmer den Ball von den Füßen wegzuspitzeln. Vor dem Krieg war ich mehrmals im Olympia-Stadion von Colombes gewesen, ohne dass ich so weit gehen würde wie Albert Camus, der nicht nur ein guter Torwart war, sondern auch sagte, nur als Zuschauer eines Fußballspiels fühle er sich als mit empfindender, mit hingerissener Teil einer Menge. Nach dem Krieg galt meine Bewunderung großen Spielern wie dem Holländer Cruyff, dem Spanier Di Stéfano, dem Franzosen Kopa, dem Deutschen Beckenbauer. Ganz besonders jedoch den Ungarn wie Puskás, die 1956 fliehen mussten – und in Frankreich nicht aufgenommen wurden, weil die Kommunisten Druck ausübten und sich skandalöserweise auf die Verfassung beriefen: Asyl dürfe nur Menschen gewährt werden, die sich für die Freiheit eingesetzt hätten – und in Budapest sei ja die Rote Armee «befreiend» einmarschiert! So gingen die besten Ungarn nach Spanien zu Real Madrid oder zum FC Barcelona …

Ein schönes Erlebnis war viel später auch die Freude in Deutschland bei der Weltmeisterschaft 2006 auf deutschem Boden, eine Freude, die noch anhielt, als *la Mannschaft* (wie es heute auf Französisch heißt) geschlagen worden war. Ebenso 2010, als die Mannschaft «nur» Dritter wurde. Mit schönem, jugendfrischem, nach vorne drängendem Stil. Wie war doch das Spiel um Platz 3, Uruguay–Deutschland, in jeder Hinsicht dem schlimmen Endspiel Spanien–Holland überlegen!

Mein anderer Sport (ja, es ist ein echter Sport!) war Tischtennis. Sehr weit habe ich es nicht gebracht. An der Côte d'Azur gab es, bevor die Deutschen einmarschierten, ein Turnier zwischen Nizza, Cannes, Sainte-Maxime und Saint-Raphaël, wo ich wohnte. Die Frankreich-Meister aus Nizza machten manchmal Fehler, sodass ich gegen sie immerhin bis zu 5 gegen 21 Punkte erzielte! Aber 1945 wurde ich Vizemeister der Universität Aix-en-Provence, was mir eine Gratisreise nach Paris (wo ich seit Juni 1940 nicht gewesen war) einbrachte. Bei der nationalen Studentenmeisterschaft schied ich dann in der ersten Runde aus.

Gut bin ich beim echten Tennis nie gewesen. Nur einmal hat es für mich eine direkte Einwirkung gehabt. Als ich 1964/65 an der Uni Stanford (Kalifornien) als *Visiting professor for modern European history* unterrichtete, zog ich in unser Haus in Palo Alto mit dem festen Willen ein, an der berühmten Hoover Library intensiv für mein nächstes Buch zu arbeiten. Aber zwischen Palo Alto und dem Hoover Tower lagen die Tennis-Courts. Sobald es regnet, sagte ich mir. Doch es hat so gut wie nie geregnet ...

Vor, während und nach dem Krieg saß ich so oft es ging auf dem Fahrrad. Ohne Vergnügen im Juni 1940 auf der Flucht vor den Deutschen. Auch nicht, um an Rennen teilzunehmen, sondern um in schöner Einsamkeit Landschaften zu erkunden und meine Fähigkeit zum Klettern zu testen – sie ist nicht sehr hoch ... In Saint-Raphaël und bei Saint-Germain erinnerten sich später Leute daran, dass ich oft am Straßenrand bei meinem Fahrrad stand, eine Zeitung in der linken Hand, Obst in der anderen. Damals und bis zur Begegnung mit meiner zukünftigen Frau sagte ich stets, ich bräuchte zu meiner Lebensfreude Musik, Kinder (der anderen, um mit ihnen zu spielen) und Obst. Von Saint-Raphaël bis Toulon sind es hundert Kilometer. Öfter fuhr ich an einem Tag hin und zurück oder über das Esterel-Gebirge von Saint-Raphaël nach Nizza (70 Kilometer) und zurück. (Gelenkig hat mich das nicht gemacht. Jahre später, in einem netten Pariser Turnclub, stellte der Trainer von Zeit zu Zeit die Frage: «Comment sont les ischio-jambiers de Monsieur Grosser?» Wie sind die Beinmuskeln von Monsieur Grosser? Und der Saal antwortete im launigen Ton: «Pas tendus!» Nicht gestreckt!)

Später habe ich mich mit viel weniger begnügt, bis ich wirklich zu alt war, um beim Radfahren noch die geringste schwitzende Freude zu empfinden. So bin ich zum Dauerlauf – sorry, zum Jogging! – übergegangen, dann zum einfachen Laufen, was nun auch schon *walking* genannt wird. In den Wäldern um Paris, in der Bretagne oder, zusammen mit meiner Frau, in der Schweiz, wo, im Gegensatz zu den französischen Wintersportstationen, alles für den Fußgänger getan wird, mit einer besonders guten rosaroten Ausschilderung im Winter. Bei der Anstrengung auf dem Fahrrad dachte ich an gar nichts. Beim Laufen funktioniert mein Intellekt recht gut. Die planenden Skizzen fast aller meiner Bücher sind beim Mit-raschem-Schritt-Laufen entstanden.

Die vier Söhne haben mit oder aus ihrem Körper einiges gemacht. Der Älteste in der Leichtathletik – 800- und 1500-Meter-Lauf. Der Jüngste, der heutige Jura-Professor, lief 400 Meter und viele Staffelrennen. Der Zweite, heute Geschichtsprofessor, hat in den Augen seiner Eltern viel Zeit vergeudet: Zwölf Stunden pro Woche war er im Schwimmbecken. Leider beim Brustschwimmen: Wir haben nicht rechtzeitig erkannt, wie Halswirbel und Knie dabei zu leiden hatten. Der Dritte war als kleines Kind schwächlich, mit wenig Muskeln und einer ungeraden Wirbelsäule. Jahrelang zweimal in der Woche zu einem wunderbaren, hochpädagogischen Kinesiotherapeuten, einem Heilgymnasten (er ist immer mit Freude zu ihm gegangen) – und er wurde zum stattlichen, selbstbewussten Jüngling. Heute ist er Direktor für Sozialpolitik bei der Weltfirma Danone.

Der Sport hat mich stets weiterhin interessiert, und sei es nur durch das beinahe tägliche Lesen unserer Sportzeitung *L'Équipe*. Es gibt in Deutschland keine ähnliche Tageszeitung. Sie hat Schwächen (zu viel Fußball, zu große Unaufrichtigkeit über die immer mehr von Doping belastete *Tour de France,* viel zu wenig über Schul- und Universitätssport), aber sie ist, im Vergleich mit Sportzeitungen anderer Länder, weniger national selbstbezogen. Ich hatte lange gute Beziehungen zur Redaktion. Als ich einmal für Radio Luxemburg einen Tag lang den Chefredakteur spielen durfte, sollte ich zwei Journalisten als Diskutanten auswählen. Ich nahm einen von mir bewunderten Musikkritiker und den stellvertretenden Chefredakteur von *L'Équipe.*

Ernster war die Erfahrung, die ich nach meiner Rede über die Ethik des Sportes vor dem Verwaltungsrat des Deutschen Olympischen Komitees gemacht habe. Ein Mitglied – eine ehemalige Schwimmerin – nahm mich beiseite und erzählte. Sie war in die DDR geschickt worden, um die Trainingsmethoden der dortigen

Schwimmerinnen kennenzulernen. Vieles wurde ihr vorenthalten, aber schon das, was sie sehen konnte, brachte sie dazu, nach ihrer Heimkehr der Leitung des Schwimmverbands zu sagen, man solle mit denen keine gemeinsamen Wettbewerbe mehr veranstalten, sondern deren Doping- und Überforderungsmethoden brandmarken. Nichts dergleichen geschah, sondern man versuchte im Westen ähnliche Methoden anzuwenden, um der Konkurrenz standzuhalten. Allerdings nicht die allerschlimmsten. Für mich bleibt bis heute das Negativste an der «versöhnenden» Wiedervereinigung das Wiedereinstellen von Trainern, die Mädchen dazu verleitet hatten, schwanger zu werden, was die Leistung stärken sollte, und sie dann zur Abtreibung zwangen. Oder auch Doping-Stoffe verwendeten, die Frauen für den Rest ihres Lebens schwere gesundheitliche Schäden zufügten.

Die Körperkultur gehört gewiss auch zur Kultur, aber nicht notwendigerweise zum Streben nach Schönheit. Bei einem Spaziergang um den Berliner Wannsee stieß ich auf eine Gruppe von Männern mittleren Alters, die ihre nackten Körper leicht trainierten. Wie unwiderruflich hässlich waren sie! Ich erinnerte mich an eine Geschichte von der Côte d'Azur. Ein katholischer Prediger sprach sich gegen die vielen entkleideten Körper am Strand aus. Es sei keine Sünde des Fleisches, sondern eine Sünde des Hochmuts: Jeder oder jede glaubte, sein oder ihr Körper sei es wert, gezeigt zu werden!

Gebildete und Eingebildete

Was ist nun Kultur schlechthin? Im Januar 1984 veröffentlichte der *Stern* eine ausführliche Umfrage des Allensbacher Instituts. Zwei Fragen haben mich in ihrem Zusammenhang auf Dauer beeindruckt. «Was gehört nach Ihrer Meinung unbedingt zur Kultur?» Antwort: Goethe 84,5 Prozent, Mozart 80,2 Prozent,

Fernsehen und Video 10,6 Prozent. – «Was machen Sie am liebsten in Ihrer Freizeit?» Fernsehen 66,9 Prozent. Nach Goethe und Mozart wird nicht weiter gefragt. Daher meine unseriöse Definition der Kultur: etwas, dessen Gebrauch man anderen anvertraut!

Goethe und Mozart gehören dazu, gewiss. Aber nur Goethe und Mozart? Seit 1968 die französische Übersetzung des italienischen Buches *Lettre à une maîtresse d'école par les élèves de l'école de Barbiana* (deutsch: *Die Schülerschule von Barbiana. Brief über die Lust am Lernen*, Wagenbach 1970) erschien, beziehe ich mich gern auf dessen Inhalt. Die Kinder sagen ihrer Lehrerin, sie werfe ihnen vor, nicht kultiviert zu sein, weil sie nicht wüssten, ob Minerva die Tochter oder die Mutter Jupiters sei. Aber die Lehrerin wisse nichts von dem Arbeitsvertrag, der die Väter der Schüler an die nahe Fabrik bindet. Also sei sie auch unkultiviert. Genau diese Auffassung haben wir stets in unserer deutsch-französischen Kulturarbeit der Nachkriegszeit vertreten. Das Nachbarland kennen heißt nicht nur, von seiner Literatur und Musik zu wissen, sondern auch von seiner Gesellschaft, seiner Wirtschaft, seinen im Allgemeinen nicht als der Kultur zugehörig betrachteten Realitäten. Dies aus mindestens zwei Gründen. Die Kultur der schönen Künste hat noch nie Kriege verhindert. An der Jahrhundertwende 1900 war die Wagner-Begeisterung in Frankreich noch größer als in Deutschland. Von 1914 bis 1918 haben sich dann die französischen und deutschen Wagnerianer gegenseitig fröhlich totgeschossen. Der andere Grund ist auch im Barbiana-Buch beschrieben. Eine Untersuchung in einer Nachbargemeinde hatte gezeigt, dass die Sitzenbleiber nach ihrer sozialen Herkunft einzuteilen waren. «Als die Lehrer diese Tabelle sahen, sagten sie, sie fühlten sich in ihrer Ehre als unparteiische Prüfer beleidigt. Die Lehrerin, die am schärfsten protestierte, sagte, sie hätte nie versucht, etwas über die Familien ihrer Schüler zu erfahren. ‹Wenn eine Arbeit eine Fünf verdient, schreibe ich eine Fünf darunter.›

Die Arme begriff nicht, dass man ihr genau das vorwarf, denn nichts ist ungerechter, als Ungleiche gleich zu behandeln.» Die Lehrerinnen und Lehrer haben sich seitdem sehr verändert, aber ich erzählte diese Geschichte bei einer Elternversammlung, die ich als Vorsitzender des Elternvereins der benachbarten Grundschule einberufen hatte. Ich hatte einen Schulpsychologen eingeladen. Eine ziemlich vornehme Mutter fragte, nach welchen Kriterien er die Kinder beurteile. Das könne er nicht so einfach beantworten. «Wenn Ihr Sohn mittelmäßige Resultate vorweist und der Sohn Ihres spanischen Dienstmädchens» – sie sah so aus und sprach so, als habe sie eins – «ähnliche, so beweist das, dass dieser Junge mehr Talent hat als Ihr Sohn.» Hat sich seitdem wirklich viel verändert? Im Juni 2010 wird nach einem deutschen nationalen Bildungstest bekannt, dass Akademikerkinder fünfmal höhere Chancen haben als Arbeiterkinder, aufs Gymnasium zu kommen.

Andere Tests sollten beweisen, dass Anwärter auf die deutsche Staatsangehörigkeit eine ausreichende Bildung hatten. Dabei bestätigten die Beamten, die die Fragen zusammenstellten, die Richtigkeit einer meiner Lieblingsformulierungen: «Die Gebildeten sind oft nur die Eingebildeten.» Sollte man wirklich nur Deutscher werden dürfen, wenn man im hessischen Fragebogen Antwort geben konnte auf Fragen wie die folgenden? «Was verstehen Sie unter dem Begriff ‹Reformation› und wer hat sie eingeleitet?» – «Nennen Sie drei deutsche Philosophen!» – «Der deutsche Maler Caspar David Friedrich malte auf einem seiner bekanntesten Bilder eine Landschaft auf der Ostseeinsel Rügen. Welches Motiv zeigt dieses Bild?» – «In Kassel findet alle fünf Jahre eine der bedeutendsten Ausstellungen moderner und zeitgenössischer Kunst statt. Welchen Namen trägt diese Ausstellung?» – «Welcher deutsche Physiker hat mit seiner Entdeckung im Jahre 1895 die medizinische Diagnose bis zum heutigen Tag revolutioniert?» Natürlich kennt jeder deutsche Trambahnschaffner die richtigen Antworten!

Allerdings kann es jedem passieren, sich auf die eigene Bildung zu Unrecht etwas einzubilden. Sogar mir. Mit einem belgischen hochkultivierten Freund fuhr ich im Taxi die Champs-Élysées hinunter und erzählte ihm, dass bei einem Test, den ich meinen Studenten auferlegt hatte, die meisten nicht wussten, welche Museen gegenüber den Champs-Élysées an der Place de la Concorde stehen. Der Chauffeur drehte sich um und sagte: «Darf ich Ihnen einige Fragen über die Geschichte der Pariser Monumente stellen?» Es folgten genau gezielte und berechtigte Fragen, die wir nicht zu beantworten wussten. «Aber ich bin ja Belgier», sagte mein Freund. «Lasst uns also über Brüssel sprechen.» Wieder gute Fragen – die den Freund jedoch überforderten. Mit einiger Beklommenheit stiegen wir an der Place de la Concorde aus, um das Musée de l'Orangerie und das Musée du Jeu de Paume zu besichtigen. Woher der Chauffeur seine Bildung hatte, konnten wir nicht erfahren. Vielleicht lag es daran, dass die Pariser Taxis nicht wie in Deutschland von Studenten gefahren werden dürfen.

Ist man gebildet, wenn man ständig Vergleiche zieht? In seinem humorvollen kleinen Buch über England *How to be an Alien* stellt der ehemalige Ungar George Mikes einen Franzosen und einen Engländer einer schönen gemalten Abendlandschaft gegenüber. Der Franzose sagt sofort zu seiner Frau oder Freundin: «Ich fühle mich an jene Landschaft von Vermeer erinnert, und der Mond ist so, wie ihn Victor Hugo beschreibt in seinem Gedicht ...» usw., usw. Der Engländer schweigt eine Viertelstunde und sagt: «How nice, isn't it?» Der Franzose ist dabei ein eingebildeter Gebildeter, während der Engländer vielleicht seine Bildung aus Bescheidenheit verschweigt.

Dass sie kultiviert sind, beweisen in Deutschland die Musik-, Theater- und auch Literaturkritiker, indem sie in langen Sätzen mit seltenen oder erfundenen Wörtern die Bewunderung und somit die Zustimmung des sich unwissend fühlenden Lesers erwirken wollen. In Frankreich benutzt man auch nicht selten die

Fachsprache der Soziologie oder der Psychoanalyse, aber fast alle Kritiker möchten ihre Anhänglichkeit an die französische Sprache unter Beweis stellen. Die Würdigung der Sprache ist in den letzten Jahren etwas zurückgegangen, aber viele vermissen die Diktate des Fernsehmannes Bernard Pivot. Hunderttausende – darunter Politiker und hohe Beamte – ließen sich schwierige Texte mit grammatikalischen Fallen diktieren und schämten sich nicht, Fehler bei seltenen Wörtern oder ungewöhnlichen Satzbildungen zuzugeben. Würde in Deutschland, dem Land der oft absurden Rechtschreibreform, ein Büchlein wie *La grammaire est une chanson douce* (Die Grammatik ist ein zartes Lied) einen so großen Erfolg haben, mit über 300000 Exemplaren, dann noch über 200000 Mal als Taschenbuch? Der Autor war Erik Orsenna, bald jüngstes Mitglied der *Académie française* (Pseudonym von Erik Arnoult, Mitarbeiter und Ghostwriter von Staatspräsident François Mitterrand). Auch die folgenden lustig geschriebenen Büchlein über grammatikalische Formen fanden viele Leser. Vielleicht weil so viele Franzosen selber gerne gut schreiben oder schreiben möchten. Im deutschen *Who's who?* ließ Konrad Adenauer die endlose Liste seiner Doktortitel honoris causa erscheinen. Charles de Gaulle wollte keine Rubrik *distinctions,* aber die Rubrik «Werke» begann mit *Une mauvaise rencontre. Pièce en vers. 1906,* einem Stück, das er mit sechzehn Jahren als eine Art Nachahmung von Schillers *Räuber* geschrieben hatte. Beim Abitur 2010 gab es einen harten Streit, weil das Erziehungsministerium de Gaulles *Mémoires de guerre* in die Liste der literarischen Werke aufgenommen hatte, über die man geprüft werden darf. War das nicht politische und historische Beeinflussung? Über den sprachlichen Wert von de Gaulles Erinnerungen wurde nicht diskutiert. Dass sie auf derselben hohen Ebene standen wie die Memoiren des Literatur-Nobelpreisträgers Winston Churchill, schien selbstverständlich.

Werden Bücher wirklich immer weniger gelesen? Und wird

nicht die Sprache der Jugendlichen durch die ständige Benutzung der SMS-Kurznachrichten in der Substanz zerstört? Ich will es nicht glauben, obwohl die Sprache der in Alexandrinern schreibenden Klassiker von den neuen Generationen kaum noch wahrgenommen, kaum noch verstanden wird. Zur Präsidentschaftswahl 1974 hatten drei kultivierte Witzbolde, darunter Bernard Kouchner, das Theaterstück *Les Voraces* (Die Gierigen) veröffentlicht, eine Tragödie in fünf Aufzügen, in der Ausstattung der kleinen klassischen Ausgaben, mit Fußnoten und Themen für Abhandlungen. Es zeigte den Wahlkampf bis zum Sieg von Mitterrand über Giscard d'Estaing, mit manchen anderen politischen Figuren, die sich alle in schönen Alexandrinern ausdrückten. Der Erfolg war so groß, dass ein Regisseur das Stück auch erfolgreich auf die Bühne brachte. Heute würde die feine Ironie des Textes von zu wenigen Leuten verstanden werden, um ein ähnliches Werk für die Wahl von 2012 vorzubereiten.

Dabei glaube ich doch nicht, dass Google und Wikipedia die Bibliotheken nutzlos gemacht haben. Um nur ein gegenteiliges Beispiel zu nehmen: Die Geldgeber der einmaligen, wunderbaren Frankreich-Bibliothek des Ludwigsburger Deutsch-Französischen Instituts monierten, die Zahl der Leser, die nach Ludwigsburg kommen, sei viel zu begrenzt. Nun, da alles per Internet abgerufen werden kann, loben sie die weltweite Wirkung der Institution. Im Oktober 1980 hielt ich die Festrede zur Eröffnung der neuen Bonner Zentralbibliothek. Eigentlich habe ich nichts von dem zurückzunehmen, was ich damals zum Thema *Haben Bibliotheken politische Aufgaben?* gesagt habe. Leider hat sich in der Gesellschaft wenig verändert, und zum Beispiel die deutschen Germanisten haben immer noch nicht begriffen, dass eine Geschichte der deutschen Arbeiterbewegung etwas mit Germanistik zu tun hat. Eines meiner Hauptthemen war das Problem der Auswahl, wo doch der begrenzte Haushalt und der begrenzte Platz nicht erlaubten, alle möglichen Bücher zu kaufen. Bis wohin geht das Recht, zum Hass aufrufende Werke abzulehnen? Wann beginnt die Bevormundung des Lesers? Solche Fragen sind heute umso wichtiger, als sie immer mehr intolerante Länder betreffen. Die schönste Bibliothek, die ich je gesehen habe, ist die neue Bibliothek von Alexandria. Als ich sie besuchte, enthielt sie noch wenige Bücher. Inwieweit lässt die ägyptische Regierung den Bibliothekaren das Recht, die zukünftige Belegung der Regale frei zu bestimmen?

Solche Fragen werden in Frankreich nicht oft gestellt, weil das intellektuelle Milieu viel zu sehr mit sich selbst beschäftigt ist. Leider entwickelt sich Berlin, als würde es ein neues Paris werden. Hamburg, Frankfurt, Stuttgart, München, Köln, Leipzig: Deutschland kannte nicht die Gefahr, dass die Hauptstadt ein Monopol des geistigen Lebens beansprucht, dass kein wichtiger Verleger woanders angesiedelt ist, dass man als *provincial* von oben herab behandelt wird. Ob von Norden oder Süden, von Osten oder Westen – *on monte à Paris* (man steigt nach Paris auf). Und Paris treibt ununterbrochen Inzucht.

Im großen Werk von Romain Rolland *Johann Christophe* heißt ein Teil *La foire sur la place* (Der Jahrmarkt auf dem Platz). Seit dem Beginn des 20. Jahrhunderts hat sich wenig verändert – außer dass der Antisemitismus, der doch den Band färbt, im intellektuellen Milieu verschwunden ist. (Randbemerkung, die hier eigentlich nicht stehen sollte: Da der sympathische Held des Romans die Musik von Johannes Brahms hasst, habe ich lange gebraucht, um Brahms lieben zu lernen!) Das Pariser Milieu kennt Diktatoren. Zum Beispiel die beiden B's … Pierre Bourdieu hat lange die Soziologie beherrscht, und *Le Monde* umgab Rezensionen von Bourdieu-Gegnern mit Huldigungen des großen Mannes. Pierre Boulez hatte und hat noch ebenso viel Macht, auch finanzielle, wie Lully am Hofe Ludwig des Vierzehnten. (Mit zwei Unterschieden: Lully hat viel Musik geschrieben, und der Herrscher liebte wirklich seine Musik.) Als Hugues Gall nach neun schönen, schöpferischen Jahren die Leitung der Pariser Oper abgab, fragte ihn die *Süddeutsche Zeitung*, was er sich wünschen würde. In seiner Antwort lautete einer seiner Wünsche: «Dass das französische Musikleben entspannter vonstattengeht. Seit drei Jahrzehnten haben wir den Druck einer Gruppe von Leuten, die die anderen nicht atmen lassen. Ich meine die Bewegung um unseren Freund Pierre Boulez. Er und seine Verbündeten haben viel Wichtiges beigesteuert. Aber die Art und Weise, wie sie alles Mögliche unternehmen, um Andersgesinnte zu ersticken, ist wirklich nicht gut für das französische Musikleben.»

Eine Zeitschrift ist leider im April 2010 verschwunden, weil sie nicht genügend Leser fand. Sie hieß *Plan B* und brachte in jeder Nummer zwei Rubriken, die ich stets mit empörtem Vergnügen oder vergnügter Empörung gelesen habe. Die eine zeigte, wie viele Artikel die großen Zeitungen unbedeutenden Ereignissen gewidmet und wie wenig sie sich um soziale Missstände gekümmert hatten, wie einige Tote bei einem Unfall im Baugewerbe. Die andere befasste sich mit den mir teilweise unbekannten Verbindungen, die erklärten, warum A so begeistert über ein schlechtes Buch von B geschrieben oder im Rundfunk gesprochen hatte, beide im selben Verlagshaus – bei unterschiedlich genannten Verlagen; Auftreten von B in einer Sendung von A; und anderes mehr. Nirgends konnte man klarer erkennen, wie begrenzt das Milieu ist, das diese Inzucht betreibt.

Als Bernard-Henri Lévy noch als «junger Philosoph» dabei war, überall dabei zu sein, hat er eine völlig wahre Feststellung gemacht: «Nous savons nous servir des medias» – Wir wissen, wie man sich der Medien bedient. Er hat sich seitdem an vielen Orten und mit vielen, nicht selten widersprüchlichen Stellungnahmen in Wort und Bild zur Schau gestellt. Seine Allgegenwart stört mich aber weniger als die von zwei Persönlichkeiten, die es vermutlich in Deutschland nicht geben könnte.

Der 1949 geborene Alain Minc war zunächst Ingenieur, dann

Nr. 1 seines Jahrgangs an der *École nationale d'administration* und wurde somit *Inspecteur des Finances*. Er verließ bald die hohe Verwaltung und wurde Berater. Selbständige Unternehmen haben ihn nur scheitern sehen. Aber er berät alle, insbesondere heute Nicolas Sarkozy. Er hat 2010 versucht, ihm *Le Monde* zu schenken, dessen Vorstandsvorsitzender er gewesen ist, bis es eine Revolte gegen ihn gegeben hat. Er hat auch viele Bücher geschrieben. Sogar eins über Deutschland. In einer Rundfunkdiskussion über sein Werk listete ich einige grobe Irrtümer auf und bewies die negativen Vorurteile, die dem Werk zugrunde lagen. Knappe Antwort: «Vous me faites un procès en sorcellerie» – «Sie machen mir einen Hexenprozess.» Damit war er am Ende der Gegenargumentation. 1999 erschien ein Buch über Spinoza. Auf Klage eines Philosophen, aus dessen Buch er an vielen Stellen ohne Anführungszeichen abgeschrieben hatte, wurde er von einem Gericht verurteilt. Er schrieb dann dem Opfer des Plagiats, er verstehe ihn nicht. Habe nicht er, Alain Minc, durch sein Buch viel getan, um Spinoza bekannter zu machen? Unverfrorener geht es kaum.

Jacques Attali, 1943 geboren, hat auch *Polytechnique* und ENA absolviert. Von 1981 bis 1991 war er «besonderer Berater» von Staatspräsident Mitterrand. Niemand konnte zu dessen Arbeitszimmer gelangen, ohne durch das Büro von Attali zu gehen. Zur Zeit der deutschen Wiedervereinigung ließ ihn sein Anti-Deutschland-Affekt eine recht negative Rolle spielen. In den achtziger Jahren hatte er in einer Zeitschrift behauptet, Europa gebe es ja gar nicht. Die Sowjetunion werde Westeuropa in ihr Reich aufnehmen, mit England als einem großen Hongkong. Er ist immer noch ein vielgefragtes Orakel, obwohl er als erster Präsident der EBRD (Europäische Bank für Wiederaufbau und Entwicklung) das Institut 1993 nach kurzer Zeit wegen Missmanagement verlassen musste. Auch er hat viele Bücher geschrieben, voller wankelmütiger Überzeugungen und grober Fehler. Als 1977

Bruits (Geräusche) erschien, veröffentlichte das vornehme *Times Literary Supplement* eine lange Rezension. Ein erster kurzer Teil zeigte, dass der Verfasser dieses Buches über Musik wenig von Musik wusste und verstand. Der längere Teil versuchte die Frage zu beantworten, wieso ein so schlechtes Buch in Paris einen so großen Erfolg haben konnte. Seine Erfahrungen bei Mitterrand schilderte er in mehreren Bänden, *Verbatim* genannt, die angeblich nur mit seinen persönlichen Notizen gefüllt waren. In Wirklichkeit hatte er Notizen von anderen benutzt, zu denen er sich Zugang verschafft hatte. Seine Geschichtsbücher, voller manchmal enormer Fehler, haben fast immer Erfolg gehabt, weil negative Rezensionen selten waren. Einmal, 2003, erschien wegen des Buches *L'homme nomade* ein längerer Artikel mit dem Titel *Attali, der Attila der Geschichte*. 1992 zeigte doch ein ziemlich kurzer Artikel in *L'Express*, dass das Buch *1492* zum Beispiel die Geschichte von Venedig völlig entstellt und dass bei Attali der Tabak, der Mais, die Kartoffel «mehrere Jahrhundert Vorsprung haben». Ich begegnete zufällig Emmanuel Leroy-Ladurie, einem hervorragenden, hochanerkannten Historiker, Mitglied der *Académie française*. «Emmanuel, haben Sie gesehen? Endlich einmal ein gerechtfertigter Verriss!» – «Er ist von mir.» – «Warum haben Sie ihn nicht unterschrieben?» – «So weit konnte ich doch nicht gehen!» Das war ein schöner Beweis für die inneren Regeln des Pariser intellektuellen Milieus. Und wenn man sagt, sein jüngstes, prophetisch gestaltetes Buch über die kommenden Katastrophen sei doch nicht ganz seriös, lautet die Antwort: «Aber er ist doch so intelligent!» Und vor allem: «C'est faux, mais si stimulant!» – Es ist falsch, aber es ist doch so anregend …

Meine auch deutsche Kultur

Ärgern kann ich mich über Geschehnisse in der Kulturwelt beider Länder. Es bleibt dabei die Frage, die mir hier wie dort oft gestellt worden ist: Inwieweit fühle ich mich in der deutschen Kultur zu Hause? Wobei es in Frankreich klar ist und in Deutschland klar sein sollte, dass meine kulturelle Heimat Frankreich ist.

Dass ich die deutsche Sprache nicht verlernt habe, war ein Verdienst meiner Mutter. Dass ich mich für Germanistik entschied, entsprach erstens der Tatsache, dass an der Universität Marseille die Juden-Quote 1942 erreicht war und meine Kandidatur für das Mathematik/Physik-Studium abgelehnt wurde, während die philosophische Fakultät mich in Germanistik aufnahm, einem Fach, das für mich doch das bequemste war, da ich ja in Saint-Raphaël wohnte und keine Kurse richtig belegen konnte, obwohl sie im näheren Nizza abgehalten wurden. Ich bestand 1943 das Studium generale und das Fach Grammatik/Philologie, mit der tiefen Freude, die zweite Lautverschiebung entdeckt zu haben! Nach der *libération* beendete ich die *licence* und beeilte mich, die Magisterarbeit *(Diplôme d'études supérieures)* bis Oktober 1945 fertig zu schreiben, denn im November wurden die letzten außerordentlichen Prüfungen für Vichy- und Besatzungsbenachteiligte abgehalten. Der an der Universität Aix zuständige Professor, Victor Michel, hat nie viel veröffentlicht und ist von seinen Fachkollegen eigentlich nie wahrgenommen worden. Aber er hat mir immer warme Sympathie gezeigt, mir hilfreich und ermutigend zur Seite gestanden. Da er wusste, dass ich viel Tolstoi gelesen hatte und mich für religiöse Fragen interessierte, schlug er mir vor, über den Roman von Gerhart Hauptmann *Der Narr in Christo Emanuel Quint* zu schreiben. Ich wurde rechtzeitig fertig, und eine Synthese meiner Abhandlung wurde dann auch 1948 von einer wissenschaftlichen Zeitschrift veröffentlicht.

Später stellte sich die Frage nach einem *doctorat d'État* (zugleich Dissertation und Habilitation). Mein Doktorvater Edmond Vermeil, der Papst der Nachkriegsgermanistik, schlug mir zuerst vor, über Dilthey zu forschen. Ich lehnte ab, denn ich war (und bin) kein Berufsphilosoph. Der Held von Gerhart Hauptmann war von den Herrnhuter Pietisten beeinflusst. Warum also nicht über das Tübinger Stift schreiben? Kann man aber die dortige Entwicklung verstehen ohne den Pietismus des einflussreichen Grafen Nikolaus von Zinzendorf (1700–1760)? Ja, aber dieser stand doch unter dem Einfluss von Spener (1635–1705) und Francke (1663–1727). So landete ich beim Thema *Philipp Jakob Spener und die Anfänge des deutschen Pietismus*. Zwischen 1947 und 1950 habe ich dann in der Bibliothek der Pariser Theologischen protestantischen Fakultät beinahe alle Werke von Spener gelesen. Als ich 1955 endgültig zur Politologie überging, habe ich die noch gar nicht so weit gediehene Habilitation fallenlassen.

Wenn ich von Spener erzähle, dann werde ich meist unseriös. In seinen Hunderten von Briefen hat er nur einmal seine Frau erwähnt, die ihm (um einen leider noch immer nicht aus der deutschen Sprache getilgten Ausdruck zu benutzen) elf Kinder «geschenkt» hat. Am Ende seines Lebens schreibt er einem Freund, seine Frau habe ihn «nie gestört»! Und, ich habe es schon erwähnt: Vor jeder Beförderung innerhalb der Kirche fragte er Gott, ob er sie annehmen dürfe. Gott hat immer positiv geantwortet, meist durch die Handführung beim «Däumeln». (Bibel aufschlagen, ohne hinzusehen, Daumen auf eine Stelle drücken. Der Text gibt die Antwort auf die Gott gestellte Frage ...)

Aber meine Bewunderung ist geblieben für August Hermann Francke, und daher rührt auch meine heutige bereits erwähnte Verbindung mit den Francke'schen Stiftungen in Halle. Auch hat meine Pietismus-Forschung mich dazu gebracht, in der dicken Sondernummer der Zeitschrift *Études germaniques*, die 1949 Goethe zu dessen 200. Geburtsjahr gewidmet war, einen Beitrag über *Le jeune Goethe et le piétisme* zu veröffentlichen. (Meine

Thèse secondaire, die man neben der *thèse d'État* schreiben musste, war über Fräulein von Klettenberg und die *Bekenntnisse einer schönen Seele.*) Ungefähr sechs Jahrzehnte später empfand ich große Freude, als mich am Tübinger Stift ein Pietismus-Experte auf diesen Artikel lobend ansprach. In derselben Nummer wurde das Resultat einer mühsamen Arbeit veröffentlicht, die ich auf Aufforderung meiner Professoren zwischen den staubigen Regalen mancher Bibliotheken, darunter der *Bibliothèque nationale,* geleistet hatte. 1932 (zum Jubiläum des Todestags) war eine Bibliographie zum Thema Goethe in Frankreich erschienen. Ich hatte nun eine *Bibliographie de Goethe en France 1932–1948* zusammengestellt. Bücher, Zeitschriften, Übersetzungen: Es war nicht allzu viel, und vor allem war klar, dass Goethe sehr wenig übersetzt worden war. Und dies fast nur, wenn französische Opern-Komponisten sich eines Werkes angenommen haben. Also *Faust* wegen Gounod, ein wenig *Wilhelm Meister* wegen Ambroise Thomas' *Mignon* und natürlich *Werther* dank Massenet. So ist dem französischen Leser erspart geblieben, sich wie Generationen deutscher Schulkinder bei *Hermann und Dorothea* langweilen zu müssen!

Es trifft sich, dass ich mich der deutschen Kultur durch eine begrenzte Bewunderung für Goethe entzogen habe. Mein Vater hatte während der vier Jahre «im Felde» immer eine Taschenausgabe des *Faust* im Tornister. Unter den schweren Dingen, die er von Frankfurt nach Frankreich mitgenommen hat, waren die vierzig Bände der Goethe-Jubiläumsausgabe. Ich habe sie wenig benutzt. Zu Herzen gegangen ist mir immer die tiefe Humanität von *Iphigenie auf Tauris.* Öfter habe ich auch *Tasso* gelesen, um mich mit dem nüchternen Antonio zu identifizieren. Ich wäre auch gern einmal nach Dornach gefahren, um zu sehen, wie die Anthroposophen den *Faust II* spannend machen – aber ich fühle mich doch berührt und erhoben, wenn ich das Ende des so langen Stückes als zweiten Teil von Mahlers *8. Symphonie* höre.

Gedichte gewiss. Eckermann nein und *Dichtung und Wahrheit* auch nicht, vor allem seitdem ich bei Peter Merseburger (*Mythos Weimar,* 1998) erfahren habe, wie das berühmte (Nicht-) Gespräch mit Napoleon verlaufen ist. Die Fiktion war die gleiche wie im 20. Jahrhundert die Erzählung durch André Malraux seines (Nicht-)Gesprächs mit Mao tse-tung. Auch hat mich vieles bei Goethe abgestoßen. Im Goethe-Haus zu Weimar darf man durch das Fenster schauen, an dem Christiane Vulpius stand, um die Gäste des Vaters der fünf von ihr zur Welt gebrachten Kinder zu betrachten, denen sie ja nicht begegnen durfte. Und dann der Antisemitismus in *Wilhelm Meisters Wanderjahre.* Und die Angst vor der Krankheit. Davon bleibt unberührt meine Bewunderung für die Leistung Goethes als vielfacher Minister. Auch für die Freundschaft mit Schiller.

Nebeneinander als Gleichberechtigte vor dem Nationaltheater in Weimar: Das ist doch etwas anderes als der sitzende Karl Marx in Berlin mit Friedrich Engels, respektvoll neben ihm stehend! Wenn ich große Theaterdialoge aufliste, dann zitiere ich manche französischen Klassiker, aber es fehlen nie das Nebeneinander von Philipp und Posa und das Gegeneinander des Königs und des Großinquisitors in Schillers *Don Karlos.* Wie ergreifend ist doch das Ende von *Don Karlos* bei Schiller, wie absurd in der an sich so schönen Oper von Verdi, wo Karl V. aus seinem Grab steigt, um Don Karlos zu retten! Allerdings nicht absurder als das Ende von Schillers *Jungfrau von Orléans,* die auf dem Schlachtfeld stirbt, anstatt in Rouen verbrannt zu werden. Und die armen Schüler, die *Das Lied von der Glocke* auswendig lernen mussten, habe ich ebenso bedauert wie die Zwangsleser von *Hermann und Dorothea.* Wobei *Die Bürgschaft* mich wegen der moralischen Botschaft so richtig rührt!

Was wäre in der Kultur «typisch deutsch» und was «typisch französisch»? Nur einmal habe ich mich etwas eingehender mit dieser Frage befasst. Einer der wenigen Autoren, deren Werk die Kandidaten bei der *Agrégation d'allemand* 1947 wirklich kennen mussten, war Rainer Maria Rilke. Da eines meiner französischen Lieblingsgedichte *Le cimetière marin* von Paul Valéry war, unternahm ich eine Analyse der Übersetzung, die Rilke mit Begeisterung gemacht hatte. In seinen *Briefen aus Muzot* hat er behauptet, dass seine Übersetzung eine Perfektion erreicht habe, die er zwischen den beiden Sprachen kaum für möglich gehalten hatte. Meine Untersuchung – die dann in *Études germaniques* erschienen ist – zeigte, wie genau und bewundernswert Rilkes Text in allen Strophen war, die seiner Gedanken- und Gefühlswelt entsprachen. Dass aber dort, wo Valéry «französisch» dachte, die Übersetzung fehlerhaft war. «Französisch» im Sinne der Distanznahme zu sich selbst und des Abstands zur Natur, die nicht denken kann. Der Wurm, der am lebenden Menschen nagt, ist das Bewusstsein des Bewusstseins. Das «Deutsche» bei Rilke ist die tiefe Verbundenheit mit der Natur. Während Valéry vom «solitaire au sourire de pâtre» spricht (der Einzelgänger mit dem Lächeln eines Hirten), schreibt Rilke in einem seiner Gedichte:

> Warum muß einer dastehn wie ein Hirt,
> so ausgesetzt dem Übermaß von Einfluß,
> beteiligt so an diesem Raum voll Vorgang,
> daß er gelehnt an einen Baum der Landschaft
> sein Schicksal hätte, ohne mehr zu handeln.

Ich fühle mich da sehr französisch, wenn ich auch die deutsche Sprache wegen ihres Rhythmus liebe. «Wer REItet so SPÄT durch NACHT und WIND ...»: Wie oft habe ich mich und andere dabei ertappt, bewusst oder unbewusst dichterisch zu sprechen! Dabei fühle ich mich, wenn ich deutsch schreibe oder spreche, als sei ich mein geliebter Ludwig Börne, der auf Heines Spott über seinen Stil antwortete: «Ich strebte nie nach dem Ruhme eines guten Schriftstellers, ich wollte nie für einen Schreibkünstler gelten. Meine Natur hat mir ein heiliges Amt aufgetragen, das ich verrichte, so gut ich kann. Worte sind meine Werkzeuge, die ich nur schätze, solange ich sie brauche, und wegwerfe, sobald ich sie gebraucht.»

Die Bücher, die ich oft wieder zur Hand nehme, sind fast alle französisch. Mit einigen Ausnahmen, die den seriösen Leser erschrecken mögen. Nicht nur *Der Schädel des Negerhäuptlings Makaua* (dem ich meinen Beitrag im Sammelwerk *Ein Buch, das mein Leben verändert hat. Liber amicorum für Wolfgang Beck* 2007 gewidmet habe), sondern auch Erich Kästner, und zwar *Der 35. Mai* und noch öfter *Das fliegende Klassenzimmer*, wobei mir erst in jüngerer Zeit bewusst wurde, wie herabsetzend Kästner die Realschüler, wie wohlwollend er die Gymnasiasten darstellte.

Darüber hinaus liebe ich auch Mann. Nicht Thomas. *Buddenbrooks* gewiss, auch *Doktor Faustus*, aber dann der gekünstelte Stil! Die Sanatoriumserfahrungen meiner Frau widersprechen der Darstellung des *Zauberberg*. Der Mensch war doch recht unerfreulich, vom Chauvinismus des Ersten Weltkriegs bis zur schlimmen Eitelkeit. Ich freute mich bösartig über die Tagebücher. Er war so, wie ich dachte; sein Gedärm war ihm wichtiger als der Selbstmord des Sohnes! Nein, Heinrich und dessen *Untertan* liebe ich. Man kann dort erfahren, was deutsch ist! Nach einer *Lohengrin*-Aufführung: «‹Das ist die Kunst, die wir brauchen!› rief Diederich aus. ‹Das ist deutsche Kunst!› ... Er schlug ein Zustimmungstelegramm an Wagner vor. Guste (seine Verlobte) mußte ihn aufklären, es sei nicht mehr zu machen. ... Diederich äußerte sich über die Kunst im allgemeinen. Unter den Künsten gab es eine Rangordnung. ‹Die höchste ist die Musik, daher ist es die deutsche Kunst. Dann kommt das Drama.› ‹Warum?› fragte Guste. ‹Weil man es manchmal in Musik setzen kann und weil man es nicht zu lesen braucht, und überhaupt.› ‹Und was kommt dann?› ‹Die Porträtmalerei natürlich, wegen der Kaiserbilder.›

‹Und der Roman?› ‹Der ist keine Kunst. Wenigstens Gott sei Dank keine deutsche. Das sagt schon der Name.›» Später kommt eine Szene, die vielleicht nicht hierhergehört, die ich aber doch zitieren möchte, und sei es nur, weil es ein solches Deutschland nicht mehr gibt! Es kommt die Hochzeitsnacht. «Als sie aber schon hinglitt und die Augen schloß, richtete sich Diederich nochmals auf. Eisern stand er vor ihr, ordenbehangen, eisern und blitzend. ‹Bevor wir zur Sache selbst schreiten›, sagte er abgehackt, ‹gedenken wir Seiner Majestät unseres allergnädigsten Kaisers. Denn die Sache hat den höheren Zweck, daß wir Seiner Majestät Ehre machen und tüchtig Soldaten liefern!›»

Mozart braucht keine Korrektur

Heinrich Mann wollte den Untertan lächerlich machen. Die Karikatur war übertrieben, aber der Autor wollte zu Recht bitter lachend auf Richtiges hinweisen, das er als «typisch deutsch» darstellte. Aber heute gibt es eine neue, nicht typisch deutsche Lächerlichkeit. Die *Frankfurter Allgemeine Zeitung* betitelte im Juli 2004 einen Artikel über das Festspiel von Avignon: *Das deutsche Schreien, Lallen und Stampfen infiziert Europa.* Es geht um das Regie-Theater, auch um die Regie-Oper, die weitgehend dem entspricht, was Bundespräsident Horst Köhler hervorragend gebrandmarkt hat. In seiner (von der Presse kaum zitierten und wenig kommentierten) Schiller-Rede am 17. April 2005 im Berliner Ensemble sagte er: «Es hat gewiss eine Zeitlang die Notwendigkeit gegeben, die Klassiker zu entstauben und zu problematisieren. Aber das heute noch fortzusetzen, erscheint mir wie der Ausweis einer neuen arroganten Spießigkeit. Ich stelle mir vor, dass in der Berliner Nationalgalerie die Bilder von Caspar David Friedrich mit schwarzer Pappe beklebt würden, nur hier und da ließe man 20 bis 30 Quadratzentimeter sichtbar bleiben. Wer würde das akzeptieren? Nur unsere klassischen Dramen konnten sich Jahrzehnte nicht dagegen wehren, in Stücke zerlegt und nach Gutdünken wieder zusammengesetzt zu werden. Ich habe meine Zweifel, ob auf solche Weise Kultur an die kommenden Generationen produktiv weitervermittelt wird.» Ich zitierte diese Stelle in meiner Festrede *Wege zu Mozart* zur Eröffnung des Europäischen Musikfestes am 3. September 2006, in Stuttgart organisiert von der Bach-Gesellschaft. Ich fügte hinzu: «Ich wage kaum, meine Enkelkinder in die Oper zu führen, denn man muss ein Jahr davor die Plätze reservieren und weiß da noch nicht, ob die Aufführung dem entsprechen wird, was der Komponist geschrieben hat.»

Es ging um mehr. Horst Köhler hatte auch gefragt, wer akzeptieren würde, «dass man bei einer Aufführung von Beethovens 6. Symphonie nur den ersten Satz nach der Partitur spielte, den zweiten als Barockflötenkonzert und den Rest ganz ausfallen ließe oder rückwärtsspielte». In Stuttgart sagte ich das etwas anders. Nehmen wir an, ein Pianist spielt die große letzte Schubert-Sonate. Plötzlich, im traumhaften Entstehen des ersten Satzes, schmettert er Jazz-Musik. Er würde nicht nur ausgepfiffen, sondern müsste wahrscheinlich Klavier und Saal verlassen. Klassische Musik mit Jazz vermischen, das vollbringt Maurice Ravel wunderbar in seinen beiden Klavierkonzerten. Aber er ist der Komponist, nicht der Interpret. Erstaunlich ist, dass die so häufige Verhöhnung des Komponisten zur gleichen Zeit stattfindet wie das ständige erfolgreiche Bemühen der «Barockisten», die absolute Treue zu suchen, auch durch die Suche nach Manuskripten (man nehme nur die wunderbare Entdeckungsarbeit der zu Recht so erfolgreichen Sängerin Cecilia Bartoli!), durch Wahl der Instrumente, durch Sorge um die Klanghöhe.

Mich würde weniger stören, wenn es auf den Plakaten und im Programm hieße: «*Tartuffe* von (Name des Regisseurs), nach Molière». Wenn der Autor ein Drama in der heutigen Zeit stattfinden lässt, dann darf man sich beeindrucken lassen, wenn es ihm gelingt, alte Themen der Tragödie als aktuell darzustellen. Der beste, belesenste französische Kritiker der Nachkriegszeit, Robert Kemp, hat Jean-Paul Sartre begeistert gelobt, sich nicht zu den Griechen geflüchtet zu haben, um die Tragödie der verratenen Unschuld zu beschreiben, so wie er das 1948 in *Les mains sales (Die schmutzigen Hände)* getan hat. Das Stück zeigt den Bürgersohn Hugo, der, von seinem Milieu angeekelt, unbedingt vom durch die KP vertretenen Proletariat angenommen werden will und dafür auch bereit ist, einen KP-Chef zu ermorden, der der Linie der Partei untreu geworden ist. Nach dem Mord verändert sich aber die Linie. Die des Ermordeten ist nun die richtige. Hugo soll schweigen, oder er wird erschossen. Er wählt das Erschossenwerden. Ja, es war eine echte klassische Tragödie in der Gegenwart. Aber wenn ständig Stücke und Opern in unsere Zeit verlegt werden, so beweist es, dass man das Publikum für dumm hält: Man muss ihm ja erklären, welche Bedeutung das Thema noch heute haben mag! Oder man beweist die Einbildung der einigermaßen Gebildeten. Man schreibt dann wie der heute noch aktive und hochanerkannte Regisseur Daniel Mesguich 1986 über seine Inszenierung der Tragödie *Lorenzaccio*: «Vom Text von Alfred de Musset habe ich nur die erhabensten Momente beibehalten ... Man muss wissen, dass wir ein Stück aus dem 19. Jahrhundert spielen, das eine Aktion aus dem 16. Jahrhundert darstellt, nachdem wir nun Einstein, Freud und Marx kennen.»

Also müssen Dramatiker, Komponisten, Librettisten «korrigiert» werden, denn sie haben ja nicht verstanden, was die eigentliche Bedeutung ihrer Werke war, mit denen sie auch noch den Anspruch erhoben hatten, der Schönheit, manchmal sogar der Erhabenheit zu dienen, wo doch nur Hässliches, Abstoßendes, Erniedrigendes gelten sollte. Der arme *Don Giovanni* muss darunter ständig leiden. Als Halunke, der, anstatt Champagner zu trinken, auf düsterer Straße eine Büchse Coca-Cola ausschlürft oder (wie 2010 aus Salzburg übertragen, im Fernsehen betrachtet, als von Anfang an Sterbender, Verwundeter, der im tiefen, dunklen Wald herumirrt, wobei Leporello nicht bemerkt, dass Don Giovanni eine Wunde hat und Zerlina nicht, dass er ihr weißes Hochzeitskleid blutig macht.

Eines der schlimmsten Beispiele verdient, näher betrachtet zu werden, denn die Arroganz des Regisseurs wird vom Musikkritiker ausdrücklich gelobt. *Vom Paradies auf Erden. Dirigent Kent Nagano und Regisseur Dmitri Tcherniakov erlösen in München Francis Poulencs ‹Carmélites› aus den Banden der Konfession.* So lautet 2010 der Titel einer fünfspaltigen Rezension in der *Süddeutschen Zeitung*. Die Oper haben Georges Bernanos und Poulenc nach dem Stück von Gertrud von Le Fort *Die Letzte am Schafott* (1931) geschrieben, und es hat ihnen einen Welterfolg gebracht – zu ihrer eigenen Überraschung. Seit 1957 wird das Werk in Italien, Frankreich, den USA, England ständig aufgeführt. Der angsterfüllte Tod der bisher so selbstsicheren Oberin und das mutige Sich-köpfen-Lassen der bis dahin so feigen Karmeliterin haben Abertausende Zuschauer zu Tränen erregt. Die Tatsache, dass die Grundlage eine historische war und die Karmeliterin von Compiègne zehn Tage vor dem Sturz von Robespierre und dem Ende des Terrors hingerichtet wurde, hat die Echtheit der Tragödie noch überzeugender gemacht. Von Bernanos scheint Tcherniakov nichts zu wissen, außer dass er katholisch war. Sonst hätte er doch mindestens eine Anspielung darauf gemacht, dass dieser Katholik in der Brandschrift *Les grands cimetières sous la lune* die spanischen Bischöfe verurteilt hatte, die die Massenmorde an den Republikanern gebilligt, wenn nicht befohlen hatten. Nun heißt es: «Regisseur Dmitri Tcherniakov hört in jedem Moment auf diese Musik, statt sich durch den leicht geschwätzigen und durchaus auch katholisch reaktionären Text von Georges Bernanos ablenken zu lassen. Es gibt den Abend lang keine Nonnentracht, kein historisches Revolutionsambiente. Denn Tcherniakov nimmt das Stück nicht nur durchgehend ernst, er interpretiert die aufgeworfenen Themen viel umfassender als das Autorenteam Poulenc & Bernanos.» «Poulenc & Bernanos, die guten Katholiken», sind glücklicherweise durch den Regisseur erhöht worden. «Seine Gesellschaft der Aussteigerinnen wird in ihrer Hütte gefangengesetzt, Gasflaschen verheißen nichts Gutes …»

Nur ein Gegenbeispiel: Mit welcher Freude, mit welchem Glück sehen die drei Generationen unserer Familie – auch die Jüngeren, die an sich nur Rock mögen – immer wieder die DVD von *Much Ado About Nothing*. Ja, Shakespeare unverändert, von Kenneth Branagh gefilmt und mit seiner damaligen Frau Emma Thompson gespielt. Die reine Sprache, die Schönheit der Bilder, das Mitreißende der zuweilen doch dramatischen Geschichte: Man vergleiche das mit den Zerstörungen der selbsternannten Avantgarde … Das soll nicht heißen, dass Branagh kein Blut kennt. Seine Shakespeare-Treue ist dieselbe in seinem grausamschönen Film *Henry V.* – eine Tragödie mit vielen, aber nie unwürdigen Toten.

Manchmal revoltieren Kritiker, Musikologen, Musikliebhaber. Zu einer Aufführung von *Figaros Hochzeit* heißt es als Schlusssatz in *Diapason*, der wohl besten französischen Musikzeitschrift: «Ist es nicht nur, dass Christoph Marthaler herumspielt mit der Oper?» Als derselbe Marthaler *Tristan und Isolde* umwandelte, hieß es in der *Süddeutschen Zeitung*, es sei ein «krampfhaft um Provokation bemühter Abend» gewesen. In dem an sich den Moden nie fremden *Nouvel Observateur* regte sich Jérôme Garcin, Chef des Feuilletons, darüber auf, wie Peter Mussbach die *Traviata* und Thomas Ostermeier *Wozzeck* entstellt haben. Das Novum der Darstellung von Alban Bergs Oper, die er als «kleine Provokationen» abtut, fasst er kurz zusammen: «Bei Büchner rasiert der Soldat Wozzeck den Bart des Hauptmanns, bei Ostermeier die Haare am Arsch.» Im Juli 2010, als in Avignon Marthaler als *artiste associé* wirkte, schrieb die *Frankfurter Allgemeine Zeitung* zur Uraufführung seines *Papperlapapp*: «Marthaler Business as usual.» Aber die Avantgarde, die eigentlich *arrière-garde* heißen sollte, da sie ja seit Jahrzehnten dieselben Verzerrungen, Verdrehungen, Erniedrigungen praktiziert, macht lustig weiter. Im September 2009 habe ich in der Pariser Oper einen Marthaler-*Wozzeck* gesehen, bei dem ich eigentlich hätte laut aufschreien sollen. Wozzeck ist kein Soldat, sondern ein Kellner, der ununterbrochen Tische abwischt. Während des Wischens darf er ruhig singen: «Andres, ich kann nicht schlafen.» Und sein Freund, der Bier trinkend an einem der Tische sitzt, bittet ihn, ihn doch schlafen zu lassen. Kaserne? Verschwunden. Marie wird natürlich in demselben Wirtshaus erstochen. Der berühmte, lange H-Akkord, der vom Mordort zur tanzenden Kneipe überführt, beschert einem nur einen leeren Ort, der von außen von einigen Menschen betrachtet wird. Das Orchester spielt ständig zu laut, sodass sogar die schöne Stimme von Waltraud Meier kaum hörbar ist, wobei die ergreifendste Stelle – der Vergleich ihrer selbst mit der Sünderin im Evangelium – sowieso nicht wie von Berg gewollt dargestellt wird. Und so weiter und so fort.

Es geht auch anders. Wie habe ich gelacht, als in der *Belle Hélène*, unter der Leitung von Marc Minkowski, Touristengruppen aufgetreten sind und Hostessen von Air France die Reise von Menelaos zu «den Gebirgen von Kreta» organisiert haben. Die Regie von Laurent Pelly war jedoch völlig im Sinne Offenbachs und nie entstellend. Wie oft haben wir die DVD mit Händels *Xerxes* gespielt, die zeigt, wie die Oper mit Witz und wunderbarem Gesang in Glyndebourne unter der Leitung von Charles Mackerras aufgeführt wurde. Gleiches gilt für die *Traviata* mit Rolando Villazón und Anna Netrebko, beide jung, schön, ja sexy mit farbenprächtiger, origineller Regie, dabei dem Komponisten völlig treu und daher bewegend.

Aber Alfredo und Violetta haben sich nicht völlig ausgezogen, haben nicht direkt Sex betrieben, es ist weder Blut noch Sperma auf der Bühne geflossen – also war die Aufführung spießig! Denn

Blut und Sperma, mit Foltern und Vergewaltigungen, gehören zur Norm. Das Furchtbarste, was ich in diesem Sinne (im Fernsehen) gesehen habe, war die Salzburger *Fledermaus*, von Gérard Mortier als Abschiedsprovokation inszeniert, bevor er leider die Leitung der Pariser Oper übernahm. Einige Rollen wurden nur gesprochen. Es gab folternde SS-Leute, Vergewaltigungen – und Lachen durfte es natürlich nicht geben. Im März 2010 durfte Calixto Bieito *Parsifal* inszenieren mit einem Engelsknaben zu Tode prügelnden Gurnemanz, mit Kundry als «verschwitzte Pennerin, die mit einem Kofferkuli durch den Wald zieht». Die Begeisterung im Saal scheint groß gewesen zu sein. Wahrscheinlich auch bei einer anderen *Parsifal*-Aufführung, bei der Eisenbahnschienen auf grauem Staub lagen, während die Musik den Frühlingszauber des Karfreitags feierte. Nicht im Fernsehen, sondern in der Berliner Oper habe ich eine Aufführung von *Cosi fan tutte* gesehen, in der sich einer der Jünglinge einen Moment mit seiner neuen Partnerin zurückzieht und dann wieder auftritt, indem er die Hosen nach angedeuteter vollbrachter Tat wieder hochzieht – was weder den Figuren noch dieser Oper überhaupt entspricht.

Sperma allein genügt manchmal nicht. Einer derer, denen man für ein Jahr Avignon anvertraut hatte, ließ alle Körperflüssigkeiten (auch die weniger soliden) auf die Bühne spritzen (und auch auf die ersten Reihen der Zuschauer). War das nicht toll *avantgarde*? Die Aufzählung solcher Entwürdigungen (auf der Bühne und somit des Zuschauers) könnte ohne weiteres fortgesetzt werden. Es bleibt die Frage nach dem Warum. Vielleicht weil der Sex dargestellt werden soll, als sei er etwas wie das Essen und das Trinken? Ich zitiere gern einen Witz des französischen Zeichners Wolinski. Ein schönes Mädchen kniet auf einem Bett. Ein hübscher Jüngling penetriert sie von hinten. Dabei sagt er: «Ich träume davon, Hand in Hand mit dir in einem Wald spazieren zu gehen.» Sie dreht das Gesicht zu ihm und antwortet: «Dazu liebe ich dich nicht genug!» Die Zeichnung sagt viel über Sex als rein körperliches Vergnügen. Es kommt jedoch bei manchen «avantgardistischen» Inszenierungen der Wille dazu, Sex weniger als Liebesakt denn als demütigende Vergewaltigung darzustellen, mit einer masochistischen Erniedrigung der Frau.

Der später berühmte Romancier und Biograph André Maurois hat 1921 das lustige Buch *Les discours du docteur O'Grady* veröffentlicht. Darin beschrieb er eine doppelte Zukunft. Die der Verurteilung der traditionellen Moral: «In London musste 1964 der Premierminister zurücktreten, weil er der Ehetreue verdächtig war. Aber 1963 erschien der berühmte Roman von Miss Brushhood *Conjugal Happiness,* in dem sie, mit unglaublicher Kühnheit, die Freuden der Treue, der normalen Liebe und der unauflösbaren Ehe beschrieb ... Im Hyde Park musste nun die Polizei rechtmäßige Ehepaare festnehmen, die bei hellem Tag sich auf dem Rasen Gedichte vorlasen ... Aber 1968 veröffentlichte der Lausanner Arzt Dr. Schmidt das sofort berühmte Buch *Les refoulements de pudeur* (Die Verdrängung der Schamhaftigkeit), in dem er zeigte, dass die Rückkehr zum Tierischen eben Verdrängungen erzeugte, die genauso schwer zu ertragen und gefährlich seien wie die Verdrängung der Begierde.» In der Oper und auch im Theater hat der «Schmidtismus» 2010 gewiss noch nicht gesiegt!

Glücklicherweise gab und gibt es noch Menschen, die Musik so sehr lieben, dass sie die Komponisten respektieren und ihr musikalisches Glück weitergeben möchten, vor allem an die gesellschaftlich Benachteiligten, die gar nicht wissen, welche Freuden ihnen vorenthalten wurden. Yehudi Menuhin und seine Schwester Hephzibah haben in einem armen Vorort von London eine Musikschule eingerichtet. In Lille hat der Chef des dortigen *Orchestre national*, Jean-Claude Casadesus, seine Musiker überredet, bei den Proben an jedem Pult einen Jungen oder ein Mädchen neben sich sitzen zu haben, die anfänglich nichts von Musik und Instrumenten wussten – und sich nach und nach begeistert haben. Einige sind inszwischen selber Musiker geworden.

René Martin hatte 1980 in La Roque d'Antéron Klavierfestspiele gegründet, die immer mehr «Große» anzogen. Aber seine wichtigste Schöpfung war und bleibt der Veranstaltungszyklus *La folle journée* (heute sind es mehrere Tage) in Nantes, die er inzwischen auch in Portugal, in Japan, in Südamerika hat einrichten können. 1995 gab es 34 Mozart-Konzerte mit 18 000 verkauften Plätzen. Meine Frau und ich waren 2000 in einigen der 170 Bach-Konzerte für insgesamt 75 000 Zuhörer. Die ständig steigenden Zahlen haben den Grundprinzipien nicht geschadet. (Januar 2010: 250 Konzerte, 128 000 Karten, Säle zu 98,4 Prozent belegt.) Die Atmosphäre ist menschlich und freundlich. Man unterhält sich mit den anderen, die auch geduldig warten, bis der Saal fürs nächste Konzert frei wird (die Säle haben zwischen 100 und 2000 Plätzen). Man unterhält sich auch mit den Interpreten. Nur dass anfänglich Martin bekannte Interpreten überzeugen musste, für wenig Geld mehrere Tage da zu sein, während es jetzt eine Ehre ist, nach Nantes eingeladen zu werden, um einem Publikum zu begegnen, das gewissermaßen «unberührt» ist, aufnahmefähig, aus den verschiedensten gesellschaftlichen Schichten kommend. Einige Minuten nach den meisten Konzerten kann man die Aufnahme für drei Euro kaufen.

Es wird allerdings jedes Jahr schwerer, trotz ständiger Erhöhung des Angebots, Plätze zu bekommen. Der erste Tag der Reservierungen ist nur für die Einwohner von Nantes offen. (In der Region Pays-de-Loire sind 2010 in elf Städten 145 Konzerte für 60 000 Zuhörer organisiert worden, die 98 Prozent der Plätze besetzten.) Danach darf man auch von Paris aus ins Internet, um festzustellen, dass viele Konzerte bereits ausverkauft sind. Der Preis der Plätze hat wenig zu tun mit denen der Pariser Oper oder von Bayreuth. René Martin lässt auch in den Gefängnissen spielen, zum Beispiel die schwierigen Cello-Sonaten von Bach, mit Gesprächen zwischen Interpreten und Häftlingen.

Mein Olymp

Der Ärger verhindert nicht die Freuden, und jede freie Stunde wird mit Musikhören erfüllt. Ich lese viel «beruflich» – Zeitungen, Zeitschriften, Bücher über Politik, Gesellschaft, Ethik. Aber sehr wenig, sehr selten Literatur. Wenige Romane. Und meist immer wieder dieselben. Fast jedes Jahre lasse ich mich aus verschiedenen Gründen von Maupassant, Victor Hugo, Alexandre Dumas, Roger Martin du Gard mitreißen oder «vertiefe» deren Lektüre.

Die Novellen von Guy de Maupassant sind schon sprachlich wahre Meisterwerke. Valéry Giscard d'Estaing hat als Präsident Maupassant hoch gelobt, aber hinzugefügt, dieser Autor habe die Frauen so verachtet! Das bewies, dass er ihn wenig gelesen hat. Gewiss war Maupassant in seinem Leben ein Frauenjäger – und ist sogar daran gestorben. Aber niemand hat die Unterdrückung der Frau so ergreifend dargestellt wie er. Das Dienstmädchen, das vom Neffen seines Dienstherrn geschwängert wird und dann wegen Kindesmord vor Gericht steht; die als junges Mädchen Vergewaltigte, die Selbstmord begeht, als sie brutal an ihr Schicksal als Frau öffentlich erinnert wird; die Gattin des Gutsbesitzers, der nicht einsieht, warum es im Winter einen Ofen geben sollte – und die sich, weil sie nicht mehr frieren will, absichtlich im Schnee eine Lungenentzündung zuzieht, an der sie stirbt: Szenen aus Maupassants Prosa. Es bedarf kaum des Beispiels des berühmten längeren Textes *Boule de suif*, um Maupassants tiefes Mitgefühl für die Frauen wahrzunehmen. Eine Postkutsche wird von den Preußen zurückgehalten. Sie dürfe nur weiterfahren, wenn die schöne Prostituierte sich dem Offizier ausliefert. Sie weigert sich aus Patriotismus. Alle gutbürgerlichen Mitreisenden beschwören sie, es zu tun. Sie gibt endlich nach. Bei der Weiterfahrt wird sie von allen mit Verachtung ignoriert. Sie hatte keine Zeit, Essen zu kaufen. Niemand gibt ihr etwas ... Einige der besten Novellen von Maupassant sind gelungene einstündige Fernsehfilme geworden.

Alexandre Dumas war schon in jungen Jahren eine meiner Lieblingslektüren. Ich habe einmal geträumt, ich könnte die Seiten, die den Tod von Milady in den *Drei Musketieren* beschreiben, auswendig. Am Morgen stellte ich fest, dass ich sie tatsächlich Wort für Wort aufsagen konnte. Aber seit einigen Jahrzehnten ist es der *Graf von Monte Christo,* den ich mindestens einmal jährlich wieder lese. Da unser dritter Sohn, Marc, dieselbe Leidenschaft hegt, spielen wir öfter, Sätze aus dem Roman zu sagen, die der andere sofort erkennt und weiterführt. Gewiss ist das keine «große Literatur», aber wenn ich am Ende des Tages müde bin, erfrischt mich gerade diese Lektüre. Mit *Les Misérables* steht es anders. Das ständige Aufs-neue-Lesen hat mit der moralischen Seite des langen Romans zu tun. Die einführenden Kapitel über den guten Bischof Myriel gehören deswegen in den letzten Teil dieses Buches.

Kein Schriftsteller hat mich allerdings mehr beeinflusst, ist von mir häufiger gelesen worden als Roger Martin du Gard. Trotz seines Literatur-Nobelpreises 1937 ist er in Deutschland eigentlich unbekannt geblieben. Für mich war als Dreizehnjähriger die Lektüre von *Jean Barois* ein entscheidendes Erlebnis. Später kam die Reihe *Les Thibault* hinzu. Es wird noch zu sagen sein, warum eine der großen Nebenfiguren von *Jean Barois,* nämlich der nicht zufällig Luce (Licht) Genannte, mein Vorbild geworden ist und warum alle Probleme des Sterbens in den *Thibault* nuanciert dargestellt werden. Als ich das Buch, das mir das Wichtigste bleibt, *Au nom de quoi? (In wessen Namen?)*, 1969 veröffentlichte, fragte mich ein Freund: «Weißt du eigentlich, wo du den Titel herhast?» – «Es ist doch die Frage die ich mir ständig stelle.» – «Ja, aber die Formulierung ist die des Arztes Antoine Thibault, der sich fragt, warum er sich nicht das Recht zugesteht, das Leiden eines langsam sterbenden Kindes zu verkürzen.»

Roger Martin du Gard war einer der Ersten, der 1913 mit *Jean Barois* vom Verlag der *Nouvelle Revue Française* veröffentlicht wurde und sich dann mit den Gründern André Gide und Jean Schlumberger anfreundete. Da nach der Gründung unseres *Comité française d'échanges avec l'Allemagne nouvelle* der alte Elsässer Martin du Gard mein väterlicher Freund wurde, kam es zu einem Mittagessen zu dritt bei Jean Schlumberger. Ich entdeckte mit Freuden, dass Martin du Gard genau dem Bild entsprach, das ich mir seit Jahrzehnten von ihm gemacht hatte. Nur dass er mich plötzlich richtig beschimpfte. Ich hatte gewagt zu sagen, seine Romane hätten mich viel mehr beeinflusst als alle Schriften von André Gide. «Wie können Sie einen Handwerker des Schreibens wie mich mit einem der großen Künstler unserer Zeit vergleichen!» Beide, Schlumberger und Martin du Gard, lagen ihrem Freund Gide richtig zu Füßen – was dieser sehr ausnutzte. Später habe ich Martin du Gard in seiner Wohnung in Nizza per Fahrrad besucht. Es war schwer, zu einem ersten Gespräch zu kommen, so besorgt war er um meine Gesundheit nach dieser körperlichen Leistung! Das war ein Jahrzehnt nachdem ich ihm seine Ablehnung verziehen habe, unserem *Comité* beizutreten. Seine Begründung: «Sie haben recht, so zu handeln, aber ich habe die Deutschen zu sehr gehasst.»

Das Lesen macht mir immer dann besonderen Spaß, wenn Humor mit im Spiele ist, auch wenn er Bitterkeit einschließt. So bei Tucholsky. Auch böser, wie so oft bei Wilhelm Busch, dessen Verse mir seit der Kindheit im Gedächtnis geblieben sind: «Helene, sagte Onkel Nolte/Was ich schon immer sagen wollte …» Meinen Studenten habe ich stets gesagt, es gebe zwei große französische Soziologen, nämlich Pierre Daninos mit seiner lächelnd-harten Kritik an der französischen Gesellschaft und am französischen Chauvinismus, und den Zeichner Jean-Jacques Sempé. Es war für mich eine große Ehre und Freude, ein längeres Vorwort zum Katalog einer Ausstellung einiger seiner besten Zeichnungen schreiben zu dürfen, die im Rathaus von Paris stattfand. Nur einige Beispiele seiner lächelnden Gesellschaftskritik. Eine Hausfrau macht Einkäufe, wäscht, bohnert fröhlich; aber sie hat die Zeitung gekauft und ist plötzlich sorgenvoll, den Tränen nahe: Lässt sich eine englische Prinzessin scheiden oder nicht? – Ein bekannter Schriftsteller liegt in seiner Badewanne und schrubbt sich den Rücken; er ist von Kabeln umgeben, und der Fernsehreporter stellt ihm die Frage: «Wie haben Sie es fertiggebracht, Ihre Intimität zu schützen?» – Mann und Frau lesen nebeneinander Abenteuerromane. Sie sieht den Helden mit den Zügen des Gatten, er sieht sich auf einem Pferd, ein hübsches junges Mädchen entführend ...

Romane wenig, aber Theater viel. Corneille, Molière, Racine so oft, dass ich lange Stellen auswendig kann. Und Giraudoux. Und Anouilh. Aber auch Henrik Ibsen. Mein Vater hatte aus Frankfurt dessen Gesammelte Werke in deutscher Übersetzung mitgebracht. Ich glaube, so ziemlich alle in jungen Jahren gelesen zu haben, darunter auch solche, die ich nicht richtig verstand wie das enorme *Kaiser und Galiläer*. Stücke wie *Brand, Die Wildente, Rosmersholm* immer wieder. Mit meinem Sinn für die Gleichheit der Frauen natürlich *Nora*, aber noch mehr *Hedda Gabler*. Einige habe ich dann auch auf der Bühne sehen dürfen, manchmal ergreifend treu, manchmal entstellend. Die schönste Erfahrung habe ich jedoch nicht mit Ibsen gemacht, sondern mit Lessing. *Nathan der Weise* hatte ich oft gelesen und ging mit meiner Frau 1987 etwas ängstlich in ein Vororttheater, in dem das Stück, das ich noch nie gesehen hatte, auf Französisch aufgeführt wurde. Dank dem Regisseur Bernard Sobel wurde ich nicht nur nicht enttäuscht, sondern alles war so, wie ich es mir seit Jahrzehnten vorgestellt hatte. Dagegen war leider die einzige Aufführung enttäuschend, die ich nach häufiger Lektüre des besten bösartigen Stückes, das ich kenne, besucht habe, nämlich Dürrenmatts *Besuch der alten Dame*.

Die Augen zum Lesen, die Ohren für die Musik. Und wie steht es mit den Augen für Malerei und Bildhauerei? Ich bin nur langsam dazu gekommen, Kunst mit den Augen zu lieben. Rodin eigentlich bald. Als das ZDF mich aufforderte, einen kleinen Film drehen zu lassen, in dem ich ein geliebtes Kunstwerk vorstelle, wählte ich *Die Bürger von Calais*, und wir drehten im Musée Rodin. Aber auch Camille Claudel schätze ich, und ich habe wiederholt meine Wut ausgedrückt auf ihre Mutter und ihren Bruder, dessen Theaterstücke ich oft gesehen haben, der aber die große Künstlerin in ein Irrenhaus hat einsperren lassen, wo sie des Hungers gestorben ist, während ihre Briefe bis zum Ende ganz klare, sogar nüchterne Hilferufe darstellten.

Mein Institut liegt auf dem linken Seine-Ufer. Das Musée de l'Orangerie auf der rechten und, dank einer Fußgängerbrücke, nicht sehr weit entfernt. So konnte ich mich öfter zwischen zwei Vorlesungen vor die *Nymphéas* von Claude Monet setzen und in der Betrachtung ihrer Unbestimmtheit meine Vernunft beiseitelassen. (Ich saß im Allgemeinen recht vereinzelt, während dieselben Menschen für eine nicht sehr gute Monet-Ausstellung stundenlang Schlange standen, die nicht auf den Gedanken kamen, das Musée Marmottan zu besuchen, wo die schönsten Monet-Bilder ausgestellt sind.) Wie altmodisch, die Impressionisten zu lieben! Aber ich liebe sie doch weiterhin. Mit der Ausnahme des alten Renoir. Wie beim alternden Picasso, wie bei dem gar nicht so alt gewordenen Rubens hasse ich die Bilder von dicken, fetten Frauen, da ja mein weibliches Ideal in Audrey Hepburn verkörpert ist!

Das verhindert nicht andere Lieben, die manchmal durch Zufall entstanden sind. Ich hatte einmal in München Zeit und betrat die Ausstellung eines mir unbekannten Malers. Diese Begegnung mit der Malerei von Egon Schiele empfand ich als eine Art Schock. Dank Schiele gelangte ich dann zu den anderen Wienern, vor allem zu Gustav Klimt, dessen Werke im Mittelpunkt der gelungenen großen Ausstellung *Paris–Vienne* standen. Wir liefen hinter zwei älteren Damen, die das alles fürchterlich fanden – bis sie ganz am Ende der Ausstellung zwei Bilder sahen, die ihnen endlich gefielen. Der Maler hieß Adolf Hitler und war als Beispiel für Spießigkeit ausgestellt worden.

Schiele steht bei mir jedoch weit hinter dem Meister der Neuzeit, der mir am meisten gebracht hat und bringt. Nicht, dass Edvard Munch Freude ausstrahlt! Nicht *Der Schrei* ist für mich das Zeichen des tiefen Pessimismus, sondern ein Bild wie *Pubertät,* das ein mageres Mädchen zeigt, dessen hübsches Gesicht in Traurigkeit erstarrt ist. Auch keins der zahlreichen Selbstporträts ist fröhlich – ohne allerdings die allen menschlichen Leidens bewusste Tiefe zu erreichen wie das letzte Selbstporträt von Goya. Ein schöner Tag unseres Lebens hat in Oslo stattgefunden. Das Munch-Museum war für das Publikum geschlossen, und der Direktor führte den Gast, der am Vorabend vorgetragen hatte, und seine Frau stundenlang durch die stillen Säle. Ich könnte noch manche Namen nennen, von Rembrandt bis Turner, von Dürer bis Utrillo, aber eigentlich hat in den letzten Jahren nur einer eine wichtige Rolle auch in meinem geistigen Leben gespielt. Wie oft habe ich doch Caravaggio-Bände zur Hand genommen! Wie eifrig sind wir in Rom herumgelaufen, um seine Bilder zu sehen! Und welchen anderen Maler habe ich dreimal in meinem Buch *Die Früchte ihres Baumes. Ein atheistischer Blick auf die Christen* voller Hochachtung erwähnt?

Öfter als in Museen oder Ausstellungen sitze ich aber im Theater oder im Kino. Leider ist das Pariser Angebot viel zu groß und somit etwas entmutigend. Eine Rundfunkjournalistin fragte mich, warum ich so gern in Paris wohne. Antwort: «Weil es in der Nähe eines Flughafens liegt und weil man so viele Filme aus allen Ländern sehen kann.» Dabei in Originalsprache und nicht, wie in Deutschland, in entstellender Synchronisation. So sehen meine Frau und ich iranische, indische, israelische, japanische Filme.

Mein häufiges Lesen von Büchern über Schauspieler (oder von ihnen) liegt vielleicht in meiner Frustration begründet, nicht selbst auf einer Bühne stehen zu dürfen. Weil ich überzeugt bin, dass ich als Redner und Professor auch Schauspieler bin, der weiß, wie man mit einem Publikum umgeht. Ich bin auch in gewissem Sinne Prediger – wie oft hätte ich gern an der Stelle eines schlechten Predigers bei einem katholischen oder protestantischen Gottesdienst gestanden!

Nur einmal habe ich wirklich auf einer Bühne gestanden. Rolf Hochhuths Stück *Der Stellvertreter* lief 1965 erfolgreich als *Le Vicaire* in Paris. Die Studenten des *Institut d'études politiques* wollten es sehen. Sie erreichten, den Saal für eine Sondervorstellung zu reservieren. Es gab Drohungen von ultrakatholischen Verbänden, das Theater mit Gewalt zu besetzen. *Paris Match* (ungefähr dem *Stern* entsprechend, auch bei den gefälschten Hitler-Tagebüchern) hatte Bilder von Störungen früherer Vorstellungen veröffentlicht, aber es war herausgekommen, dass die Zeitschrift Logen reserviert hatte, um von dort ihre Leute Flugblätter werfen zu lassen und Schreie auszustoßen. Ich setzte mich aber doch mit der Polizeipräfektur in Verbindung. Sie willigte ein, dass ihre Leute nur eingreifen würden, wenn ich es erlaubte. Die Studenten trafen eine Maßnahme, die der Polizeichef bewunderte («Ich hätte nicht gewagt, so vorzugehen!»): Sie gingen in alle Logen, von denen die Bühne hätte beworfen werden können, und beschlagnahmten die Ausweise der Zuschauer bis zum Ende der Vorstellung. Alle ließen es sich gefallen. Das Stück hinterließ einen starken Eindruck. Am Ende blieben, wie geplant, die Hauptdarsteller auf der Bühne, und ich leitete eine Diskussion mit dem Publikum. Sie dauerte lange und war nüchtern und doch zugleich warm, denn die Schauspieler erzählten freimütig, was sie an ihren Rollen beeindruckte oder auch befremdete, und die Studenten stellten nur gute Fragen zur Hitlerzeit, zur Kirche, zum Papst. (Ich bin nicht sicher, ob der Abend so aufklärend verlaufen wäre mit Hochhuths Anwesenheit. Ich habe ihn später als einen allzu selbstbezogenen Menschen kennengelernt, vor allem bei einer Debatte nach der Wende in Frankfurt an der Oder, wo er nur von seinem Leiden sprach, nicht stärker anerkannt zu werden.)

Gutes Theater, das waren für mich die Inszenierungen der Regisseure, die dem Autor Respekt erwiesen und ihn doch in erneuerten Darstellungen brachten. Nach einer besonders schönen Aufführung von *Le Cid* fragte eine Journalistin Gérard Philipe, wem die Jugendlichkeit der Inszenierung zuzuschreiben sei. «Mais à Pierre Corneille, Madame», antwortete er schlagfertig. Er gehörte der Truppe des *Théâtre national populaire* von Jean Vilar an und wurde genauso schlecht bezahlt wie seine Kollegen. Der von mir in jeder Hinsicht bewunderte, ja vergötterte Jean Vilar hat mit wenig Geld viel gemacht, so etwa wie Wieland Wagner in Bayreuth: Das Licht genügt, um die Illusion der verschiedensten Orte zu schaffen. Zu den von mir bewunderten Schöpferischen gehörte auch Jean-Louis Barrault, dem ich begeisterte Artikel widmete. In einem netten Brief dankte er mir dafür, ihn gelobt zu haben – und meiner Frau für den Topf selbstgemachten Quittengelees, den sie ihm, zusammen mit mir, während einer Pause überreicht hatte, weil er in seinen Memoiren geschrieben hatte, wie sehr er sich an das Quittengelee seiner Großmutter erinnerte.

Wenn ich Theater und Film als eine Einheit betrachte, so weil in Frankreich der Film zur besten Kultur gehört. Unser ältester Sohn hat leider immer nur wenige Bücher gelesen. Aber seitdem er dreizehn ist (nun ist er fünfzig), notiert er alle Filme, die er gesehen hat, und kann einem sagen, wann dieser oder jener japanische Regisseur seinen Stil verändert hat. Wäre er zu einem snobistischen Abendessen eingeladen, so würde er als sehr kultiviert eingestuft werden, denn das Tischgespräch hätte doch wenigstens zur Hälfte mit *le cinéma* zu tun. Keine Kulturzeitschrift könnte es sich leisten, keine Filme zu besprechen. Es gibt gute deutsche Filme, und in Paris waren *Good bye, Lenin!*, *Das Leben der An-*

deren und *Sophie Scholl – Die letzten Tage* berechtigte Erfolge. Dass schon vor Jahren Wim Wenders Ehrendoktor einer Pariser Universität geworden ist, darf als französische Besonderheit gelten, wie ich behaupte, obwohl ich mich selten bei einem Film so gelangweilt habe wie beim vielbewunderten *Paris, Texas.*

Von den beiden Filmen, die ich an die Spitze stelle, ist nur einer französisch. *Die Kinder des Olymp,* 1944 unter den schlimmsten Bedingungen wunderbar gedreht, wurde von den intellektuellen Filmkritikern nur langsam anerkannt, weil man Marcel Carné verachtete. Dann hieß es: Ja, die Qualität des Films entsteht nur dank der Zusammenarbeit mit dem beliebten Dichter Jacques Prévert. Ich habe *Les enfants du paradis* oft gesehen. Zur Zeit, wo man zu jeder Stunde Zutritt hatte und nicht auf den Anfang warten musste, lief ich öfter vom Institut in ein Kino, das den Film wieder spielte, und blieb eine ganze oder eine halbe Stunde vor der Leinwand. Der andere ist in seiner Art ebenso perfekt – und es gibt keinen Film, den ich öfter gesehen habe als *Singing in the Rain.* Als «Musical» wird er häufig verächtlich behandelt, aber es ist nicht nur, dass ich von Bild, Musik und Schauspielern gefesselt bin – die Geschichte zeigt hervorragend, wie der Übergang zum Tonfilm gewesen ist. Das Ganze war und bleibt eine reine Freude, auch als DVD.

Der Tanz wie die Oper gehören zugleich zum Theater und zur Musik. Die Zusammenarbeit zwischen Jean Vilar und Maurice Béjart in Avignon war beeindruckend, aber Béjart war noch viel mehr. Der erste Schock kam mit der *Messe pour le temps présent.* Die einfachste warme Zustimmung galt Ravels *Boléro,* vor allem mit Béjarts Hauptdarsteller Jorge Donn. Am beeindruckendsten war für mich 1969 Donns «Vertanzung» von Beethovens *Neunter. Le Monde* war nett genug, meinen langen Kommentar zur Aufführung auf Seite 1 zu bringen. Schillers Gedicht sei ziemlich naiv, Beethovens Musik weniger, Béjarts Deutung am wenigsten. Im schönsten Satz, dem Adagio, zeigt eine leidende schwarze Frau

Mitleid für das Leiden des Mannes. Vor dem Chor wird sie getragen, vielleicht als Triumph nach dem langen einsamen Leiden, vielleicht um der Menge zu zeigen, dass Freude aus überwundenem Schmerz als Befreiung entstehen mag. Ich beantwortete auch eine etwaige Gegenfrage: «Wird da nicht gemogelt? Diese Brüderlichkeit, diese Freiheit – trügen die nicht? Beethoven betrügt sich und uns. Wo bleiben denn die Verachtung, das Alleinsein, die Entfremdung? Berg ist nicht naiv!» Meine Antwort war, dass die so gedeutete *Neunte* gewissermaßen den Schrei «Befreit doch Wozzeck!» enthielt. Der Tanz, das war auch Pina Bausch, die in Frankreich nach Steffi Graf *(notre Steffi)* beliebteste Deutsche der Nachkriegszeit. Wenn es hieß, sie kommt, so war das Theater zwei Jahre vorher ausverkauft. Nicht alles Gesehene hat mir gefallen. Ein Höhepunkt war Glucks *Iphigenie.*

Die Oper kam vorher. Meine Mutter hat meine Schwester und mich in die Pariser Oper geführt. Sie selbst war in Frankfurt häufig in Oper und Konzert gewesen. Ihr sorgfältig geführtes «Konzert und Theater»-Büchlein (das die *Frankfurter Allgemeine Zeitung* auszugsweise veröffentlicht hat) verweist zum Beispiel im Juni 1914 auf neun besuchte Veranstaltungen. Nur dass sie uns 1936 oder 1937 erklärte, einige erste Akte kenne sie nicht, weil das gediegene Frankfurter Bürgertum es als unvornehm empfand, von Anfang an seine Loge zu besetzen! Also Gounods *Faust,* Verdis *Rigoletto,* Wagners *Lohengrin.* Natürlich auf Französisch. Am Ende der Gral-Erzählung hieß es:

> Mon père, Parcival, tient sa couronne
> Et Lohengrin, son chevalier,
> c'est moi!

Wobei der Tenor bei dem an sich gedämpften «genannt» wuchtig auf seine Brust schlug. Schon damals fand ich die Geschichte reichlich dumm. Wenn Elsa nicht gefragt hätte, wäre dann der

Gralsritter, der Königssohn, brav bei ihr geblieben und hätte etliche Kinder gezeugt, während der Schwan Schwan geblieben wäre? *Rigoletto* war einfacher, einleuchtender, die Musik schön und mit dem Text eng verbunden, sodass ich heute die Begeisterung unseres dritten Sohns für Verdi wohl verstehen kann. Wagner hingegen ... Ja, es gibt Leitmotive, die andere Themen nennen würden. In dem alten Buch von Albert Lavignac, am Ende des 19. Jahrhunderts Direktor des Pariser Konservatoriums, *Le voyage artistique à Bayreuth,* steht im Anhang eine Tabelle aller Leitmotive. Am Anfang des Buches heißt es, man könne nach Bayreuth kommen mit Eisenbahn oder Kutsche. Der echte Wagnerianer aber sollte auf den Knien hingelangen ... Ich kann diese Begeisterung nicht teilen. Gewiss, wie bewegend ist die Musik in *Tristan,* wie gerne höre ich den ersten Akt und das Ende des letzten Aktes der *Walküre*! Aber es ist gut, dass im Allgemeinen der Text nicht zu verstehen ist, denn wenn man ihn liest ... Die ganze Geschichte des Rings sollte doch Erstaunen und Ironie erzeugen. Jeder (oder jede: Brunhilde), der zum Besitz des Ringes kommt, wird eher machtlos als allmächtig. Der arme Wotan ist selten ein kraftvoller Gott, öfters ein Schwächling, den seine Frau überreden kann wie Juno (Hera) Jupiter (Zeus) oder den der kräftige Siegfried, sein Enkel und auch Schwiegersohn, mühelos besiegt.

Ich bin eben kein Wagnerianer, sondern ein «Brittenianer». Nicht nur, weil die Pariser Oper 2010 eine in jeder Hinsicht gelungene Aufführung von *Billy Budd* gegeben hat, mit schöner, erfindungsreicher und keineswegs entstellender Regie. Eine besonders schöne Erinnerung ist der Abend in einem Vororttheater, in dem Covent Garden (zurzeit in London ohne Saal) *The Turn of the Screw* spielte. Die Musik, die Geschichte, die Sänger/Schauspieler: Der Eindruck war tief (nur dass ich in den Kommentaren zur Oper und auch zu ihrer Quelle, der Novelle von Henry James, den Bezug auf den *Erlkönig* vermisste. Der Geist des Bösen hat bewirkt, dass «in ihren Armen das Kind tot» ist). Britten hat auch das *War Requiem* komponiert, das nicht nur an sich ergreifend ist, sondern auch eine besonders tiefe Bedeutung bekam, als es in Coventry mit dem deutschen Bariton Dietrich Fischer-Dieskau gespielt wurde.

1985, zu seinem sechzigsten Geburtstag, der vier Monate nach meinem lag, durfte ich an der *Hommage à Dietrich Fischer-Dieskau* teilnehmen, die Heinz Friedrich leider nur in 500 Exemplaren veröffentlicht hat. Mein langer handschriftlicher, ausnahmsweise leserlich geschriebener Brief begann folgendermaßen: «Sie kennen mich nicht, und ich weiß wirklich nicht, ob ein französischer Politologe, der noch nicht einmal Musik lesen kann, berechtigt ist, Sie hier mitzufeiern. Aber ich möchte Ihnen doch sagen, dass Sie mein Leben seit langem ständig verschönernd, verklärend begleitet haben …» Für mich war er einmalig, obwohl ich in Thomas Hampson und Thomas Quasthoff würdige Nachfolger sah und sehe. Und ich habe auch einen Lieblingstenor, Placido Domingo, der alles kann, auch ständig jünger werden – sein Geburtsdatum laut *Guide de l'Opéra* 1986: 21. Januar 1934, laut *Dictionnaire des interprètes* 2004: 21. Januar 1941! Und der dazu noch am Ende eines langen Interviews in *Le Monde* im August 2009 nicht nur sein Leben und Wirken eindrucksvoll beschreibt und die 125 Rollen erwähnt, die er gespielt/gesungen hat, sondern auch am Schluss seine Devise preisgibt – die auch die meine ist (und vom Hause Krupp stammt): «Rast' ich, so rost' ich.»

Aber Dietrich Fischer-Dieskau hat, neben allen Talenten, eine besondere Eigenschaft: die Mitlaute so deutlich zu singen, dass man die Texte versteht. Eine französische Musikologin hat ein Buch über Schuberts Lieder geschrieben, ohne sich um die Texte zu kümmern. Schubert hat sich da im Grabe umgedreht! Es trifft sich, dass die meisten Sängerinnen nur die Selbstlaute singen, was zum Beispiel die *Kindertotenlieder* von Mahler kaputt macht, mit der Ausnahme von Kathleen Ferrier, aber nicht von Christa Ludwig. (Überhaupt sollte keine Frau diese Lieder singen, da sie, besonders im dritten Lied, die Klage eines Vaters, nicht einer Mutter verkörpern.) Widerspruch zu mir selbst: Wie genieße ich doch (allerdings in Kenntnis der Texte) die drei Sopranstimmen am Ende des *Rosenkavaliers*!

Fischer-Dieskau hat auch lächelnde, verständnisvolle *master-classes* gegeben, bei denen die Kritik nie herabsetzend wird – im Unterschied zu Elisabeth Schwarzkopf oder Sergiu Celibidache. (Wir haben in Frankreich das Glück, den Fernsehsender *Mezzo* zu haben, der solche Programme bietet.) Allerdings bewundere ich am meisten die von Daniel Barenboim. Er unterbricht nicht; nach einem ganzen Satz sagt er, welche Noten an welchen Stellen vielleicht hätten anders gespielt werden können. Und er spielt die besagten Takte. Will man jedoch die Ansichten, die Ziele, die Anforderungen von Dietrich Fischer-Dieskau kennenlernen, so sollte man den Fernsehfilm sehen, den Bruno Monsaingeon ihm gewidmet hat. Kein anderer weiß sich so gut mit Musikern anzufreunden und sie dann zu filmen, ohne jemals selbst im Bild zu sein.

Vielleicht, weil Monsaingeon selbst ein Violonist ist, der noch viele Konzerte gibt, aber es ist seine Freundschaft mit Menuhin, die seine schönsten Filmporträts gezeitigt hat. Nach Menuhins Tod 1999 hat er bei ARTE ein eindrucksvolles Buch veröffentlicht: *Passion Menuhin. L'album d'une vie,* dessen Einleitung er gewagt hat, wie das Violinkonzert von Alban Berg *À la mémoire d'un ange* zu nennen. Mir passte das, denn Menuhin gehörte seit langem zu meinen Abgöttern. Seine Memoiren und die seines Vaters sagen viel, aber nicht alles über sein Leben aus. Monsaingeon fügt Wichtiges hinzu. Der Schock, den ein Besuch in Südafrika bei Menuhin wegen der Apartheid provoziert und der seine Einstellung zu den Leiden anderer verändert hat. Seine Kritik an Pablo Casals, der zwar einsehen wollte, dass Menuhin in seiner Verteidigung von Wilhelm Furtwängler recht hatte, es aber nicht öffentlich sagen wollte, um seine linken Verehrer nicht zu verärgern. Menuhin hat für alle gespielt, für die Vertriebenen, für die überlebenden Juden, für die noch verpönten Deutschen. Er wollte auch andere Musikwelten kennenlernen. Es gibt einen schönen Film über eine Reise von Isaac Stern nach China. Er hilft schon jungen Chinesen, die Beethoven, Mozart, Bach spielen, einiges dazuzulernen. Aber er interessiert sich überhaupt nicht für die chinesische Musik. Menuhin dagegen hat viel aus Indien mit nach Hause gebracht.

Ich hatte ihn oft im Konzertsaal oder auf Platten gehört. Eines Abends brachte er ein Stück, von dem ich nichts wusste und das mich begeisterte. Es war die Sonate für Geige von Béla Bartók. Für mich ein musikalischer Schock, größer als der malerische mit Schiele. Später erfuhr ich, dass die Sonate ein bezahlter Auftrag Menuhins an den in Amerika mittellosen Bartók gewesen war. Ich fand keine Aufnahme von Menuhin, nur die des belgischen Violonisten André Gertler, der nach meinen Laien-Ohren die schwierige Sonate jedoch ähnlich spielte wie Menuhin. Ein paar Jahre später wieder Menuhin und wieder die Sonate. Ich erschrecke: Ich erkenne sie nicht wieder. Nach einigem Zögern wage ich, als unbekannter Laie Menuhin mein Erstaunen brieflich mitzuteilen. Seine nette Antwort machte mich richtig stolz: Ich hätte erkannt, dass er seine Auffassung der Sonate völlig verändert habe. Gegen Ende seines Lebens durften meine Frau und ich ein Abendessen zu dritt mit ihm in Gstaad genießen. Bei diesem ersten und letzten Gespräch mit Menuhin konnte ich erleben, dass er wirklich so war, wie ich ihn mir immer vorgestellt hatte.

Wie bin ich nun zur Musik gekommen (ohne – Schuld des französischen Schulsystems – je ausgebildet worden zu sein)? Mein Vater hatte den Möbellastwagen aus Frankfurt nicht nur mit Goethe und Ibsen (plus Schiller und Heine) beladen, sondern auch mit schweren Schallplatten-Alben, da ja jede 78er Platte gewichtig war und eine Beethoven-Symphonie mehrere Platten erforderte (Mahler-Symphonien waren nicht dabei!). Nach meines

Vaters frühem Tod in Saint-Germain-en-Laye begann der Neunjährige in einem kleinen Zimmer, diese Platten aufzulegen. Viel Caruso, was mich nicht sehr beeindruckte, aber eben auch viel Beethoven und auch etwas Schubert – darunter das Trio Nr. 1, dem ich treu geblieben bin. Die Höhepunkte waren für mich das Adagietto der 7. Symphonie und das Violinkonzert, gespielt von Fritz Kreisler unter Leitung von (das Wort erstaunte mich) Generalmusikdirektor Blech. Später habe ich Beethovens Symphonien immer weniger genossen und sie nach und nach durch die Quartette ersetzt. Es kamen dann ständig neue Entdeckungen dazu. Ich brauchte nicht auf den Film *Barry Lyndon* zu warten, um den durch ihn populär gewordenen zweiten Satz von Schuberts Trio Nr. 2 kennenzulernen, aber ich muss gestehen, dass ich vielleicht ohne Viscontis *Tod in Venedig* später weniger Mahler gehört hätte, wobei der Gesang aus der 3. Symphonie weniger Aufsehen erregte als das nun oft als Filmmusik benutzte Adagietto der Fünften. Meine heilige Dreieinigkeit: Bach, Mozart, Schubert. Mit Zustimmung zur netten Geschichte von Karl Barth: Wenn Gott die Engel auffordert, ihm Musik zu spielen, spielen sie Bach. Wenn die Engel allein sind, spielen sie Mozart – und Gott lauscht an der Tür.

Nur dass Mozart eine vielfache Bedeutung hat und ich Bach eigentlich spät entdeckt habe, teilweise dank unserem vierten Sohn. Paul sang schon als Kind in einem Knabenchor. Heute ist er mit 41 Jahren ein gutes Beispiel des Nicht-nach-Geld-Strebens. Als ordentlicher Professor für Privatrecht wird er ständig aufgefordert, als Nebenberuf einer vornehmen Anwaltskanzlei beizutreten. Er lehnt ab, weil er, deswegen auch kinderlos und ohne Frau, sich als Bariton der Musik widmet, in kleinen Chören, mit vielen Konzerten und noch mehr Proben. Bis vor kurzem sang er fast nur Musik des 16. bis 18. Jahrhunderts. Dank seinem Einfluss entdeckten meine Frau und ich die Barockmusik, begannen Händel-Opern und -Oratorien zu hören und zu lieben. Monteverdi, Vivaldi, Schütz gehören nun zu unserem musikalischen Reich, ohne dass wir auch nur annähernd seine Fähigkeit hätten, nach einigen Takten zu sagen: «Das Stück heißt so, der Sänger so, aber die Aufnahme zeigt, dass er schon nicht mehr auf der Höhe seiner schönen Stimme war.» Dank ihm, dank Händel, wurden wir zu Bewunderern der *countertenor*-Stimmen wie der von Andreas Scholl oder Philippe Jaroussky.

Vor einigen Jahren hätte ich nicht gedacht, dass die Goldberg-Variationen einmal zu meinen am häufigsten gehörten Stücken zählen würden. Nicht der Sohn hat dies vollbracht, sondern die Jesuiten – der eine mehr Theologe als Musikologe, der andere mehr Musikologe als Theologe –, die am *Centre Sèvres,* der Pariser Jesuiten-Universität, unterrichten. Meine Frau (und manchmal ich mit ihr) durfte je neunzehn Stunden Johannes-Passion, Matthäus-Passion, h-Moll-Messe hören und verstehen lernen. Mit unserem Unwissen: «Sie hören hier den Unterschied zwischen dieser und jener Aufnahme»: Wir hörten den Unterschied eben nicht! Wenn übrigens der Kardinal-Erzbischof dabei gewesen wäre, so hätte er diese katholischen Priester als böse Lutheraner bezeichnet. Aber was wäre denn Bach ohne Luther?

Also doch deutsche Musik? Für die Spielzeit 2007/08 des Berliner Deutschen Symphonie-Orchesters hat der Chefdirigent Ingo Metzmacher ein Handbuch *Von deutscher Seele* herausgegeben. In meinem Beitrag *Wie französisch ist die deutsche Seele?* habe ich mit leichter Ironie über diese nationalen Zuordnungen geschrieben. Aber sie sollten nicht aus Hass entstehen. Im Februar 1949 schickte der Philosoph Vladimir Jankélévitch einen bösen Brief an Raymond Aron. Bei einer Erinnerungsfeier an den unter deutschen Kugeln gefallenen Philosophen und Widerständler Jean Cavaillès habe man Bach gespielt. «Die Germanomanie, selbst die musikalische, hat doch Grenzen ... Ich bedaure, dass Sie, als ehemaliger Freund von Cavaillès, die Gelegenheit verpasst haben, ihn wirklich französisch zu würdigen, und dass Sie Ihr

Konzert banalisiert haben mit deutschen Werken, die keine moralische Schlagkraft haben.» Oder auch zu sehr verallgemeinern. In Flauberts *Madame Bovary* beantwortet die Heldin die Frage, welche Musik sie liebe: «La musique allemande, celle qui porte à rêver» – Die deutsche Musik, das ist die, die zum Träumen verleitet. Nein, die «deutsche Musik» (Österreich gehört hier natürlich zu Deutschland!) ist nicht nur Aufforderung zur Träumerei!

Was suche ich denn in der Musik? Die reine Freude: Mozarts Violinkonzerte und die Klavierkonzerte, aber der zweite Satz von Nr. 20 und 24 bieten schon anderes. Die Zärtlichkeit, die zur heutigen Zeit so dumm vernachlässigt oder herabgesetzt wird: Als Höhepunkte der Zärtlichkeit gelten für mich das *Schlafe, mein Liebster, genieße die Ruh'* im Weihnachts-Oratorium und das *Incarnatus est* in Mozarts c-Moll-Messe. Die Heiterkeit – im Sinne zugleich des Lächelns und der Gelassenheit. Unter den Werken, die ich auf die berühmte einsame Insel mitnehmen würde, wären die beiden Klarinetten-Quintette von Brahms und von Mozart. Was würde ich hinzufügen? Eigentlich immer mehr Kammermusik, trotz der Bewunderung für Dirigenten wie Claudio Abbado, Bernard Haitink oder den alles könnenden John Eliot Gardiner (aber nicht Karajan mit seinen theatralisch geschlossenen Augen und seinen Starallüren!). Dazu Mozarts letzte Quintette, Schuberts Klaviersonate D 960, wenn von Sviatoslav Richter gespielt, und sein Quintett mit zwei Celli. Beethovens 15. Quartett. Warum diese Auswahl? Warum noch dazu aus Händels *Messias* das mich zu Tränen rührende *He was despised* der Altstimme? Weil es da nicht um reinen Genuss geht, sondern um mein Innenleben.

Der Schlussabsatz meines Briefes an Dietrich Fischer-Dieskau lautete: «Sie stehen gewiss nicht am Ende Ihres Lebens. Das ist jedoch nicht der einzige Grund, der macht, dass Sie sich in das Schubert-Lied *Der Kreuzzug* einfühlen müssen, ohne berechtigt zu sein, den wehmütigen Inhalt nachzuempfinden: ‹Des Lebens

Fahrt durch Wellentrug und heißen Wüstensand, /es ist ja auch ein Kreuzeszug in das Gelobte Land.› Haben Sie doch immer die Freude empfinden dürfen, anderen reine Freude zu schenken, was Ihnen erlaubt, der äußeren und inneren Wüste zu entkommen, das heißt, zugleich aus sich selbst herauszugehen und die innere Tiefe zu erreichen. Nur die Musik kann das. Dank ihrer großen Vermittler.»

KAPITEL 5

Mit wem? Mutter, Frau, Christen …

Mutter und Frau

Begleitet während meines langen Lebens wurde ich eigentlich nur durch zwei Menschen: meine Mutter und meine Frau. Meine Eltern und ihre beiden Kinder sind am 19. Dezember 1933 in Saint-Germain-en-Laye (bei Paris) eingetroffen. Am 5. Januar 1934 bin ich zum ersten Mal dort zur Schule gegangen. Am 1. Februar wurde ich neun. Am 4. wurde mein Vater 54 Jahre alt. Am 7. ist er an einem Herzinfarkt gestorben. Das geplante Kindersanatorium wurde nun ein von meiner Mutter geleitetes Kinderheim. Ich bin also vaterlos groß geworden. Ich wusste von meinem Vater wenig, aber da der Friedhof nur einige Meter von der Schule entfernt war, bin ich oft auf dem Schulweg an seinem Grab gewesen und habe mich früh mit dem Gedanken des Todes beschäftigt. Er ist bis zum heutigen Tag mein ständiger Begleiter gewesen. Nicht als Trauer, sondern als Bewusstsein der kürzeren oder längeren Zeit, die es galt, vor dem endgültigen Ende gut zu nutzen.

Mit meiner Mutter habe ich dann bis 1959 zusammengelebt. Es gab nur zwei Unterbrechungen. Im Juni/Juli 1940, als sie bei ihrer sterbenden Mutter in Saint-Germain blieb, während meine Schwester und ich nach Süden vor den Deutschen flohen. Wir fanden uns dann in Saint-Raphaël wieder. Dann 1943/44, als sie in Cannes «untertauchte» und ich in Marseille. Nach der *Libération* waren wir völlig mittellos und etwas hungernd in Marseille; sie wurde stellvertretende Leiterin eines Militärhospitals, ich wurde bei einem Hafen-Unternehmen als Sekretär eingestellt, bevor ich Pressezensor wurde. Im Herbst 1945 ging es nach Saint-Germain zurück, nicht in die große Villa, sondern in ein kleines Türmchen, das ehemals Dienstboten gedient hatte. Ab 1948 war sie nicht nur meine Mutter, sondern auch die Sekretärin des *Comité français d'échanges avec l'Allemagne nouvelle,* dessen Generalsekretär ihr Sohn war. Das Komitee engagierte sich für einen partnerschaftlichen Austausch zwischen Frankreich und der Bundesrepublik. In seiner Laudatio zu meinem Friedenspreis 1975 sagte Paul Frank, Staatssekretär im Bundespräsidialamt: «Lebte sie noch» – sie war 1968 gestorben –, «sie stünde heute neben ihrem Sohn, den sie von seinen Bemühungen nicht nur nicht abhielt, sondern dem ihre Güte die unerschütterliche Gewissheit gab, dass er auf dem richtigen Weg war.»

Was war das Leben dieser Frau gewesen während der 44 Jahre, die zwischen zwei Dokumenten liegen? Das eine ist ein «Besitzzeugnis», ausgestellt am 24. August 1918: «Auf Allerhöchsten Befehl Seiner Majestät des Königs bezeugt die Generalkommission in Angelegenheiten der Königlich Preußischen Orden hierdurch, dass Seine Majestät dem Fräulein Lily Rosenthal in Frankfurt a. M. das Verdienstkreuz für Kriegshilfe zu verleihen geruht haben.» Das andere trägt das Datum vom 23. Januar 1962 und die Überschrift «Verleihungsurkunde»: «In Anerkennung der um die Bundesrepublik Deutschland erworbenen Verdienste verleihe ich Frau Lily Grosser, Frankreich, das Verdienstkreuz am Bande des Verdienstordens der Bundesrepublik.» Gezeichnet vom Bundespräsidenten.

Bis zum Kriegsbeginn 1914, als sie 20 wurde, war ihr Leben das einer sehr geborgenen, gutbürgerlich lebenden Bankierstochter gewesen, die bis zu ihrem 18. Geburtstag nicht ohne ihre Gouvernante ausgehen durfte. Die erste persönliche Tragödie erlebte sie 1918, als ihr Verlobter, Max Koch, an der Front fiel. Bei meiner Geburt haben meine Eltern beschlossen, mir nicht nur die Vornamen meiner Großväter, Alfred und Eugen, zu geben, sondern dazu auch den Namen Max, zur Erinnerung an den im Krieg Getöteten. (Die beiden Großväter und die Großmutter väterlicher Seite waren übrigens bei meiner Geburt schon lange tot.) Bei ihrer Heirat 1922 war die Bankiersfamilie ruiniert. Die viel ältere Schwester meiner Mutter hatte ihre Mitgift in Goldmark erhalten, meine Mutter bekam sie in Inflationsmark. Da mein Vater sich erst kurz zuvor in Frankfurt als Kinderarzt niedergelassen hatte, war das Geld rar. Wie oft haben meine Mutter und ich über den Satz gelacht, den sie damals zu ihrem Gatten sagte: «Wenn man kein Geld hat, geht man auf die Bank und holt es!» Über die Zeit der großen Inflation erzählte sie mir: «Nach jedem Patienten kam dein Vater aus dem Sprechzimmer, gab mir das Honorar und sagte: ‹Kauf schnell irgendetwas. Bis morgen ist es ja nur noch die Hälfte wert!›»

Dann Hitler-Emigration – Tod des Gatten – Notwendigkeit, sich mit noch nicht vierzig nur der Arbeit und den Kindern zu widmen – Krieg, Schließung des Heims, Flucht vor den Deutschen – Tod der Tochter in Saint-Raphaël im April 1941 durch eine bei der Fahrradflucht während ihrer Regel zugezogene Blutvergiftung ... Und doch habe ich nie ein Wort des Hasses von meiner Mutter gehört. Wie es Paul Frank gesagt hat, hat sie mich immer angespornt, vor Eingebildetsein so gut es ging bewahrt und selbst viel Arbeit auf sich genommen. Sie tippte meine Manuskripte und schuftete als halbzeitarbeitende Sekretärin, für ihren beinahe ganztägigen Einsatz kümmerlich bezahlt. (Meine Tätigkeit im *Comité* war ehrenamtlich.)

Nach ihrem Tod im September 1968 veröffentlichte *Die Zeit* einen langen, schönen Nachruf, begleitet von einem Foto, das im Krankenhaus von Saint-Germain aufgenommen worden war, wo sie an Lungenkrebs starb. Paul Frank schrieb: «Im vergangenen Monat ist in Paris Frau Paul Grosser nach schwerer Krankheit gestorben. Sie dürfte dem großen Publikum beiderseits des

Rheins weithin unbekannt geblieben sein. Viele junge Menschen jedoch, die in den letzten zwanzig Jahren den Wunsch gehabt haben, in Deutschland oder in Frankreich eine Austauschstelle zu finden, werden sich ihrer in Dankbarkeit erinnern ... Im Jahre 1950 lernte ich Frau Grosser kennen. Es war in dem Jahr, als Wilhelm Hausenstein nach Paris kam und als Vertreter der Bundesrepublik Deutschland die ersten Verbindungen knüpfte. Dies erforderte eine harte Von-Tür-zu-Tür-Arbeit ...» Das Warum und Wozu ihrer Arbeit, Paul Frank hat es besonders prägnant in seiner Paulskirchenrede dargestellt: «Damit sich die Jugend des Landes, das ihr das Liebste genommen hatte, mit dem Lande verstehe, das sie als freie Bürgerin aufgenommen hatte.» Ihretwegen bleibt meine Lieblingsstelle im Neuen Testament ein Satz des Galater-Briefes: «Die Früchte des Geistes sind Liebe, Freude, Friede, Geduld, Güte, Sanftmut.»

Ich glaube, es war teilweise wegen des Respekts für die Frauen, der aus meiner engen Beziehung zu meiner Mutter entstand, dass ich ein zurückhaltender, eher keuscher Jüngling wurde. Auch fand ich mich physisch wenig anziehend. Die Mädchen fanden mich intelligent und vertrauenswürdig. Manche Mütter hätten mich gerne als Schwiegersohn gehabt. Daher auch Telefonanrufe wie: «Bitte, sei nett. Wenn meine Mutter sich erkundigen sollte – ich gehe für sie heute Abend mit dir aus!» Freundschaften ja, aber fast nur mit viel älteren Frauen, die mir geistig viel gegeben haben. Auch mit einigen jungen, im Sinne der Definition der Freundschaft, die Jean Giraudoux in *Amphitryon 38* gegeben hat: «Alle Sinne außer einem.» Nur einmal – 1952 – kam es zu einer engen Verbindung bis zur Verlobung, die ich schweren Herzens und mit leidenden Sinnen wieder aufgelöst habe, weil die Partnerin doch nicht die richtige war. Mein Traum wäre gewesen, eine *jeune fille* (kein deutsches Wort entspricht diesem Ausdruck) zu treffen, die nüchtern, mutig, anziehend sein sollte, wie meine Lieblingsheldinnen bei Racine (Monime in *Mithridate,* Aricie in *Phèdre*) oder

Corneille (Laodice in *Nicomède*), und zugleich für das Poetische veranlagt wie Giraudoux' Isabelle in *Intermezzo*. 1957 habe ich sie gefunden, obwohl ich dies erst nach und nach entdeckte.

Der *Troisième cycle* (entsprechend den *postgraduate studies*) hatte am 1. Oktober 1956 begonnen. Ein Jahr später kamen die nach harter Auswahl angenommenen Studenten des zweiten Jahrgangs. Nicht mehr als ein Dutzend. Ich notierte, keine oder keiner sei wirklich außergewöhnlich. Unter ihnen Anne-Marie Jourcin, die gerade ihr Diplom vollendet hatte, nachdem sie im Studium ein Jahr unterbrochen worden war. Wegen schnell fortschreitender Tuberkulose – aber auch schnell gestoppt und geheilt, obwohl mit dauerhaften Konsequenzen, weil man damals noch nicht wusste, dass ein neues, effizientes Heilmittel ein darmschützendes Gegenmittel benötigte. (Später wird ihr Anblick des möglichen Todes eine Gemeinsamkeit darstellen mit meinen Betrachtungen des Todes während des Krieges, den sie, 1934 geboren, nur als Kind erlebt hatte.)

An sich wollte ich nie mit Studentinnen «anbändeln», um nicht die Stimmung mit der kleinen studentischen Gemeinschaft zu zerstören, um die ich mich kümmerte, bereits als Assistent an der Sorbonne. Dort hatte ich mit 26 begonnen und versuchte, bei Ausgängen und Ausflügen eher älterer Bruder zu sein. Am Institut nannte ich alle Studentinnen beim Vornamen (die Studenten beim Nachnamen), was damals ungewöhnlich war. Der Direktor machte mir gegenüber eine kritische Bemerkung. Er beantwortete aber meine Antwort nicht: «Wäre es Ihnen lieber, ich würde nur eine Studentin per Vornamen anreden?» Nun aber näherten wir uns langsam. Einige Zeitlang lud ich Anne-Marie zusammen mit einer anderen ins Café ein – die bald glaubte, es wäre ihretwegen (bevor sie viel später Abgeordnete im Europa-Parlament wurde). Langsam schien Anne-Marie und mir klar, dass wir zusammengehörten – bis ich ihr plötzlich sagte, ich wolle nicht mehr. Eine Woche später waren wir verlobt. Mein plötzliches Zögern rührte daher, dass ich mir eine Frage stellte: «Will ich heiraten, oder will ich SIE heiraten?» Die Antwort stieg schließlich so klar in mir auf, dass ich sie seit 1959 nie auch nur annähernd bereut habe. Anne-Marie (oder Annie) ihrerseits hatte geglaubt, meine Mutter habe sich gegen diese Ehe gestellt. Sie hatte sie in Saint-Germain besucht und wusste nicht, dass ihre zukünftige Schwiegermutter (im Gegensatz zu 1952, als sie meine Wahl sehr bezweifelt hatte) mir gesagt hatte: «Das ist die Frau deines Lebens.» Das Verhältnis zwischen den beiden Frauen war dann aus zwei Gründen besonders herzlich. Einerseits zog sich meine Mutter nach der Hochzeit zurück und kam nur, wenn Annie sie einlud. Andererseits waren die Beziehungen meiner Frau zu ihren eigenen Eltern nicht besonders warm, sodass meine Mutter gewissermaßen ihre zweite Mutter wurde.

Am damals sehr gutbürgerlichen, snobistischen Institut hatte Anne-Marie etwas unter ihrer Herkunft zu leiden gehabt. Der Vater war als guter Zeichner und wenig erfolgreicher Tiermaler ziemlich verbittert. Die Mutter war bei der Post als Telefonistin tätig. Sie unterschätzte sich so sehr, dass sie nie eine Beförderung annehmen wollte und sich auch für unfähig hielt, Auto fahren zu lernen. Da ihr Gatte kinderfeindlich war, hatte sie nur diese einzige Tochter zur Welt gebracht. Der Vater meiner zukünftigen Frau hat seiner Tochter immer vorgeworfen, weder schön noch intelligent zu sein. Es ist mir seit über einem halben Jahrhundert nicht gelungen, sie zu einer richtigen Selbsteinschätzung zu bringen! Ihre Mutter stammte aus Südfrankreich, und Anne-Marie ist in Digne (Basses-Alpes) geboren worden. Vor unserer Heirat war sie nie östlich von Paris, geschweige denn in Deutschland gewesen. Nach der Heirat, da sie doch zu Hause niemanden hatte, der ihr die deutsche Sprache hätte beibringen können, hat sie sich im Pariser Goethe-Institut vier Jahre lang auf das Diplom der Deutsch-Französischen Handelskammer vorbereitet – und dann auch bestanden.

Die Heirat fand nur im Rathaus statt. Ich wäre bereit gewesen, je nach Frau, in der Kirche, im Tempel, in der Synagoge zu heiraten. Annies Eltern waren katholisch, die Mutter etwas gläubig, der Vater so antiklerikal, dass er bei ihrer ersten Kommunion die Kirche nicht betrat. Ein befreundeter Jesuitenpater, der damals und noch heute sehr bekannte François Varillon, war bereit gewesen, mich kirchlich zu trauen. Aber als er erfuhr, dass die Verlobte zwar katholisch war, aber nicht glaubte, bemerkte er zu Recht, dass beides denn doch zu viel sei! Die Söhne haben wir von ihm taufen lassen, schon bevor meine Frau zum Glauben gelangte. Ich wollte, dass unsere Kinder später gegen mich frei bleiben sollten. Die Wahrscheinlichkeit in unserer Gesellschaft war groß, dass sie später die Kirche verlassen und nicht vom Unglauben zu einer Religion kommen würden.

Ich war Annies Doktorvater. Als sie einige Tage vor unserer Hochzeit ihr zweites Postgraduate-Jahr beendete, hatte sie ihre Dissertation begonnen, mit dem schönen Thema: «Die Politisierung der Streiks in Frankreich nach 1945». (1947 und 1948 war es beinahe zum Bürgerkrieg gekommen.) Ich muss gestehen, dass die Arbeit durch die baldige Geburt des ersten Sohnes, im April 1960, endgültig unterbrochen wurde. Die Geburt verlief nicht schmerzlos, obwohl sie nach der Methode ASD *(accouchement sans douleur)* vorbereitet worden war. Eine Methode, die auch den Vater in die Vorbereitung einbezog und die, Wunder der Wunder, zugleich von Pius XII. und der Kommunistischen Partei empfohlen war. Der «Vater meiner Söhne», Dr. Pierre Vellay, war einer der Gründer des ASD, der KP näher als dem Papst. Wir freundeten uns an, und da er auch die Kinder von Gérard Philipe zur Welt gebracht hatte, lernten wir nach dessen Tod seine als Schriftstellerin erfolgreich gewordene Witwe kennen. Ihr erstes Buch *Le Temps d'un soupir* war die mit Zurückhaltung geschriebene Geschichte ihrer bewunderungswürdigen Ehe.

Nach drei Jahren kam, nach Jean, der zweite Sohn, Pierre. An sich hatten wir drei Kinder geplant, aber ich zögerte, weil ich mich mit bald vierzig zu alt fand. Ich erzählte das meinem väterlichen Freund und gewissermaßen geistigen Vater Jean Schlumberger. Der beschimpfte mich: «Wie kann man sich so gegen das Leben entscheiden?» Unser dritter Sohn Marc ist im Februar 1968 zur Welt gekommen, und ich habe ihm später gesagt, eigentlich sei Schlumberger indirekt sein Vater. Meine Schwiegereltern haben bereits beim zweiten Kind das Gesicht verzogen. Beim dritten gab es kleine Bemerkungen. Als Großmutter war aber Annies Mutter voller Liebe und Zärtlichkeit. Als sie eines Tages Marc herzte, sagte ich: «Wenn es nach Ihnen gegangen wäre, würde es Marc gar nicht geben!» – «Wie können Sie so etwas behaupten?» – «Sie wollten ja nicht ein drittes Kind bei uns sehen.» Und dann kam – unerwartet, nicht geplant – sogar ein viertes. Paul ist dreizehn Monate nach Marc geboren. Sein Kommen verkündeten wir meinen Schwiegereltern am Krankenhausbett meiner Mutter, die sich über die Nachricht so freute, dass keine Kritik mehr möglich war. Sie ist kurz danach gestorben, ohne den vierten Enkelsohn gesehen zu haben. Ja, wieder ein Sohn! Ich war bei allen vier Geburten dabei, immer mit dem Wunsch, doch einmal eine Tochter herauskommen zu sehen. (Wir wollten vorher das Geschlecht nicht erfahren.) Also ist es mir nie vergönnt gewesen, erotische Gefühle für eine große Tochter zu empfinden und, was ich mir immer mit Vergnügen ausmalte, einmal so mit ihr auszugehen, dass ich als ihr Liebhaber betrachtet werden konnte!

In den siebziger Jahren hat sich Annie bekehrt. Sie hat nachstudiert, nicht systematisch, aber mit vielen Kursen der Theologie, Kirchengeschichte, Bioethik und anderem mehr. Alles an den Jesuiten-Fakultäten des *Centre Sèvres*. Sie hat auch ihr Diplom für neutestamentarisches Griechisch bestanden. Da sich Marc in der Grundschule für die griechische Sprache und für Homer interessierte (und einmal ein langes Referat über *Die Pferde in der Iliade* vor erstaunten kleinen Kommilitonen gehalten hatte), sind beide in Delphi zwischen den Gräbern herumgelaufen, um die Inschriften zu entziffern, während ich bei einer langweiligen Tagung referieren musste. Einer der Gründe für Marcs Interesse war, dass seine Mutter ihm und Paul jeden Abend vorgelesen hatte. Durch die Jahre, vom Kinderbuch bis zu den *Misérables* und zu Tolstois *Krieg und Frieden*. Ihre Kunst, gut zu lesen, hat Annie auch für Blinde ausgeübt, durch direktes Vorlesen und durch das Aufnehmen von Platten, die dann von einer Organisation für Blinde verwendet wurden. Heute liest sie von Zeit zu Zeit in der dem *Centre Sèvres* angeschlossenen St.-Ignaz-Kirche die erste oder zweite Lektüre bei der Messe. Sie gehört der kleinen sympathischen Gruppe an, die die Messen vorbereitet, und sei es nur, um die Menschen gut zu empfangen.

Ich bewundere vor allem ihre eigentliche Tätigkeit in der *aumônerie* (Seelsorgeeinrichtung) des *Hôpital Necker.* (Die *aumôneries* sind im Gesetz von 1905 über die Trennung von Kirche und Staat vorgesehen, und der leitende *aumônier* bekommt sogar vom Staat ein sehr, sehr karges Gehalt.) Es geht nicht darum zu bekehren, sondern man muss zunächst die Kunst des Zuhörens erlernen. Annie kümmerte sich zuerst um die erwachsenen Kranken der Nierenstation. Seit langen Jahren ist sie nun in der Abteilung Kinderneurochirurgie und betreut geschlagene Kinder, verunglückte, vom Hirngeschwür wenn möglich durch langwierige Operationen zu befreiende. Dort werden wahre Chirurgie-Wunder vollbracht: Bei der Geburt entstellte Schädel und Gesichter können zurechtgestellt oder Tumore entfernt werden, die so dick geworden sind, weil der Kinderarzt behauptet hatte, die Kopfschmerzen seien psychologisch zu erklären … Es geht darum, den Eltern zu helfen – auch im Falle des Todes eines Kindes. Denn es wird viel gestorben.

Annie ist dreimal in der Woche dort und kommt oft den Tränen nahe nach Hause. Die Kinder stammen aus allen Ländern – viele aus Nordafrika. Die Familien sind im Allgemeinen arm. Private Kliniken würden solche Kinder nie aufnehmen, schon gar nicht für Monate. Hier ist alles gratis, was das Loch im Haushalt der *Sécurité sociale* zum kleinen Teil erklärt. Man bedenke nur, was eine elfstündige Operation kostet! Manchmal bleiben Jahre nach der Genesung oder sogar des Todes eines Kindes freundschaftliche Beziehungen zu den Eltern bestehen. Viele dieser Eltern (oder der Mütter, weil der Mann weg ist) sind Muslime. Das einzige Geschenk, das Annie je bekommen hat, war ein kleines Kruzifix, überreicht von einem muslimischen Vater. (Eine merkwürdige Erfahrung machte sie einmal in der Nieren-Abteilung. Obwohl ihr Schildchen der *aumônerie chrétienne* nur den Vornamen trägt, hatte ein Kranker ihren Familiennamen gehört. Und dieser jüdische Kranke sagte zu ihr: «Sie sind wohl die Gattin des Mannes, den ich seit Jahrzehnten hasse!» Natürlich wegen meines Verhältnisses zu Deutschland ...)

Unsere Ehe ist durch ihren «Sonderweg» auf keine Weise getrübt worden. Vor einem Jahrzehnt sprach ich zu Bankleuten. Nach der Diskussion ging es zu Tisch. Ich fragte den Bankdirektor: «Darf ich erst einmal telefonieren?» – «Mit wem?» – «Mit meiner Frau.» – «Wieso?» – «Weil ich sie seit drei Stunden nicht gesprochen habe.» – «Seit wann sind Sie verheiratet?» – «Seit vierzig Jahren, und der Honigmond ist noch nicht zu Ende.» Das sage ich heute noch genauso. Der Begriff der Treue ist bei uns nie aufgetaucht. Das Zusammengehören war immer eine Selbstverständlichkeit. Unsere Söhne beklagen, dass sie als Kinder nie den einen gegen den anderen haben ausspielen können. Und sie finden auch, dass wir, obwohl doch gute Eltern und Großeltern, zu *fusionnel,* also verschmolzen seien. Es trifft sich oft, dass wir ihnen nach einem Konzert oder einem Film unisono sagen: «Wir haben es schön – oder nicht schön – gefunden.» Im Kino allerdings sitzen wir zwar nebeneinander, doch ohne Kontakt, um den anderen nicht zu beeinflussen!

Auf religiöser Ebene leben wir nach dem 1. Korintherbrief

(VII, 14): Die gläubige Frau soll den ungläubigen Mann nicht verstoßen, wenn er einwilligt, weiter mit ihr zusammenzuleben. Aber wir haben diese Stelle erst nach Jahrzehnten entdeckt!

Mit den Kirchen und gegen die Kirchen

Das Zusammenleben wäre schwieriger, wenn ich nicht ständig mit christlichen Einrichtungen, Verbänden und Publikationen zusammenarbeiten würde. Meine Frau protestiert, wenn ich behaupte, sie sei zum Glauben gekommen, weil ich sie mit so vielen Priestern zusammengebracht habe! Man darf mich ruhig als eine Art atheistischen *fellow traveller* (nicht etwa «Mitläufer»!) der engagierten Christen betrachten. Als Atheist im französischen Katholizismus wie als Franzose in Deutschland bin ich der Außenseiter, der aber als innerlich Dabeiseiender akzeptiert wird, weil man weiß, er will mitempfindend positiv mitwirken. Manchmal auch mit den gläubigen Juden.

Anfang der fünfziger Jahre schrieben witzige Jesuiten-Freunde drei Briefe, die ich zunächst ernst nahm. Einen an Pater A. G. bei *La Croix*, einen an Pastor A. G. bei der evangelischen Wochenzeitung *Réforme*, für die ich lange Jahre geschrieben habe, und einen an Rabbiner A. G. bei *Évidences*, einer jüdischen Monatszeitung, für die ich damals auch schrieb. Man wusste, dass ich mich in der Schrift besser auskenne als viele Gläubige. So durfte ich zweimal an Veranstaltungen zur Bibel teilnehmen – einmal vor 400, einmal vor 1000 Zuhörern. Der Bischof von Versailles, der Präsident des Verbands der evangelischen Kirchen Frankreichs, ein Großrabbiner und ich als ziemlich bibelfester Nichtgläubiger diskutierten über die für sie heilige Schrift. Vorher saßen wir freundschaftlich zusammen. Der Bischof zog einen Text aus der Tasche, den er gern vorlesen wollte. Nun hatte der Rabbiner die Absicht, dieselbe Bibelstelle zu benutzen – die ich auch gern vorgestellt hätte. Es handelte sich um «das Gott wohlgefällige Fasten» (Jesaja 58): «Ist das ein Fasten, wie ich es liebe, ein Tag, an dem man sich kasteit? Dass man seinen Kopf wie ein Schilfrohr hängen lässt und sich in Sack und Asche bettet? ... Wisst ihr nicht, wie das Fasten ist, das ich liebe? So spricht der Herr Jahwe: Ungerechte Fesseln öffnen und des Joches Stricke lösen ... dein Brot mit dem Hungrigen brechen und obdachlose Arme aufnehmen in dein Haus?» Wir beschlossen, dass der Rabbiner den Text vorlesen solle, denn seine Religion gebe am meisten auf Rituale! So geschah es auch. Zur gleichen Zeit veröffentlichte im Januar 1990 die Zeitschrift *La Voix protestante* einen Artikel von mir mit der Überschrift *La Bible pour tous* («Die Bibel für alle», das heißt für Gläubige und Nichtgläubige) – nämlich als ein Element unser aller Kultur, und auch wegen der Schönheit von Stellen wie dem Buch Hiob oder dem Buch der Weisheit.

In Frankreich war die Lage klar, was manchmal für deutsche Kirchen kaum verständlich ist. Dreimal habe ich an einer Tagung für Priester teilgenommen, um an ihrer politisch-ethischen Weiterbildung teilzunehmen. (Es scheint niemanden empört zu haben: Kurz darauf wurde der Veranstalter zum Bischof geweiht!) Bei der Messe scharten sich die Teilnehmer um den Altar. Ich stand unter ihnen, trat aber bei der Kommunion einen Schritt zurück, damit die Hostien und der Kelch an mir vorbei gereicht werden konnten.

Zweifel an meiner Grundeinstellung gab es fast nie. Bei der ACAT (Christlicher Verein gegen die Folter) sagte der die Veranstaltung einleitende Vorsitzende, ich würde als freier Mensch zu freien Menschen sprechen. Nach einer Rede vor dem Kongress der Direktoren der katholischen Privatschulen kam es zu einer langen, schönen Aussprache aufgrund gemeinsamer ethischer Bestrebungen. Nur bei manchen Studenten entstand die Überzeugung, mit meinem Hang zur Moral und meinen häufigen Evangeliums-Zitaten müsse ich ja Christ sein. Die Richtigstellung kam in einem offenen, in meinen Augen klaren Interview mit *Un autre regard*, dem Informationsblatt der *Communauté chrétienne de Sciences po*. Allerdings mit der zusätzlichen Bemerkung einer Studentin: Ich würde ständig die gläubigen Christen aufrufen, «christlicher» zu sein, das heißt, ihr Leben mehr oder besser aus ihrem Glauben heraus zu gestalten. Sie hat dies richtig eingeschätzt. Später wurde mir gerade diese Haltung von einer katholischen Soziologin bei einer Veranstaltung vorgeworfen. Aber es war im Licht der gemeinsamen Ethik, dass ich einen Beitrag schrieb zu einer Nummer *Theologien der Befreiung* der evangelischen Zeitschrift *Foi et Vie* (Glaube und Leben). Unter dem Titel *Bemerkungen eines Nichtgläubigen* wagte ich es, zur Verurteilung der südamerikanischen Kirchenbewegung durch Rom Stellung zu nehmen – nicht nur die Verurteilung verurteilend, sondern auch mein Erstaunen über manchen platt-marxistisch gefärbten Jargon der doch zu Unrecht Verurteilten ausdrückend.

Protestanten waren auch die Zuhörer meines Referats *Politik und Ethik in und für Europa heute* für die 4. Vollversammlung der an der Leuenberger Konkordie beteiligten Kirchen in Lainz bei Wien im Mai 1994. Meine Thesen wurden dann veröffentlicht in den *Leuenberger Lehrgesprächen*, obwohl sie viel Kritik – und manchmal etwas ironische Bemerkungen – zur Vergangenheit und Gegenwart der protestantischen Kirchen enthielten. Meine Einleitungsrede zum Jahresempfang 2005 der Evangelischen Akademie in Tutzing wurde in den *Tutzinger Blättern* wiedergegeben – im Gegensatz zu einer recht kirchenkritischen Rede in der katholischen Akademie Freiburg, die wie üblich im Herder Verlag hätte erscheinen sollen. Aber die Zusammenarbeit mit den evangelischen und katholischen Akademien in Deutschland ist immer erfreulich gewesen. Auch mit «Luthers Cajetan-Tagen» in Augsburg oder dem Benefiz-Abend des «Nothilfefonds des Erzbistums Berlin für Migranten», der unter der Schirmherrschaft des mit mir befreundeten Erzbischofs Kardinal Sterzinsky stattfand. Ein

Beitrag zum Katholisch-Theologischen Fakultätentag 1992 in Paderborn erschien dann in der Zeitschrift *Theologie und Glaube.* Beide Konfessionen zusammen erlebte ich als Redner bei einer gemeinsamen Berliner Preisverleihung von Caritas und Diakonie für besonders erfolgreiche Projekte der Nächstenhilfe.

Meine Offenheit wird im Allgemeinen zugelassen. Monsignore Jacques Perrier, Bischof von Chartres, dann von Lourdes, schrieb ein Buch *L'abbé Stock (1904–1948)* zur apologetischen Darstellung des Priesters, der die französischen verurteilten Widerstandskämpfer geistlich begleitet hatte und der seliggesprochen werden sollte. Er ließ einen kurzen Beitrag von mir als Anhang erscheinen, in dem ich, neben meiner Bewunderung für Stock, eine doppelte Zurückhaltung ausdrückte. Weil Franz Stock an der deutschen Botschaft in Paris gewirkt hatte, als sei sie zur Hitlerzeit eine normale Botschaft. Und weil er unbedingt die Verurteilten auf dem Weg zur Erschießung bekehren wollte, selbst wenn sie sich aus kommunistischem Glauben heraus geopfert hatten.

Auch wusste man, dass ich die positiven Seiten der Kirche anerkannte und öffentlich darstellte. Ein junger Vikar sagte einem Bischof in der Bretagne: «Hoffen wir doch, dass sich Alfred Grosser eines Tages bekehren wird!» Der andere lachte und sagte: «Lieber nicht. Er ist uns doch so viel nützlicher!» Das entsprach der Wirklichkeit. Nur ein Beispiel: Während einer Bischofs-Synode in Rom im November 1971 war der für Religion zuständige Journalist von *Le Monde* abwesend. Er war ein antiklerikaler, oft verständnisloser Katholik. Ich bat den Chefredakteur, einen größeren Artikel schreiben zu dürfen. Er erschien unter dem Titel *Das Ende der Synode: Das Erlernen der Ungewissheit* und erschien auf Seite 1 oben, das heißt als Leitartikel. Ich zeigte, dass die Kirche dabei war, Grund zu verlieren, und doch zugleich eine Erneuerung erlebte. Es kamen Leserbriefe, die der Zeitung dankten, endlich wieder einmal einen verständnisvollen Beitrag über die Kirche veröffentlicht zu haben. Ein anderes Beispiel: In meinem Vorwort für die deutsche Ausgabe des Buches von Eugène Kurtz, *Zwangsrekrutiert. Ein Elsässer in Hitlers Armee* (Herder 2008), betonte ich, wie sehr Kurtz sein Leben lang zwar ein treuer Sohn der Kirche geblieben war, aber die Werte, die er im Evangelium erblickte, stets in Taten umgesetzt hatte, in Zusammenarbeit mit ganz anderen. Von der JOC, der Christlichen Arbeiterjugend, bis zur Gewerkschaftsarbeit nach dem Krieg lag ihm die Gerechtigkeit für die Ausgebeuteten am Herzen.

Das soll nicht heißen, dass es nicht zu inhaltlichen Auseinandersetzungen mit meinem Atheismus gekommen ist. Kardinal Paul Poupard hatte ich als Direktor des *Institut catholique de Paris* (der katholischen Universität, die sich aber als private Anstalt laut *laïcité* nicht so nennen darf) kennengelernt. Als Vatikan-Beauftragter für die Kultur lud er mich zu einem «Dialog mit dem Atheismus» ein. Er legte das Programm bei. Vorträge und Podiumsdiskussionen waren nur von Bischöfen und Ordenspriestern belegt. Ich schickte ihm einen höflichen, aber ziemlich deutlichen Brief der Ablehnung.

2002 stellte die Zeitschrift *Christ in der Gegenwart* die Frage: «Was schätze ich am Christentum?» Unter diesem Titel wurden dann in einer Broschüre «18 persönliche Antworten» veröffentlicht. In der meinen entwickelte ich vier Punkte, die ich hier nur andeute. 1. Es gibt kaum eine andere Religion, die den leidender Mensch gewordenen Gott in die Mitte ihres Glaubens stellt ... Das Christentum hat sich hier verändert. 2. Wenn es nicht Paulus gegeben hätte, so würde ich nicht das Christentum als Religion für alle Menschen betrachten dürfen ... Die gesamte Menschheit als ein Volk ... 3. Das Christentum, das ich schätze, verbindet das Waagerechte und das Senkrechte. Man wirkt innerhalb der Gesellschaft und führt ein inneres, geistiges Leben. 4. Ich schätze die Betrachtung des Lebens, das man, im Angesicht des Todes, nicht mit Unnützem vergeuden soll. Am Schluss schrieb ich: «Wäre nun die Frage: ‹Was schätzen Sie am Christentum nicht?›, hätte ich auch manches zu sagen!»

Zu dem «manchen» gehört ein doppelter Vergleich. Zwischen dem französischen Katholizismus und dem deutschen. Und zwischen dem Teil des französischen, mit dem ich einen anderen Teil kritisiere. In Deutschland bestehen natürlich auch interne Unterschiede. Wenn in Köln Kardinal Meisner alle Zuschüsse für die mutige Karl-Rahner-Akademie der Jesuiten streicht, so weiß ich wohl, mit wem ich gegen wen bin! Ähnlich geht es mir, wenn Meisner und andere Bischöfe den finanziellen Untergang des 1946 gegründeten *Rheinischen Merkur* erzwingen, weil dieser einen kirchenkritischen Beitrag gebracht hat. Der *Merkur* wird langsam in der *Zeit* verschwinden, so wie er selbst einst *Christ und Welt* hatte verschwinden lassen. Wenn ich in Deutschland böse sein will, so sage ich, die katholische Kirche verbietet zu viel, die evangelische zu wenig. Aber wenn ich sehe, wie es auf dem Kirchentag zugeht, mit welcher fröhlichen Menschenfreundlichkeit, mit welcher toleranten Intensität des Dialogs, so bin ich voller Bewunderung, wie übrigens die französischen Teilnehmer auch, wenn sie mit Begeisterung in *Réforme* berichten. Und ich freue mich auf meine Rede *Die Kirchen in der Gesellschaft* am 2. Juni 2011 beim Kirchentag in Dresden!

Der größte deutsch-französische Unterschied betrifft das Geld. Die deutschen Kirchen sind reich, auch wenn sie ständig klagen. Sie erhalten nicht nur die Kirchensteuer, sondern auch staatliche Unterstützung für Sozialwerke – und Zuschüsse, die seit Jahrhunderten aus merkwürdigen historischen Verpflichtungen fließen. Ein französischer Priester muss mit 800 bis 1000 Euro im Monat leben. Der Pariser Erzbischof auch, nur dass er Logis und Ernährung gratis hat. Die Gläubigen (es gibt keine «Mitglieder») zahlen, was sie wollen. Die Armut ziemt, laut Evangelium, der Christenheit, aber man leidet doch sehr unter ihr. Der Haushalt der Erzdiözese Paris oder der des bretonischen Bistums Saint-

Brieuc würde von jedem deutschen gutbezahlten Kirchenbeamten mit entsetztem Erstaunen wahrgenommen. Daraus entsteht jedoch eine große Unabhängigkeit. Anfang der fünfziger Jahre sprach der Pariser Erzbischof Kardinal Feltin auf Einladung von Kardinal Frings im Kölner Dom. «1905 wurde uns die Trennung von Staat und Kirche auferlegt.» Allgemeines Mitleid auf den deutschen Gesichtern. «Was konnte uns Besseres geschehen!» Allgemeines Unverständnis auf denselben Gesichtern.

Rom gegenüber werden verschiedene Momente unterschiedlich erlebt. Die deutsche katholische Kirche ist weitgehend der ständigen vielfachen Bestrafung entgangen, die Pius XII. in der ersten Hälfte der fünfziger Jahre der französischen Kirche auferlegt hat. Johannes XXIII. hat aus dem Jesuiten Henri de Lubac und dem Dominikaner Yves Congar wichtige Berater beim Vaticanum II und dann Kardinäle gemacht. Vorher war ihnen das Wort entzogen worden, wie den gesamten Bestrebungen der reformorientierten theologischen Fakultät von Lyon. Die Arbeiterpriester wurden dramatisch zurückgepfiffen. Sie hatten sich doch der Welt der Arbeit gegenüber verpflichtet, auf Dauer mitzuarbeiten, und sei es nur, um die Kirche dafür zu entschuldigen, seit dem 19. Jahrhundert in der Arbeiterschaft abwesend gewesen zu sein. Manche verließen den Priesterstand, andere unterwarfen sich.

Die vielleicht schönste Messe, der ich jemals beigewohnt habe, fand in einem kleinen Esszimmer statt. Der Tisch diente als Altar. Der Arbeiterpriester André Depierre traute ein mir befreundetes Paar Sozialarbeiter. Derselbe Priester predigte später, bei einer Feier zur Erinnerung an Emmanuel Mounier, über den Gehorsam. Mit Trauer, aber ohne Bitterkeit. 1956 löste sich die ACJF *(Association catholique de la jeunesse française)*, der Zentralverband von JAC (Landjugend), JEC (Studentenjugend) und JOC (Arbeiterjugend), unter dem Druck der Bischöfe auf: Sie wollte zwar kirchentreu bleiben, aber nicht als Organ der Kirche funktionieren. Da ich seit Jahren viel mit der ACJF zusammengearbeitet hatte, fühlte auch ich mich betroffen.

Die ACJF hat mir auch einen anderen deutsch-französischen Unterschied gezeigt. Zur Zeit des Streits um die Europäische Verteidigungsgemeinschaft 1953/54 nahm ich an einer Begegnung der deutschen und französischen katholischen Jugendverbände teil. Die französischen *aumôniers* (geistigen Begleiter), fast alle Jesuiten, fuhren zusammen mit den Jugendvertretern dritter Klasse im Zug. Sie schwiegen zum Thema: Sie hatten sich nicht in politische Fragen einzumischen, denn das hätte die politische Freiheit der Verbände beeinträchtigt. Auf deutscher Seite kam der zuständige Bischof im Mercedes mit Chauffeur und hielt eine flammende Rede zugunsten der EVG.

Aber die deutsche Kirche wurde von Rom aus mehr beobachtet und bestraft, sobald es um die Abtreibung ging. 1993 hatte das Bundesverfassungsgericht «das grundsätzliche Verbot des Schwangerschaftsabbruchs und die grundsätzliche Pflicht zum Austragen des Kindes» als untrennbare Elemente verkündet, ohne auf die Mahnung des Richters Mahrenholz einzugehen, der feststellte, die Grundrechte der Frau seien nicht berücksichtigt. Ein Jahr später verabschiedete das französische Parlament die *loi Veil,* das Gesetz, das die Schwangerschaftsunterbrechung weitgehend liberalisierte und den Namen der Gesundheitsministerin trug, die das Gesetz unter Präsident Giscard d'Estaing und Premierminister Jacques Chirac vorstellte und zäh verteidigte. Mit Unterstützung aller Abgeordneten, die Ärzte waren und nicht mehr wollten, dass die ärmeren Frauen durch Stricknadeln oder andere Methoden sterben, während die Embryos der Reicheren in der Schweiz oder in Holland in Kliniken «abgetrieben» wurden. Vor allem kam auch Zustimmung von bekannten Katholiken. Die Abgeordnete Hélène Missoffe, Frau eines ehemaligen Ministers, fragte, wer sie denn als Mutter von acht gewollten Kindern sei, um Frauen zu verurteilen, die nicht so gut bemittelt seien wie sie.

Eugène Claudius-Petit, einer der großen Männer der Résistance und bekannter Katholik, sagte, er sei gegen die Abtreibung, aber er stimme dem Gesetz zu – zum Schutz der Frauen. Es wurden dann Beratungsstellen eingerichtet. Unsere Aufgabe ist, sagte mir eine Beraterin, das Mädchen oder die Frau frei zu machen zur eigenen Entscheidung – gegen den Einfluss des Mannes oder der Familie. Rom reagierte nicht besonders heftig, und der Protest der Bischöfe war milder als bei der Verletzung von Sozialrechten.

In Deutschland wurden die Beratungsstellen verboten, wo doch sowieso nur zum Austragen des Embryos geraten werden durfte. Und sogar ein gewiss nicht linker Katholik wie mein Freund Professor Hans Maier musste darunter leiden, dass er bei *Donum vitae* mitmachte, einer kleinen Organisation zur Beibehaltung der Beratung. Das einzige treffende Argument von Rom war, dass allein die Tatsache, dass katholische Stellen sich mit Abtreibung beschäftigten, eine Art Anerkennung der Abtreibung sei. In Frankreich war keine Beratungsstelle katholisch. Katholische Frauen wirkten an öffentlichen, weltlichen Stellen mit. Bischof Franz Kamphaus gab als Letzter nach. Und Rom hat den Brief der deutschsprachigen Moraltheologen unbeantwortet gelassen, der doch etwas Richtiges sagte: Bei der Beratung werden jährlich circa 3000 Abtreibungen verhindert. Also gibt die Schließung der Beratungsstellen dem Vatikan die Verantwortung für 3000 verhinderte Menschenleben!

Der Begriff der *laïcité* trennt ziemlich scharf die beiden Katholizismen. Zunächst wegen einer deutschen Eigenart, die ich von jeher anstößig finde. Weil es im Artikel 137 der Weimarer Verfassung hieß: «Jede Religionsgemeinschaft ordnet und verwaltet ihre Angelegenheiten selbständig innerhalb der Schranken der für alle geltenden Gesetze», geht der ehemalige Verfassungsrichter Paul Kirchhof so weit, im Juni 2004 in der *Frankfurter Allgemeinen Zeitung* zu schreiben: «Würde der Staat keine Gebete ermöglichen, *kein kircheneigenes Arbeitsrecht eröffnen*, ... so bevorzugte er die negative Religionsfreiheit vor der positiven.» (Hervorhebung von mir, A. G.) Eine Katechistin, die entlassen wird, weil sie einen geschiedenen Mann heiratet, kann vor keinem Arbeitsgericht die Stelle zurückbekommen. Unsere Schwiegertochter Catherine, Gefährtin unseres dritten Sohnes, ist geschieden und aus ihrer Ehe Mutter von drei Kindern, von denen zwei schon erwachsen sind, und auch Mutter unserer heute zehnjährigen Enkelin Juliette. Sie ist Arbeitsdirektorin des größten katholischen französischen Verlags Bayard, der unter anderem *La Croix* herausgibt. In Deutschland würde sie gar nicht angestellt. Bei einem Gespräch zwischen zwei «Größen» der EKD, zwei französischen Pastoren und mir sagte einer der deutschen Protestanten, er finde das deutsche System gut. «Was würden Sie denn sagen, wenn ein CDU-Sekretariat von einem SPD-Mann betreut würde?» Die drei Franzosen lachten schallend: «Na und? Wenn er seine Arbeit gut macht?»

Nun hat der Straßburger Gerichtshof für Menschenrechte im Oktober 2010 uns Franzosen recht gegeben – gegen Paul Kirchhof! In Essen war ein Kantor und Organist entlassen worden, weil er sich hatte scheiden lassen. Das Gericht entschied, gegen die deutschen Gepflogenheiten, dass dies die Trennung zwischen Berufs- und Privatleben nicht respektiere. Das Bistum Essen entschied allerdings, sich diesem Urteil nicht zu unterwerfen und den Mann dennoch nicht wieder einzustellen. Es sei Sache des Bundes, sich mit dem Urteil auseinanderzusetzen, was nicht ganz unrichtig ist: Das Urteil rügt ja die bundesdeutsche Interpretation der Weimarer Kirchenartikel.

Bei uns erzählte der Oberbürgermeister von Paris Bertrand Delanoë: «Auf einer Versammlung stellte eine Frau mit Schleier eine Frage. Sie sagte zuerst: ‹Ich bin Angestellte der Stadt Paris›, fügte aber gleich hinzu: ‹Aber ich trage den Schleier nie, wenn ich mein Amt ausübe. Ich ziehe ihn wieder an, wenn ich hinausgehe.› Ich war glücklich, ihr antworten zu können: ‹Eh bien, Madame,

Sie sind ein Beispiel. Wenn Sie Ihr Amt im öffentlichen Dienst ausüben, erlegen Sie den anderen Ihren Glauben nicht ostentativ auf. Außerhalb des Dienstes sind Sie frei.›»

Die katholischen Privatschulen sind juristisch und fühlen sich auch seit der *loi Debré* von 1959 als Teil des *service public d'enseignement* – Teil des öffentlichen Dienstes des Unterrichts. Sie stehen Kindern aller Religionen offen. «On propose la foi, on ne l'impose pas» – der Glaube wird vorgeschlagen, nicht auferlegt. Neue pädagogische Wege geht man eher dort als in der weltlichen Schule – in der seit kurzem allerdings auch Wissen über die Religionen unterrichtet werden muss. Die deutsche Kritik am Prinzip des Brandenburger LER-Gesetzes (Lebensgestaltung, Ethik, Religionskunde) kann man in Frankreich kaum verständlich machen. Auch die *Instituts catholiques* sind für alle offen. Die Ausbildung der neuen französischsprechenden und predigenden Imame findet zum Teil im *Institut catholique* von Paris statt.

Das soll nicht heißen, dass sich die französischen Kirchen weniger leeren als die deutschen. Auch in Frankreich schnellt das Durchschnittsalter der Priester immer weiter nach oben. Auch in Frankreich wurden bereits unter Johannes Paul II., noch mehr unter Benedikt XVI., fast nur noch konservative Bischöfe geweiht. Auch in Frankreich gibt es kaum noch unterschiedliche Persönlichkeiten unter den Bischöfen. Kardinal Meisner hat glücklicherweise kein französisches Ebenbild, vor allem in seiner Aussage, dass die Herstellung der Abtreibungspille durch die pharmazeutische Industrie ähnlich wäre wie die des Zyklon B für Auschwitz. Hingegen fehlt heute in Frankreich ein in Wirtschafts- und Gesellschaftspolitik so engagierter Erzbischof wie Reinhard Marx (der dabei innerkirchlich doch recht konservativ ist ...). Bereits im Juni 1980 hatte *La Croix* mich auf einer ganzen Seite über die Kirche befragt. Der Titel lautete: *Die Bischöfe Frankreichs sollten mehr reden.* Rom gegenüber sind die deutschen Bischöfe manchmal mutiger als ihre französischen Kollegen. Zum Beispiel in der Abwehr gegen die Pius-Brüder.

Der bedeutendste französische Kardinal der letzten Jahrzehnte war zweifelsohne Jean-Marie Lustiger, Erzbischof von Paris. Ob es in Deutschland einen Erzbischof hätte geben können, der sich weiterhin als Juden bezeichnete, ist zu bezweifeln. Seine Kollegen haben ihn nie zum Vorsitzenden gemacht, weil er eigensinnig «regiert» hätte, aber seine Wirkung in der Gesellschaft war enorm – immer im Sinne der Verständigung. Als eine Million Katholiken sich am 4. März 1984 in Versailles versammelten und durch ihre Masse Mitterrand zwangen, eine für die Privatschulen ungünstige Reform nicht durchzusetzen, hielt Jean-Marie Lustiger keine Brandrede, sondern lobte mit warmen Worten alle Lehrer aller Schularten und warnte die gutbürgerlichen Eltern, die ihre Kinder in die Privatschulen schickten: «Frankreich erkennt sich in euch wieder, wenn ihr die Sprache der Toleranz und des Pluralismus haltet ... Ihr wollt Freiheit und Mittel für die katholische Schule. Werdet zunächst einmal bessere Christen ... Sucht in dieser Schule weder bessere (gesellschaftliche) Erfolge (für eure Kinder) noch kulturelle Macht.»

Mein erster Kontakt mit ihm war etwas merkwürdig. Einer seiner Mitarbeiter rief mich an. Der Kardinal würde in Köln zu deutschen Bischöfen sprechen, und ich sollte prüfen, ob die deutsche Übersetzung gut sei. Am übernächsten Tag rief ich zurück. «Die Übersetzung ist gut, aber die Rede nicht.» Sie lag nur auf der Ebene der Spiritualität, wo doch meiner Meinung nach die deutschen Bischöfe über gesellschaftliche Probleme aufgerüttelt werden sollten. Der Zufall wollte, dass wir dann im Flugzeug nebeneinandersaßen und er mir viel von seiner jüdischen Kindheit erzählte. Später hat er immer zugelassen, dass ich in seinen Institutionen spreche (allerdings nicht im Priesterseminar, das Johannes Paul II. ihm genehmigt hatte).

Der größte deutsch-französische Unterschied betrifft mich am meisten. Beide deutschen Kirchen sprechen ständig so, als wäre die gemeinsame Moral nur im Christentum verankert, als sei sie ein Monopol des Christentums. Ein großer reformierter Kirchenrechtler wie mein ehemaliger Student und seitheriger Freund Prof. Axel von Campenhausen ging so weit, in seinem Kapitel des Standardwerks *Das Bonner Grundgesetz* von Mangoldt/Klein den ungeheuerlichen Satz zu schreiben: «Der moderne säkulare Staat entbehrt einer einheitlichen weltanschaulichen Grundlage.» Was sind denn die ersten Artikel des Grundgesetzes? In wessen Namen urteilen das Bundesverfassungsgericht und der Straßburger Gerichtshof? Und in wessen Namen hat man Hitler und Stalin abgelehnt? Seit Jahrzehnten zitiere ich Jean-Pierre Lintanf, einen befreundeten Dominikaner, der geschrieben hat: «Der Glaube an Gott ist nicht notwendig, um eine Moral zu begründen, und die Moral gehört nicht den Kirchen. Behaupten, wie es Dostojewski tut, dass, wenn Gott nicht existiert, alles erlaubt ist, zeigt, dass man eine armselige Auffassung hat vom Menschen, von der Moral und von Gott.»

Wenn der Erzbischof von Clermont-Ferrand eine brüderliche Rezension über mein Buch *Die Früchte ihres Baumes. Ein atheistischer Blick auf die Christen* geschrieben hat, so weil er in einem seiner Bücher gesagt hatte: «Es wäre ein verhängnisvoller Irrtum, zum Kreuzzug der Gläubigen gegen die Ungläubigen aufzurufen ... Das entscheidende Kriterium ist nicht der verkündete Glaube. Es ist die Haltung gegenüber jedem verletzten Menschen, die – wenn man so sagen darf – den Beweis der Glaubwürdigkeit erbringt.» Gegen viele Stellen der Evangelien, gegen Behauptungen seiner Vorgänger, auch gegen seine eigenen früheren Aussagen hat Johannes Paul II. in seiner letzten Schrift *Erinnerung und Identität* mutig gesagt: «Die Aufklärung hat nicht nur die Grausamkeiten der Französischen Revolution hervorgerufen. Sie hat auch positive Ergebnisse gehabt, wie die Ideen der Freiheit, der Gleichheit und der Brüderlichkeit, die auch im Evangelium verwurzelt sind. (…) Die Feststellung, dass dieser Prozess aufklärerischen Ursprungs oft zur Wiederentdeckung der in den Evangelien enthaltenen Wahrheit geführt hat, ist eine Quelle des Nachdenkens. Die Sozialenzykliken, von *Rerum Novarum* bis zu *Centesimus annus*, weisen darauf hin.»

Wie steht nun Benedikt XVI. zu dieser für mich wesentlichen Problematik? In vollem Widerspruch zu sich selbst, und das noch im selben Dokument! In seiner Enzyklika von 2009 *Die Liebe in der Wahrheit* spricht Artikel 57 erfreulicherweise von der «brüderlichen Zusammenarbeit zwischen Gläubigen und Nichtgläubigen», während Artikel 21 bereits verkündet hat, dass eine «neue humanistische Synthese» notwendig sei. Aber ganz am Ende heißt es, mit äußerster Brutalität: «Der Humanismus, der Gott ausschließt, ist ein unmenschlicher Humanismus.» In diesem Sinn hieß es in Artikel 11: «… die Entwicklung braucht Gott. Ohne ihn ist sie verneint.» Und bereits in Artikel 4: «Die Zustimmung zu den christlichen Werten ist nicht nur ein nützliches, sondern ein unabdingbares Element zum Aufbau einer guten Gesellschaft.»

Welche Werte? Die Toleranz? Die Freiheit der anderen? Seine Vorlesung vom 12. September 2006 an der Universität Regensburg begann mit einem Zitat: «Zeig mir doch, was Mohammed Neues gebracht hat, und da wirst du nur Schlechtes und Inhumanes finden wie dies, dass er vorgeschrieben hat, den Glauben, den er predigte, durch das Schwert zu verbreiten.» Durch Zufall sprach ich wenige Tage später im Regensburger Reichssaal. Ich griff meinen jüngeren Kollegen Ratzinger an. Er hätte sagen sollen: «Meine Kirche hat im Namen Christi jahrhundertelang viel gemordet, verbrannt, zwangsbekehrt. Endlich hat sie sich, am 7. Dezember 1965, durch das Konzil-Dokument *Dignitatis humanae* für die religiöse Freiheit und gegen jeglichen Zwang ausgesprochen. Ich hoffe, dass der Islam denselben Weg gehen wird.»

Später hat Benedikt in Südamerika behauptet, dieser Kontinent hätte Jesus erwartet. Dies, nachdem vor allem in Mittelamerika das Kreuz der Griff des Schwertes gewesen war, mit dem man Hunderttausende erschlug, wenn man sie nicht verbrannte. Nicht als Erster schreibt heute der ehemalige, zu Recht berühmte Ordensmeister der Dominikaner Timothy Radcliffe in seinem Buch *Seven Last Words*: «Als das Kaiserreich christlich geworden ist ... wurde das Kreuz zum Symbol der Aggression und des Kreuzzugs.» Allein der Kreuzzug gegen die Katharer – abtrünnige Katholiken – in Südfrankreich forderte viele Opfer. In Béziers wurden im Jahr 1209 20000 Einwohner massakriert, und der Apostolische Legat schrieb nach Rom: «Die Rache Gottes hat Wunder vollbracht. Wir haben sie alle getötet.» Die Judenverfolgung in Spanien war besonders schrecklich, nachdem der Islam sich als tolerant erwiesen hatte, bevor er besiegt wurde. Die Christen unter sich haben oft wenig Nächstenliebe gezeigt. In Nordirland hat der bisher letzte christliche Religionskrieg stattgefunden. Jedes Mal, wenn Bischöfe und andere von den christlichen Wurzeln Europas sprechen, sollte geantwortet werden, dass die meisten Werte des Evangeliums im 16., 18. und 19. Jahrhundert gegen die Kirchen erkämpft werden mussten.

Unter dem gegenwärtigen Papst müssen viele Katholiken leiden. Nach seiner Wahl gab es zwei bemerkenswerte Titelseiten in der deutschen Presse. «Wir sind Papst!», verkündete *BILD* im gewohnten Stil. Die Berliner *tageszeitung* brachte nur drei Wörter auf die Titelseite: «Oh, mein Gott!» Manche meiner befreundeten Jesuiten und Dominikaner fanden, als ich ihnen dies erzählte, die Formulierung der *taz* sei doch ziemlich angebracht! Das Schlimme ist, dass Ratzinger eigentlich nie Priester – im Sinne des Seelsorgers – gewesen ist. Gleich Professor der Theologie, dann Erzbischof, dann in Rom. Er hat nie eine Mutter von drei Kindern angehört, die ihn fragte, warum die Kirche die Verhütung verbiete. Gerade auf diesem Gebiet benehmen sich die

Kirchen in Afrika kriminell. Die Männer und Frauen sollten Zurückhaltung üben. Das Kondom sei verbannt! Aber wie viele afrikanische Frauen werden durch den Mann mit Aids angesteckt und müssen sterben! (Randbemerkung: Ich sage und schreibe oft, die Kirche müsse, wenn sie ihre Ansichten ernst nimmt, den Gläubigen die umgekehrte Knaus-Ogino-Methode auferlegen. Sex nur an den fruchtbaren Tagen, sonst ist es Vergeudung!) Mir ist in dieser Hinsicht die Haltung der französischen Kirche lieber, so wie sie von ihrem Sprecher Jean-Michel di Falco, inzwischen Bischof, zum Ausdruck gebracht wurde. Im Fernsehen gefragt, wie er zur Frage der Kondome stehe, sagte er sinngemäß: «Es gibt menschliche Einstellungen, die höher stehen, die würdiger sind als andere. Die Treue steht höher als das Herumflattern. Aber die Kirche war nie und ist nicht für Mord und Selbstmord.»

Meine echten Christen

Wie kommt es, dass ich mich trotz allem ständig mit Christen zusammengefunden habe? Weil ich so viele bewundert habe, in ihrem Wesen und ihren Taten, die ihrem Glauben und der von ihm abgeleiteten Moral entsprachen. Meine Hochachtung gilt auch manchen, die ich nicht gekannt habe und die ihr Leben für verfolgte, erniedrigte Menschen geopfert oder es ihnen gewidmet haben, seien diese Christen oder nicht. Am 10. Mai 1986 ist Pater Josimo Morais Tavares in Brasilien ermordet worden. Er war dreiunddreißig. Sein testamentarischer Brief ähnelte dem des Jesuiten Gabriel, Held des bewegenden Films *Mission*. Josimo wusste, dass er ermordet werden würde, weil er die armen, entrechteten Bauern verteidigte. Am 24. März 1980 ist in San Salvador Bischof Óscar Romero ermordet worden, auch weil er die Armen verteidigt hatte. Der Mord durch Fanatiker am Dominikaner Pierre Claverie, Bischof von Oran in Algerien, fand am

1. August 1996 statt. Er wollte dem Islam gegenüber die Kirche als brüderlich offen zeigen. (Keiner von den Genannten ist bisher selig-, geschweige denn heiliggesprochen worden, im Gegensatz zu Josémaria Balaguer, dem Gründer von *Opus Dei,* der 1975 gestorben ist, bereits 1992 selig- und 2002 heiliggesprochen wurde. Jeden 26. Juni erinnert die katholische Kirche an diesen «Heiligen»...) Auch Lebenden gilt meine Bewunderung, sei es Bischof Kamphaus, der 1986 die nüchterne evangeliumstreue Feststellung machte: «Jeder Fremde hat das Antlitz Christi», oder seien es die Priester von Lyon, die 2009 gemeinsam beschlossen, auf eines ihrer 800-Euro-Monatsgehälter zu verzichten und es karitativen Organisationen zu schenken.

Unter meinen Freunden waren und sind viele Priester. Ich beschränke mich auf einige wenige. Der erste von ihnen ist der verstorbene Jesuit François Varillon, dessen religiöse Bücher noch heute erfolgreich sind. Wir stritten uns nur über Wagner, den er wirklich vergötterte, und über Paul Claudel, dessen persönliche Schwächen er nicht anerkennen wollte. Er hatte zehn Jahre lang an dessen *Journal* gearbeitet, um die Ausgabe in der vornehmen Reihe *La Pléiade* mit Hunderten von Fußnoten auszustatten. Da er nicht mit Geld umzugehen wusste, hatte er keinen Vertrag unterschrieben, und für diese gewaltige Arbeit erhielt er von der geizigen Familie und dem geizigen Verlag ganze 3000 Franc (weniger als 500 Euro). Er war nicht nur arm. Das Geld, das er mit vielen Vorträgen über Literatur oder Religion in Genf oder in Frankreich verdiente, benutzte es zur Erneuerung des Daches von Le Châtelard bei Lyon, wo er und andere Jesuiten lebten und lehrten. Er fuhr nur in der damaligen 3. Klasse in Tages- und Nachtzügen. Das hat ihn erschöpft, und daran ist er gestorben – ohne je zu klagen. Pater Joseph Charles war der leitende Priester der *aumônerie* des Krankenhauses, in dem meine Frau wirkt. Dann jahrelang *aumônier* des Sainte-Anne-Hospitals für Geisteskranke. Seine Wärme, seine Bescheidenheit, seine Art, die

Geisteskranken als Menschen zu betrachten und anzusprechen, sein kirchenkritischer Glaube haben mich den Freund nicht nur verehren lassen, sondern ich betrachte ihn als eine Art Heiligen. André Raffray betreut die Kirchengemeinde von Pleudihen in der Bretagne, nicht weit von unserem Ferienhaus. Er wird von allen dort geliebt, hat die besten Beziehungen zum Bürgermeister und zu allen Lehrern beider Schulen, der katholischen und der staatlichen, und ist dem Dogma und dem Papst stärker verbunden als die meisten anderen meiner gläubigen Freunde. Pater Christophe Le Sourt ist gewissermaßen unser fünfter Sohn. Er ist heute Dekan der Kathedrale von Le Mans und häufiger Besucher im Nahen Osten (im Libanon und vor allem in Israel und den besetzten Gebieten – sein Ausweis erlaubt ihm überall den Zutritt). Er war vorher an einer anderen Kirche von Le Mans, der Stadt, die religiös seit dem 11. Jahrhundert mit Paderborn im Namen des heiligen Liborius verbrüdert ist. (Der junge Priester Reinhard Marx war zum Austausch in Le Mans, und dort haben wir uns kennengelernt.) Darf ich jetzt schon sagen, dass es Christophe ist, der bei meiner Totenfeier sprechen wird, in der Pariser Jesuiten-Kirche, mit Hervorhebung meines Atheismus? Der deutsche, aber in der Provinz Frankreich eingegliederte Jesuit Christoph Theobald ist ein immer mehr anerkannter Theologe, der viele Bücher (auch über Johann Sebastian Bach) geschrieben hat und schreibt und an immer mehr Orten zu Vorträgen eingeladen wird. Auch in seinem Fall ist die Freundschaft mit uns warm und offen. Das gilt auch für viele Ordensschwestern. Ich habe manchen Beitrag geschrieben für die kleine, inzwischen leider wegen Geldmangel eingestellte Zeitschrift *REPSA*, die den gleichen Namen trug wie die Organisation, die sie herausgab: *Religieuses en professions de santé,* Ordensschwestern in Gesundheitsberufen. In der Bretagne und in Paris kommen öfter kluge, offene, warmherzige *religieuses* zu uns, die wir als echte Freundinnen betrachten.

Hier gehört eigentlich auch *La Croix* hin. Meine vierzehntäglichen Kolumnen behandeln politische, gesellschaftliche, ethische Themen. Meine mir freiwillig auferlegte Selbstbeschränkung betrifft die Religion, die ich in dieser katholischen Zeitung, die wie der ganze Verlag der Kongregation der Assumptionisten gehört, nicht behandle. Die Zeitung war Ende des 19. Jahrhunderts, zur Zeit der Dreyfus-Affäre, an der Spitze der wüstesten Antisemiten. Sie hat vorbildlich diese Vergangenheit dargestellt, indem sie dem Historiker Pierre Sorlin ihre Archive öffnete, was zum furchtbaren Buch *La Croix et les Juifs* (1967) führte. Seit Jahrzehnten ist nun die Zeitung engagiert im Kampf gegen den (christlichen) Antisemitismus, berichtet über jüdisch-christliche Bestrebungen und weist ständig auf das Judentum von Jesus und Maria hin. Heute ist eine andere Öffnung vonnöten. Nicht zufällig brachte *La Croix* im August 2010 fünf lange, eine ganze Seite füllende Artikel über *Al-Andalus*, den lange muslimischen Teil Spaniens. Sie zeigten die große islamische Toleranz, die unter anderem am Ende des 10. Jahrhunderts zum Bau der Bibliothek von Córdoba führte, mit ihren 250000 Büchern, darunter den Schriften von Aristoteles, Hippokrates, Platon. Geht es doch heute darum, den Anti-Islamismus zu bekämpfen. Ganz im Sinne der Laudatio, die Bundespräsident Roman Herzog für den Friedenspreis der Orientalistin Annemarie Schimmel im Oktober 1995 gehalten hat: «Erinnern wir uns daran, dass es … eine große islamische Aufklärung gegeben hat … Sie stieß auf ein westliches Gedankengut, das sie als ziemlich fundamentalistisch und intolerant empfunden haben muss.»

Unter den befreundeten, in meinen Augen echten Christen möchte ich eine Verstorbene mit besonderem Nachdruck erwähnen, Elisabeth Cornille. In den siebziger Jahren war sie eine alternde Dame, die sich in der Normandie um zwei Kategorien Menschen kümmerte. Um schwangere Frauen: Sie hatte ein kleines Werk gegen Abtreibung gegründet. Wenn eine Frau oder ein Mädchen sagte, es sei nur aus materiellen Gründen, dass sie das Kind nicht wolle, verschaffte man ihr für mehrere Jahre eine Haushaltshilfe, vermittelte ihr eine nicht zu schwere Arbeitsstelle, bot ihr also mehr als das, was damals die Gesetze ermöglichten. Ganz im Sinne der nicht erfüllten Forderungen, die 1975 die Bundesverfassungsrichterin Wiltraut Rupp-von Brünneck in ihrem Minderheitsvotum formuliert hatte. Die andere Kategorie waren Sträflinge, die sie im Gefängnis vor und nach der Freilassung betreute. Auch nach Mitternacht öffnete sie ihre Tür, wenn es schellte, und nahm den gerade Entlassenen, der in der Haft von ihr gehört hatte, mit einer Mahlzeit als Schlafgast in ihrer kleinen Wohnung auf. «Und wenn einer Sie angreift, bestiehlt oder sogar erschlägt?» – «Einmal muss man ja sowieso sterben! Diese Männer brauchen doch die Hilfe!»

Anfang der fünfziger Jahre wohnte ich einer Tagung als UNESCO-Vertreter bei. Ich war beeindruckt vom Generalsekretär der ACJF, des Dachverbands der katholischen Jugend. Wir reagierten auf alles auf dieselbe Weise – und er wurde dann mein vielleicht bester Freund. Roger Lavialle ist 2010 im Alter von 89 Jahren gestorben. Er kam von der katholischen Arbeiterjugend und war durch diese ausgebildet worden, nachdem er nur die Grundschule besucht hatte. Nach seiner Jugendarbeit wurde er zum Pressemanager, zuerst beim Verlag Bayard (er hat mich 1955 der Zeitschrift *La Croix* empfohlen), wo er die erste Monatszeitung für ältere Menschen schuf, dann bei *Ouest-France,* dessen Mitarbeiter ich damals schon war. Nebenbei hatte er eine Vielzahl von Funktionen in katholischen Organisationen inne. An unserem Doktorandenprogramm war bis zu ihrem Tod an einem Krebsleiden 1991 die Sekretärin eigentlich die Seele der Einrichtung: Françoise Kempf, eine ledige, aus ihrem Glauben lebende, aber ihn nie verkündende Katholikin. In der Ansprache, die ich bei der Totenfeier hielt, durfte ich Dinge sagen, die sie mir verboten hatte, anderen mitzuteilen: dass sie einen Teil ihres nicht sehr üppigen Gehalts mittellosen Studenten «lieh» und natürlich das Geld fast nie zurückbekam, dass sie besonders den Ausländern half, durch unzählige Telefonate und Briefwechsel mit Behörden, noch mehr durch ein ständiges Dasein und Mit-Wärme-Zuhören. Das Paar, dessen Eheschließung von Pater Depierre vollzogen worden war, hat viele Lebensorte gehabt. Sie war eine weitläufige Cousine von mir. Beide waren Belgier. Sie haben zunächst bei den Bergbauarbeitern des Borinage Hilfe geleistet. In Algerien haben sie während des Krieges der arabischen Bevölkerung geholfen und wurden dann vom französischen Gouverneur des Landes verwiesen. Lange Jahre hindurch arbeiteten sie in Vercheny bei Valence in Südfrankreich in einem Heim für Kinder aus mittellosen Familien der Pariser Vororte. Jacques Mamet ist gestorben zu einer Zeit, als er bei Prag auch an einer Jugendanstalt mitwirkte. Michel Le Corno ist Direktor des katholischen Lycée Saint-Paul in Vannes. In meinem Vorwort zu seinem Buch *Un regard sur l'école. Avec confiance malgré tout,* das ich schon erwähnt habe, schreibe ich, warum ich diesen Freund so bewundere. Er verzweifelt nie an einem Schüler, er ist für alle zugänglich. Und mit seiner Frau kümmert er sich auch ohne Klage, sogar mit Freude um eines ihrer Kinder, das körperlich und geistig schwer behindert ist.

Ich könnte fortfahren, möchte aber lieber der Reaktion begegnen, die mancher Leser haben wird und der ich auch bei vielen meiner gläubigen Freunde und Bekannten widersprechen muss: «Tu es (oder il est) un chrétien qui s'ignore» – «Du bist (oder er ist) ein Christ, der nicht weiß, dass er es ist.» Zunächst betone ich stets, dass nicht ich auf die Christen zugegangen bin, sondern sie auf meine Grundauffassungen, auf meine Ethik eingewirkt haben. Wie hat sich doch das Christentum verändert! Leider hat Johannes Paul II. nicht nur Johannes XXIII. heiliggesprochen, sondern zugleich Pius IX., der 1864 in seinem *Syllabus* als schlimmste Behauptung, die verurteilt werden müsse, genannt hat: «Der römische Papst kann und muss sich mit dem Fortschritt, dem Liberalismus und der modernen Kultur versöhnen und abfinden.» Glücklicherweise – mit einigen wirklich reaktionären Ausnahmen – beziehen sich die heutigen Katholiken auf die sozialen Enzykliken von Leo XIII. bis Benedikt XVI.!

In dem schönen Film *Joyeux Noël* (in Deutschland gezeigt unter dem echt deutschen Titel *Merry Christmas*) kommen am Weihnachtsabend 1914 deutsche und französische (und schottische) Soldaten aus ihren nahegelegenen Schützengräben zusammen. Zwei Priester spielen eine Rolle. Mit dem einen identifizieren sich heute die gläubigen Zuschauer. Dass er für alle die Mitternachtsmesse zelebrieren darf, bereitet ihm die größte Freude seines Lebens. Er wird aber verurteilt und verjagt durch seinen Militärbischof, der dann eine hasserfüllte, antideutsche Predigt hält. So wie alle französischen und deutschen Bischöfe öffentlich gegen den Feind und für den blutigen Sieg über andere Christen während des Ersten Weltkriegs gebetet haben. Heute ist der mitstreitende und mittötende Gott fast überall abgeschafft worden zugunsten des Gottes der Liebe. Der kriegerische George W. Bush, der im Namen Gottes gegen den Irak zog, bleibt die Ausnahme. Einer der berühmtesten Psalmen, der Psalm 137, wird nicht mehr bis zu Ende gesungen. «An den Strömen von Babylon ...» endet nicht mehr mit: «Wohl dem, der dir heimzahlt, was du uns getan. Wohl dem, der deine Kinder packt und sie am Felsen zerschmettert.» Auch will man weniger Triumphe feiern als Leiden anerkennen. In Händels *Messias* ist heute die bewegendste Stelle nicht das berühmte «Halleluja», sondern das «He was despised ...», wo die Altstimme das Vierte Lied des Gottesknechtes bei Jesaja singt, der für die Christen eine Anspielung auf die Leiden Christi ist.

Und dann und vor allem liegt doch zwischen den gläubigen Christen (die nur Kirchensteuer Zahlenden sind mir egal) und mir eine Wand, die nicht durchbrochen werden kann, nämlich mein gewissermaßen angeborener Atheismus, der von Kindheit an unverändert und in meinen Augen voll begründet geblieben ist.

KAPITEL 6

Mein Atheismus, das Leiden und der Tod

Atheist und nicht Agnostiker

Ja, das Christentum hat sich verändert, sonst hätte der Jesuit François Varillon nie das *nil obstat* und das *imprimatur* erhalten, damit Bücher erscheinen konnten, die *Die Demut Gottes* und *Das Leiden Gottes* hießen. Aber das Wort Atheist bleibt weiterhin verpönt, mehr in Deutschland als in Frankreich. Kein katholischer oder evangelischer französischer Geistlicher würde sprechen wie der Magdeburger protestantische Bischof Axel Noack. In der hervorragenden Zeitschrift *Zeitzeichen* (März 2003) sagte er in einem Gespräch: «Wir müssen die Atheisten mögen ... Die Aufgabe (ist), eingefleischte Atheisten für den christlichen Glauben und die Kirche zu gewinnen.» Glücklicherweise gibt es auch andere Christen. Sogar die Verfassung des immerhin katholischen Polen sagt seit 1997 in ihrer Präambel: «Wir, das polnische Volk – alle Bürger der Republik, sowohl diejenigen, die an Gott als Quelle der Wahrheit, der Gerechtigkeit, des Guten und Schönen glauben, als auch diejenigen, die diesen Glauben nicht teilen und diese universellen Werte aus anderen Quellen ableiten ...»

Aber es ist schwierig, zu einer echten Diskussion mit Christen zu gelangen, sobald es um die Inhalte meines Atheismus geht. Bei den meisten Gläubigen ist es meine Schuld: Ich habe noch nie versucht, den Glauben zu zerstören, der ihnen Glück oder wenigstens Hoffnung bringt. Mit den befreundeten Kirchenmännern und Theologen sieht es anders aus. Mein Buch *Die Früchte ihres Baumes* wurde viel gelobt, weil es so viel Verständnis für die Christen und das Christentum zeige. Eine Antwort auf meine atheistische Kritik gab es nie. Und wenn ich ein Buch oder einen Artikel kommentiere und harte Fragen stelle, bleiben meine Briefe unbeantwortet. Das gilt auch, wenn die Kritik nicht den Glauben, sondern die Kirche in der Gesellschaft betrifft. So zum Beispiel erstaunte ich mich bei Erzbischof Reinhard Marx darüber, dass sein an sich hoch lobenswertes Buch *Das Kapital. Ein Plädoyer für die Menschen* die Geschichte des 19. Jahrhunderts leicht verfälsche: Nur die fortschrittlichen Katholiken werden nämlich dargestellt. Pius IX. und sein *Syllabus* bleiben unerwähnt. Eine Antwort zu diesem Punkt blieb bis heute aus.

Allerdings hat es doch zwei Zwiegespräche über mein Buch gegeben, das eine mit dem Berliner Erzbischof Kardinal Georg Sterzinsky, das andere mit Wolfgang Huber, der bis vor kurzem der große Mann der EKD war. Mit dem Kardinal fand das Gespräch ausgerechnet im Maxim-Gorki-Theater statt. Er war so freundlich, so gutmütig, dass ich es nicht wagte, angreiferisch zu sein. Dazu kam, dass ich seine Tätigkeit seit langem durch meine Freundin Schwester Cornelia Bührle kannte, seine rechte Hand für alles, was die Verteidigung der Asylsuchenden, Flüchtlinge und anderer Hilfsbedürftiger betraf (und die auch die Briefe schrieb, die er dann unterzeichnete. Später wirkte sie in Brüssel, und dann sollte sie als bischöfliche Beauftragte der katholischen Kirche in Mecklenburg-Vorpommern Erfolge bringen ...). Deswegen war ich es, der Zurückhaltung übte. Mit Wolfgang Huber war es anders. Wir sprachen in einer großen Berliner Buchhandlung. Mein Gesprächspartner wich ständig den kritischen Fragen aus. Er war auf intelligente Weise gewandt. (Eigenlob: Das Publikum bemerkte es, und beim anschließenden Signieren unserer Bücher hatte er wenig zu tun und ich sehr viel!)

Ich bin also Atheist und keineswegs, wie oft beschönigend gesagt wird, Agnostiker. Ich sage nicht: «Ich weiß nicht, ob es

Gott gibt.» Ich sage: «Es gibt keinen Gott.» Albert Camus galt und gilt als Atheist. Aber sein Atheismus ist viel religiöser gefärbt als meiner. In seiner Rede an Dominikaner sagte er: «Ich teile mit euch denselben Abscheu vor dem Bösen. Aber ich teile nicht eure Hoffnung und werde weiter gegen ein Universum kämpfen, in dem Kinder leiden und sterben.» In seinem Roman *Die Pest* ist auch das Schicksal der Kinder im Spiel, deren Leiden innerhalb einer vom Erzähler verpönten Schöpfung stattfindet. Für mich ist allein der Begriff der Schöpfung zu verneinen, und das Leiden, auch das der Kinder, ist in meinen Augen kein metaphysisches. Es geht lediglich darum, den Leidenden zu helfen und diejenigen, die dieses Leiden verschulden, zu bekämpfen. Das Warum ist ethisch, nicht philosophisch oder theologisch.

Menschen gibt es seit ein paar Millionen Jahren, das Universum seit vielen Milliarden. Der Begriff einer Schöpfung *ex nihilo,* am Anfang der Zeiten, ist mir genauso unverständlich wie die Vorstellung eines Endes, eines «letzten Tages». Ich möchte, dass die Gläubigen sich etwas realistischer die Ewigkeit vorstellen – jedes Mal, wenn sie sagen «in aller Ewigkeit», wo doch die Geschichte der Menschen genauso einen winzigen Moment dieser Ewigkeit darstellt, wie unsere Erde ein winziger Punkt im Universum ist. Eine kleine Geschichte, die ich liebe: «Stellen Sie sich einen Felsen vor, der eine Million Mal größer ist als die Sonne. Jedes millionste Jahr kommt ein kleiner Vogel und wetzt sich den Schnabel an diesem Felsen. Wenn er den Felsen völlig abgewetzt hat, ist eine Sekunde der Ewigkeit vergangen.»

Gott ist eine Schöpfung der Menschen, die ihn mit menschlichen Eigenschaften versehen. Er sieht, er empfindet, er zürnt, er verzeiht, er liebt, er kümmert sich um jeden einzelnen Menschen. Es heißt, er greife manchmal in das Geschehen auf Erden ein, manchmal nicht. Er hat sich zugleich mit der Ethik der Gläubigen verändert. Er ist heute ganz Liebe und nicht mehr *Sabaoth,* Gott der Heere. Es bleibt immer noch einiges davon. Wenn ich meine

Frau zur Messe der Osternacht begleite, erschauere ich jedes Mal, wenn die Güte Gottes dadurch bewiesen wird, dass die Ägypter, Reiter und Ross, ertrinken – wo es doch kurz davor heißt, Gott habe das Herz des Pharao verhärtet, was doch zeigen sollte, dass er es hätte erweichen können. Aber es wird doch noch gebetet, um zu erreichen, dass Gott einem gegen andere Menschen hilft.

Das Beten ist für mich überhaupt ein Problem, sobald es um eine konkrete Bitte geht. Der Tourist betet für Sonne, der Bauer für Regen. Einer der beiden bekommt seinen Wunsch erfüllt – durch den angebeteten Gott? Nun im Ernst: Wie stellt sich der betende Gläubige Gott vor, wenn er für etwas betet? Was ich besser verstehen kann, ist das Gebet, das keine Bitte ausdrückt, sondern nur eine Art geistige Kommunikation mit Gott herstellen will. Besonders, wenn das Gebet der Formel entspricht, die François Varillon oft gebrauchte: «On est exaucé quand on est exhaussé» – «Man ist erhört, wenn man erhöht ist», was auch heißen mag: «wenn man zu einem höheren menschlichen Zustand gelangt ist». Was ich nun wieder nicht verstehen kann, ist die Fürbitte, das heißt die Bitte an die Jungfrau, an die Heiligen, beim ganz und gar gütigen Gott für den Betenden gewissermaßen als Anwalt (*advocata nostra* heißt es im *Salve Regina*) einzugreifen, um das Gewünschte zu erreichen, und sei es auch das eigene Heil.

Hier muss ich versuchen, eine Kritik zu beantworten, die mir nicht selten entgegengebracht wird. Ich beurteile die Gläubigen mit Herablassung, mit Überheblichkeit, wenn nicht mit Verachtung, sagen manche. Ich antworte stets, ich sei beinahe sicher, dass dies nicht der Fall ist, dass mein Unverständnis keineswegs Anerkennung und auch Bewunderung ausschließt. Denn es handelt sich um Unverständnis. Vor mir liegt im August 2010 eine Seite von *La Croix*, mit dem Lebenslauf und den Werken des 1916 geborenen hochanerkannten Theologen Gustave Martelet. Er hat Jahrzehnte mit Intelligenz und Wärme gedacht, geschrieben, gepredigt. Mit auch kritischer Teilnahme am Leben und an der Entwicklung der Kirche. Und mit einem unerschütterlichen Glauben an Gott, an Jesus, an die Auferstehung, an das Heil. Da steigt doch die Frage in mir auf: «Wie kann ein solcher Mensch das alles für wahr halten und sein Leben aufgrund dieses Glaubens gestalten?» Bei so vielen Gläubigen stelle ich mir meine Frage mit erstauntem Ernst, selbst bei meiner Frau! Viele finden ihren Weg zu dem anderen, indem sie sich von Gott (oder Christus) gewissermaßen beflügelt finden. Ich habe nie das Bedürfnis empfunden, durch einen Dritten zu dem anderen zu gelangen. Und wenn dieser Dritte nicht außerhalb stehen sollte, sondern mich und den anderen in sein göttliches Wesen einschließt, so sollte von Pantheismus gesprochen werden, von einer allumfassenden Göttlichkeit, deren Existenz keine unmittelbare Wirkung haben würde.

Viele Kinder stellen die traditionelle Frage: «Woher kommt das Böse?» Die alte Antwort schrieb die Verantwortung Satan zu. Dann kam die Zeit, in der der Priester antwortete: «Eine gute Frage. Was ist die nächste?» Heute bleibt es eine Grundfrage, die der Gläubige versucht, einigermaßen zu beantworten. Mit aus meiner Sicht keinem richtigen Ausweg. Denn für mich behält die böse Formulierung von Anatole France ihre volle Berechtigung: «Entweder will Gott das Übel verhindern und kann es nicht, oder er kann es und will es nicht, oder er will es nicht und kann es nicht, oder er will es und kann es. Wenn er es will und nicht kann, ist er machtlos. Wenn er es kann und nicht will, ist er pervers. Wenn er es nicht kann und nicht will, ist er machtlos und pervers. Wenn er es kann und es will, warum tut er es nicht?»

Allein schon im *Vaterunser* kommt der Widerspruch zum Ausdruck. «Dein Reich komme!» Also ist es noch nicht da. Aber «Dein sind das Reich, die Kraft und die Herrlichkeit» – heute und in Ewigkeit. Also ist es da, und das Übel ist innerhalb des Reiches Gottes. Ich weiß, es heißt nun, das Reich sei auf Erden und wird nur vollkommen sein, wenn alle Menschen an Gott glauben und sich ihm anvertrauen. Das scheint mir aber lediglich ein intellektueller Ausweg zu sein. Und das «Erlöse uns vom Bösen» beruht doch auf der Überzeugung dass Gott das Übel abwenden kann. Viele Menschen glauben noch, dass ihr Leiden eine Strafe Gottes ist. Im Krankenhaus hört meine Frau allzu oft: «Was habe ich Schlimmes getan, dass mein Kind sterben muss?» Sie erklärt dann, dass Gott nicht durch Leiden straft, dass er das Leiden nicht will. Aber dann bleibt die Frage: Woher das Leiden, das Übel? Die Ursache soll dann die Freiheit des Menschen gegenüber Gott sein. Voltaire hat bereits geantwortet, dass das Erdbeben von Lissabon mit seinen abertausend Toten nicht von Menschen verschuldet wurde.

Schlimm ist, wenn Gott oder der Jungfrau rettende Wunder zugeschrieben werden, die dann zu harten Fragen führen müssten. Das dritte Wunder von Fatima habe darin bestanden, dass die Kugel des Attentäters den Papst nicht getötet hat. Johannes Paul II. glaubte dies so sehr, dass er die Kugel, die ihn verschont hatte, wie eine Reliquie in das Diadem der Jungfrau von Fatima hat einarbeiten lassen. Wie recht hatte doch der Dominikaner, der in *Le Monde* am 3. Juni 2000 geschrieben hat: «Es ist mir unerträglich zu hören, dass die Heilige Gottesmutter die Kugel ablenkte, die den Papst töten sollte, aber nicht den kleinen Finger gehoben hat, um der Vernichtung der Juden und der Versklavung von Millionen von Schwarzen Einhalt zu gebieten.» Wenn seit Jahrhunderten nach Pest oder Cholera Statuen aufgestellt werden, mit denen die Überlebenden sich für die Beendigung der Plage bedanken, wird nie die Frage gestellt, warum die Jungfrau diese nicht von vorneherein vermieden hat. (Weniger tragisch: Als ich nach dem Papst in Regensburg sprach, veranstaltete Bischof Müller, einer der drei harten M's unter den deutschen Bischöfen, wobei Mixa nicht mehr da ist, aber Meisner leider noch bleibt, eine Prozession, um der Jungfrau zu danken, weil sie erlaubt hatte, dass der Papst nach Regensburg komme!)

Eine andere Antwort steht am Ende des Buches Hiob. Nachdem Gott zugelassen hat, dass Hiob mit Übel überhäuft wird (Frau und Kinder getötet, Armut auferlegt, körperliches schweres Leiden), nur, um ihn zu versuchen, gibt Gott am Schluss die Antwort: Wer bist du, um mir Fragen zu stellen? Die Formulierung des Jesuitenpaters Jacques Sommet in seinem Buch *L'honneur de la Liberté* (Die Ehre der Freiheit) geht eigentlich in dieselbe Richtung. Er schreibt, nach der Schilderung seiner Befreiung aus dem KZ Dachau und nachdem er die Massengräber erwähnt hat: «Der einzig mögliche Weg ist eben die Beziehung zu Gott, zu einem unverständlichen Gott. Die Hingabe an das Unverständliche bleibt unumschränkt möglich.» Jedenfalls sollte bedacht werden, was Pater Gustavo Gutiérrez, einer der Initiatoren der «Befreiungstheologie» in Südamerika, in seinem Buch *Job. Parler de Dieu à partir de la souffrance de l'innocent* (Hiob – Von Gott sprechen aufgrund der Leiden des Unschuldigen) zum Ausdruck gebracht hat: «Eine Theologie, die nicht durch die in der Welt vorhandenen unverständlichen Leiden beunruhigt ist, wird fragwürdig.» Ohne den allmächtigen Gott geht es leichter, weil es keinen göttlichen Willen oder ein göttliches *Laisser-faire* gibt.

Lange hieß es, der Christ sei im Besitz der Wahrheit. Und im Namen dieser Wahrheit verfolgten oder zwangsbekehrten die Kirchen. Heute sagt der Christ eher, er suche ständig die Wahrheit, denn die Wahrheit schlechthin besitze nur Gott. In diesem Sinn finde ich schön, was Johannes Paul II. für den Weltfriedenstag am 1. Januar 2002 geschrieben hat: «Die Wahrheit kann jedoch auch dann, wenn sie erlangt wird – und das geschieht immer auf eine begrenzte und unvollkommene Weise –, niemals aufgezwungen werden.» Leider hat sich in der Praxis doch nicht allzu viel verändert. Derselbe Papst hat in der Enzyklika *Veritatis splendor* eine absolute Wahrheit definiert. Die armen katholischen Theologen müssen heute schwören, dass ihre Forschung nie das Dogma verletzt. Die Wahrheit, von der in der Enzyklika von Benedikt XVI. im Zusammenhang mit der Liebe die Rede ist, ist seine Wahrheit – die für alle gültig ist. Als Kardinal Ratzinger hatte er im August 2000 im Namen der Kongregation für die Glaubenslehre das Dokument *Dominus Iesus* veröffentlicht, das nicht nur sagte, dass der Protestantismus keine echten Kirchen bildet, sondern in zwanzig Seiten fünfmal die Formel gebraucht «ist fest zu glauben». Wenn er im April 2004 bei einem Besuch in den USA sagt: «In unseren Universitäten und unseren Schulen ist die Wahrheit offenbar», übersieht er, dass Milliarden Menschen, darunter ich, seine Wahrheit nicht für wahr halten. In seiner beeindruckenden Rede in Marburg am 27. Februar 2007 über *Verantwortung und Gewissen des Politikers* sagte Helmut Schmidt: «Kardinal Ratzinger (noch bevor er Papst wurde) hat geschrieben: ‹Mit empirisch gestützter Gewissheit können wir sagen, wenn die sittliche Macht des christlichen Glaubens plötzlich aus der Menschheit weggerissen würde, dann bestünde höchste Gefahr für das Überleben der Menschheit.› Solche selbstgerechten religiösen ‹Gewissheiten› haben im Laufe von Jahrtausenden unermessliches Unheil und Leiden verursacht.»

Der Protestant ist theoretisch freier und darf die Bibel deuten. Aber Luther und Calvin haben Glaubensinhalte fest definiert und ihren Anhängern aufgezwungen. (Wenn ich in Württemberg oder Bayern spreche, frage ich immer: «Warum seid ihr hier katholisch oder evangelisch? Nur weil ein Prinz im 16. oder 17. Jahrhundert seine Konfession, seine Wahrheit seinen Untertanen auferlegt hat!»)

Die Frage nach der Wahrheit betrifft in erster Linie die Schrift. Wenn man die Vernunft liebt, sollte man großes Unverständnis zeigen für den Mangel an Logik bei den gläubigen Christen und auch den Juden. Sie sagen doch: «Wir akzeptieren die Schrift als wahr, weil in ihr die Wahrheit gesagt wird, und wir wissen, dass die Wahrheit in ihr gesagt wird, weil sie wahr ist.» Dabei stellen doch katholische, evangelische, jüdische Historiker, Archäologen und andere ständig diese Wahrheit in Frage. Auf katholischer Seite darf, dank der erstaunlichen Enzyklika von Pius XII. *Divino afflante spiritu* vom 30. September 1943, vieles in Frage gestellt werden. Sie billigte für die Bibelforschung die neuesten und sogar gewagtesten Methoden (semiotische Analyse, soziologischer Zugang, kulturelle Anthropologie, Psychoanalyse). Grenzen wurden festgelegt, die Interpretation der Bibel im Leben der Kirche hat man sorgfältig definiert, aber die deutlichste Warnung richtete sich an den fundamentalistischen Umgang mit der Bibel, der als gefährlich eingestuft wird, da er «unausgesprochen zu einer Art von gedanklichem Selbstmord» auffordert. «Er hat die Tendenz, den biblischen Text so zu behandeln, als ob er vom Heiligen Geist wortwörtlich diktiert worden wäre ... Oft fasst er als geschichtlich auf, was gar nicht den Anspruch auf Historizität erhebt; denn für den Fundamentalismus ist alles geschichtlich, was in der Vergangenheitsform berichtet oder erzählt wird, ohne dass er auch nur der Möglichkeit eines symbolischen oder figurativen Sinnes die notwendige Beachtung schenkt.» Wie konnte man, zwei Jahrzehnte nach einem solchen Text, im Konzil-Dokument *Dei verbum* Folgendes schreiben? «Die Bücher der Heiligen Schrift lehren klar, zuverlässig und ohne Irrtum die Wahrheit, von der Gott wollte, dass sie um unseres Heiles willen in der Schrift festgehalten würde.»

Außer durch den Glauben ist kein Wort der Evangelien verbürgt, im Sinne einer historischen Quellenforschung. Um nur ein Beispiel zu nehmen: Während die Jünger auf dem Ölberg schlafen, betet Jesus. Wer hat die Worte gehört, die im Evangelium stehen? Und doch heißt es in der Messe nach der Epistel: «Wort des lebendigen Gottes». Die Päpste gründen ihr Amt, insbesondere den Protestanten gegenüber, auf das «Du bist Petrus» des Matthäus-Evangeliums. Authentisch oder nach Jahrzehnten, vielleicht sogar Jahrhunderten im Interesse der Nachfolger Petri niedergeschrieben? Die historische Analyse der Evangelien bringt doch viel Positives. So zum Beispiel, dass die Formel «die Juden» im Johannes-Evangelium, die mörderische Verallgemeinerung, die noch bei Bach in der Johannes-Passion vorhanden ist, nicht von Gott diktiert wurde, sondern eine Haltung widerspiegelt, die sich in der Geschichte der Johannes-Gemeinde entwickelt hatte.

Mit dem Alten Testament geht es zugleich schlimmer und besser zu. Schlimmer, weil die Wahrscheinlichkeit groß ist, dass es weder Abraham noch Moses gegeben hat und dass die meisten Texte nicht vor dem achten Jahrhundert vor Christus entstanden sind. Besser, weil so die Gräuel in der Wirklichkeit nicht stattgefunden haben. Als Jüngling habe ich eine Art Schock erlitten, als ich die Massenmorde nach der Eroberung von Jericho und nach dem Triumph von Esther in der Bibel vorfand. Am Ende der Eroberung von Jericho (Josua VI, 21) heißt es: «Mit scharfem Schwert weihten sie alles, was in der Stadt war, dem Untergang, Männer und Frauen, Kinder und Greise, Rinder, Schafe und Esel.» Und am Ende des Buches Esther hängt man nicht nur die zehn Söhne des bösen Haman. Überall wird getötet. «Die übrigen Juden in den königlichen Provinzen versammelten sich, um für ihr Leben einzutreten; sie verschafften sich Ruhe vor ihren Feinden und töteten fünfundsiebzigtausend ihrer Gegner.»

Auf jüdischer Seite sollte man doch glücklich sein, dass das Buch Numeri nur Legenden enthält. Sonst hätte ja Moses, auf Befehl Gottes, den ersten Genozid vollbracht und die erste Völkervertreibung. «So zogen sie gegen Midian, wie Jahwe Moses geboten hatte, und machten alle männlichen Personen nieder.» Moses fuhr die Heeresführer an: «Habt ihr wirklich alle Weiber am Leben gelassen? Tötet sofort alle männlichen Kinder, ebenso tötet jedes Weib, das bereits mit einem Mann geschlechtlich verkehrt hat! Alle jungen Mädchen ... lasst für euch am Leben.» Auch: «Jahwe redete zu Moses ... Er sagte: Wenn ihr über den Jordan in das Land Kanaan gezogen seid, habt ihr alle Bewohner des Landes vor euch zu vertreiben. Dann nehmt ihr das Land in

Besitz und wohnt darin; denn euch habe ich dieses Land verliehen.» Allerdings müsste man dann in unserer Zeit zugeben, dass die ersten Bewohner des heutigen Israel nicht die Hebräer waren!

In der zitierten Stelle aus *Dei verbum* ist vom Heil die Rede. Für mich ist das ein merkwürdiges Wort. Der Christ gelangt viermal zum Heil: durch den Bund Gottes mit Abraham, durch den «neuen und ewigen Bund» mit Christus, durch die Taufe, und dann muss er noch sein individuelles Heil suchen. Nicht durch seine Verdienste, sondern, sagen energisch Lutheraner und etwas lau die katholische Kirche seit kurzem, durch die Gnade Gottes. Man zitiert den Epheser-Brief: «Denn aus Gnade seid ihr durch den Glauben gerettet, nicht aus eigener Kraft», oder den Galater-Brief, wo man durch den Glauben gerecht wird. Aber im November 2003 antwortete Benedikt XVI. auf einen Brief von 138 muslimischen Intellektuellen: «Der einzige Gott wird, am Ende der Zeiten, Richter jedes Menschen sein je nach dessen Taten.» So heißt es auch am Ende der Offenbarung.

Heil heißt Rettung, aber wovon, wozu? Jeder Mensch trägt Sünde. Dies seit Adam, und Christus ist der neue Adam, der diese Erbsünde aufhebt – oder doch nicht ganz. Der Begriff einer Erbsünde ist mir sowieso zuwider. Die Erbsünde betrifft seit Adam jeden Menschen, der gewissermaßen als Sünder auf die Welt kommt. Die einzige Ausnahme ist Maria, die von der Erbsünde verschont geblieben ist und in diesem Sinne unbefleckt geboren wurde. (Abermillionen Katholiken sind heute noch überzeugt, dass das Wort «unbefleckt» die Geburt von Jesus bezeichnet und einen sexuellen Sinn hat – und nicht die Geburt der Jungfrau, die ohne die Sünde geboren wurde.) Der Mensch begeht auch Sünden. An sich sollten diese gar nicht mehr bestehen. Denn wie oft wird Christus angesprochen mit «Du, der du die Welt von ihren Sünden befreist.» Mir erscheint immer diese Formulierung im Ritual als ein Hohn, sobald ich die Gräuel der heutigen Welt betrachte.

Das ersuchte Heil bedeutet eine Rettung. Rettung, um trotz

der Sünden nahe dem Tod in eine positive Ewigkeit einzuziehen. Hier haben sich die christlichen Überzeugungen sehr verändert. Das Paradies ist nicht mehr, was es war, und das Fegefeuer ist abgeschafft worden. Doch nicht ganz. Luther würde sich im Grab umdrehen, wenn er erführe, dass die katholische Kirche – relativ diskret – den Ablass wieder eingeführt hat. Das Paradies entspricht nicht mehr einem Schlaraffenland. Es besteht aus dem ewigen Anblick des Gottes der Liebe. Nach Jahrtausenden mit eindrucksvollen Darstellungen der Hölle und der Schmerzen der Verdammten (in der Malerei, an den Kirchen, in den Schriften) ist auch sie nicht mehr vorhanden. Die Hölle, das ist die ewige schmerzhafte Entfernung vom Antlitz Gottes.

Ich ärgere mich immer, wenn jemand den Atheismus auf einen Materialismus reduziert. Im Allgemeinen, weil die Christen es schwer haben einzusehen, dass es eine Spiritualität ohne Gott geben kann. Wenn ich mit einem anderen einen Blick wechsele, so ist dies bereits ein Zeichen der Spiritualität, denn unsere materiellen Augäpfel erklären nicht die menschliche Kommunikation. Wenn Jean-Paul Sartre in *L'être et le néant (Das Sein und das Nichts)* behauptet, dass der Blick des anderen einen «réifie» (zum Ding macht), so weil er sich als vollkommen hässlich betrachtete. Gerade hier sehe ich nicht ein, warum ich einen Dritten brauchen sollte, um diesen Kontakt herzustellen. Wie Emmanuel Levinas es gesagt hat (in F. Poirié, *Emmanuel Lévinas, qui êtes-vous?* 1987): «La relation au visage d'autrui est d'emblée éthique.» (Die Beziehung zum Gesicht des anderen ist unmittelbar eine ethische.) Mein geistiges Leben, wie es unten dargestellt werden wird, sieht lediglich in mir nach meinem tiefen Inneren, wo der Gläubige nach oben zu schauen vermeint. Wenn dann gefragt wird, wie ich diese menschliche Spiritualität erkläre, so habe ich keine genaue Antwort, sage aber, dass ich nie der Versuchung erlegen bin, alles, was ich nicht erklären kann, Gott zu nennen oder mich hinter dem Begriff des Mysteriums zu verschanzen.

Das Leiden und der Tod

Darf ich über das Leiden schreiben, wo ich doch so wenig gelitten habe? Würde ich anders denken, wenn ich gefoltert worden wäre? Ob ich unter der Folter gesprochen hätte oder nicht, ist gleichgültig. Jean-Paul Sartre hat ein dummes Stück geschrieben, *Morts sans sépulture (Tote ohne Begräbnis)*, in dem er fälschlicherweise den Wert eines Menschen vom wortlosen Ertragen der Folter abhängig macht.

Wie hätte ich zum Beispiel reagiert, wenn ich das Schicksal von Wolfgang Schäuble erlitten hätte? Hätte ich so viel Selbstüberwindung und Mut bewiesen? Vor mir liegt der Brief eines inzwischen verstorbenes Freundes, der meine Bewunderung für ihn, wie sie in zweien meiner Bücher zum Ausdruck gekommen ist, unbedingt dämpfen wollte. Durch jugendliche Krankheit war er blind und gelähmt. Er konnte weder stehen noch sitzen. Nur seine Hände waren «brauchbar». Meine Frau las ihm oft vor. Er war hochintelligent und kultiviert. Er spielte Schach und gewann Rundfunkwettbewerbe in Literatur. Er schrieb mir, er habe viel Glück gehabt. Seine wohlhabenden Eltern hatten es sich leisten können, ihn gut pflegen zu lassen und ihm eine angenehme Umgebung zu schaffen, und die Krankheit hätte ja auch sein Gehirn abtöten können. Wie hätte ich reagiert?

Ich habe Frank-Walter Steinmeier besonders hochgeachtet, als er im August 2010 ankündigte, dass er sich vorläufig aus der Politik zurückziehen werde, um seiner Frau eine seiner Nieren zu schenken. Da die Operation gut verlaufen ist, konnte er zur Politik zurück, und ich war voller Zorn und Verachtung für die, die dann munkelten, er habe doch nur eine Ausflucht nach der SPD-Niederlage gesucht.

Meine Bewunderung gilt auch allen Lehrerinnen und noch mehr den Schülern von *Votre école chez vous* (Eure Schule zu Hause), einem Verein, dessen Vorstand ich angehört habe, der sich um Kinder kümmert, die zu krank oder zu behindert sind, um zur Schule zu gehen. Sogar die Jungen oder Mädchen, die wissen, dass sie sich dem Tode nähern, finden im Lernen eine Erleichterung ihres Leidens.

Das Gegenteil all dieser Beispiele ist die Grausamkeit, das Leid, das man anderen auferlegt. Ich bin von jeher voller Unverständnis für das Hochloben des Marquis de Sade. Ich habe immer seine Bewunderer gefragt: «Was habt ihr eigentlich gegen die Folter, gegen die Gestapo, gegen Vergewaltigungen und Erniedrigungen von Frauen? Warum findet ihr so etwas bei de Sade schön und sogar befreiend?» Viel schlimmer ist natürlich das echte Vergnügen, zu martern und zu töten, ob es sich nun um die Vollzieher oder um die Schreibtischtäter handelt wie bei Ludwig XIV., der seine brutalen Dragoner Zwangsbekehrungen *(les dragonnades)* durchführen und unzählige Protestanten sich auf den Galeeren zu Tode rudern ließ. Oder bei dem belgischen König Leopold II., der sich im Kongo bereichern konnte, weil so vielen Einwohnern ein Fuß abgeschnitten wurde, damit sie nicht vor der Zwangsarbeit fliehen konnten. Sei es in Sibirien, in deutschen KZs oder noch im 19. Jahrhundert beim Ausgraben eines Kanals in der Bretagne, als die zur Zwangsarbeit Verurteilten in Hunger und Elend schuftend verkamen – überall fanden sich Wärter, die durch ihre Brutalität und Unbarmherzigkeit das Leiden noch vermehrten.

Es kann auch um viel Geringeres gehen. Heute sind die schlimmen Methoden des *bizutage* gesetzlich verboten, werden aber noch geheim ausgeübt. Ein *bizut*, ungefähr dem «Fuchs» der ehemaligen deutschen Korporationen entsprechend, ist ein Student im ersten Jahr einer *grande école* oder in den Vorbereitungsjahren zu einer von diesen. Während der Fuchs nur Untertan zu sein hatte, wurden nur allzu oft die *bizuts* gepeinigt, die weiblichen bis an die Grenze der Vergewaltigung belästigt. Die Zeitschrift *Esprit* veröffentlichte den Brief eines geflohenen deutschen Schülers der hochanerkannten katholischen Jesuiten-Schule École Sainte-Geneviève in Versailles, weil er die *bizutage* nicht ertragen wollte. Die Schule erwiderte ziemlich brutal, er wolle nur verheimlichen, dass er nicht gut genug in Mathematik war. Sein Gymnasium antwortete allen Ernstes, dass man in Deutschland wegen der Vergangenheit mehr als woanders darauf bedacht sei, jede körperliche Gewalt zu vermeiden. Ich telefonierte mit dem Orden und schrieb an die Kardinal-Erzbischöfe von Paris (Lustiger) und Lyon (Decourtray). Immerhin bewirkten die Bischöfe, dass das *bizutage* dort heute nur noch darin besteht, eine gute Sozialarbeit vor Schulbeginn zu entrichten.

Es gibt auch seelisches Leiden. Manchmal ein unrühmliches, wenn es sich zum Beispiel um den Neid handelt. Es heißt: «Die Eifersucht ist eine Leidenschaft, die mit Eifer sucht, was Leiden schafft.» Aber der Eifersüchtige leidet selbst unter seinem Neid. Öfter sollte das Leiden verstanden und abgeschafft werden. So war es mit dem Leiden der Homosexuellen, die in Deutschland als Kriminelle betrachtet werden konnten während der 123 Jahre Gültigkeit des erst 1994 abgeschafften Paragraphs 175 des Strafgesetzbuches. Oder mit allen Franzosen, die sich vor dem *loi Neuwirth* vom Dezember 1967 jedenfalls in der Theorie strafbar machten, wenn sie Empfängnisverhütung empfahlen oder Mittel dazu vorschlugen.

Heute geht die Diskussion vor allem um das Leiden der Kranken. Die Ärzte versuchen nun, den Schmerz als ein echtes Übel zu bekämpfen. Aber wenn er sich nicht mehr lindern lässt und dabei die Genesungschancen immer geringer werden? Auch die katholische Kirche will keine Lebensverlängerung um jeden Preis. Die Heilungsmöglichkeiten haben sich jedoch sehr verbessert. Ich muss gestehen, dass ich am Krankenhausbett meiner Mutter, die nicht wusste, dass sie Lungenkrebs hatte, und stattdessen an eine hartnäckige Bronchitis glaubte und wenig litt, folgendes Gespräch mit dem Arzt geführt habe. Er sagte: «Ich werde ihr so lange wie möglich ein komfortables Weiterleben sichern.» Ich antwortete:

«Ich habe das Beiwort wohl gehört und bin einverstanden.» Vor kurzem aber hat unsere Schwiegertochter Catherine hart, schmerzvoll und erfolgreich gegen ihren Krebs gekämpft. Ohne Operation, aber mit Chemikalien und Bestrahlungen. Keine Spur eines Geschwürs ist geblieben. Sie hat ihren Beruf bei Bayard und ihre Rollen als liebende und geliebte Gefährtin und als vierfache Mutter wieder voll ausfüllen können. Man ist sich in Frankreich, mehr noch als in Deutschland, darüber einig, dass die Möglichkeiten der Palliativmedizin eine beruhigende, befreiende Begleitung des letzten Lebensabschnitts ermöglichen. Leider fehlen die finanziellen, räumlichen und menschlichen Mittel, um die Methode anders denn als eine Ausnahme zu verwenden.

Hätte ich, wenn leidend, Trost gebraucht? Würde ich Trost brauchen? Jedenfalls habe ich nie die geringste Versuchung empfunden, Menschen, die ihren Trost in Gott finden, von ihrem Vertrauen abzubringen. Es bleibt aber mein Erstaunen, dass man nach einer Katastrophe in die Kirche geht – im Allgemeinen die trauernden Angehörigen derer, die zum Beispiel bei einer Flugzeugkatastrophe oder bei einer Love Parade umgekommen sind. Für ganz Deutschland galt das 1945: Plötzlich füllten sich die evangelischen und katholischen Kirchen. Nicht so sehr, um für eine bessere Zukunft zu beten, sondern um im großen Leiden den Trost zu empfinden, den die Kirchen versprachen.

Man kann auch Trost in der Musik finden. Besonders, wenn sie aus Leiden entstanden ist. Heinrich Schütz ist hierfür wohl das beste Beispiel. Er hat selbst viel gelitten, persönlich und durch das Miterleben des für die Deutschen mörderischsten aller Kriege, des Dreißigjährigen Kriegs. Die Kantate zum Tod seiner geliebten Frau Magdalena ist ergreifend. Noch mehr die *Musikalischen Exequien.*

Bleibt die Frage, was das menschliche Leben ohne das Leiden wäre. Aldous Huxley hat es in seiner Fiktion *Brave New World* ausgemalt. Die Menschen werden in Röhren gezeugt, haben also weder «Vater» noch «Mutter», zwei pornographisch gewordene Ausdrücke. Es gibt keine Familie mehr – also fallen alle Leiden schaffenden Familienkonflikte aus. Man betreibt Sex als angenehme Hygiene. Liebe und Liebesleid kommen nicht vor. Und jeder ist in seinem Beruf glücklich, denn vom unteren *epsilon-minus* bis zum hohen *alpha-plus* ist jeder, ohne es zu wissen, für seinen Platz in der Gesellschaft durch verschiedene Methoden vorbestimmt. Einige besondere *alpha-plus* beherrschen zusammen die ruhige Welt. Sollte dennoch jemand beginnen, zu denken und in Frage zu stellen, dann wird er auf einer Insel untergebracht. Der Tod tritt ohne Schmerzen ein, und der Tote kann von niemandem vermisst werden. Also gibt es auch keine Trauer mehr. Auch keine Literatur, keine Kunst, weil die ja ohne Leidende nicht bestehen können ... Ein Teil der Beschreibungen des 1932 erschienenen, lustig geschriebenen, ernst gemeinten Buches wurde leider Wirklichkeit, und sei es nur durch die Verdummung, die den Fernsehzuschauer vor dem Denken bewahrt.

Tote in Massen habe ich nur einmal angesehen und angefasst. Am 27. Mai 1944 bombardierte die amerikanische Luftwaffe die Stadt Marseille aus 4000 Metern Höhe. Die Bomben verursachten 3000 Tote – nachdem am 26. Mai die Stadt gegen die deutsche Besatzungsmacht gestreikt hatte. Mit einigen meiner Schüler der École Saint-Joseph haben wir eine Woche lang Leichen gesucht, zerstückelte Körper auf Lastwagen geladen. Handschuhe gab man uns nicht. Ich stellte fest, dass mich die Toten weniger beeindruckten (den Ekel ausgenommen) als das Leiden der Verletzten.

Lange stand die Todesstrafe im Zentrum der gesellschaftlichen Debatte. Im 19. Jahrhundert hat Victor Hugo jahrzehntelang vergeblich für ihre Abschaffung gekämpft. In der Bundesrepublik Deutschland sagt das Grundgesetz seit 1949 im Artikel 102: «Die

Todesstrafe ist abgeschafft.» In Frankreich hat es bis 1981 gebraucht, dass der Anwalt und Justizminister Robert Badinter unter Präsident Mitterrand durch ein leidenschaftliches Plädoyer eine Mehrheit im Parlament gefunden hat, um die Guillotine zu beseitigen. Heute heißt es endlich im Artikel 66-1 der Verfassung: «Niemand darf zur Todesstrafe verurteilt werden.» Die Europäische Konvention für Menschenrechte des Europarats verbietet die Todesstrafe seit 1983. Weltweit ist die Todesstrafe noch in 58 Staaten geltendes Recht. Im Jahre 2009 haben noch achtzehn Länder Hinrichtungen vollzogen. Laut Amnesty International gab es circa 1000 Fälle in China, 388 im Iran, 120 im Irak, 69 in Saudi-Arabien und 52 in den USA, darunter allein 24 in Texas, wo die Zahlen gerade unter dem Gouverneur George W. Bush besonders hoch gewesen sind.

Jedes Mal, wenn man von gemeinsamen «westlichen» Werten spricht, sollte man die Tragödien der Hinrichtungen in den Vereinigten Staaten hervorheben, wobei die meisten durch verschiedene Mittel Getöteten arme Schwarze sind, die sich keinen guten Anwalt leisten konnten. Immerhin ist es heute, dank DNA-Tests, leichter geworden, Unschuld zu beweisen. So sind 2009 neun zum Tode Verurteilte von jeder Schuld freigesprochen und aus dem Gefängnis entlassen worden, wo sie zusammengerechnet 121 Jahre verbracht hatten. Immer wieder werden Fälle weltweit bekannt, so zum Beispiel 2010 der von Troy Davis. Im Alter von 41 Jahren saß er seit zwanzig Jahren im «Todestrakt». Er war 1991 zum Tode verurteilt worden, weil er einen weißen Polizisten getötet haben soll. Er hat immer seine Unschuld beschworen. Die Waffe war nie aufgefunden worden, keine Fingerabdrücke oder Gentests konnten die Schuld beweisen. Von den neun Zeugen gegen ihn hatten sieben ihr Zeugnis widerrufen. Im August 2010 entschied ein Richter, dass er seine Unschuld nicht genügend bewiesen hatte, also hingerichtet werden dürfe. Als müsse nicht die Schuld bewiesen werden!

In Deutschland und Frankreich wird durch solche Fälle das Empfinden einer Wertegemeinschaft mit den Vereinigten Staaten sehr geschwächt, wobei man zwei Tatbestände vernachlässigt. Langsam verschwindet auch in den USA die Todesstrafe. Und wer bei uns ist wirklich voll und ganz gegen sie? Wer hat 1946 im Sinne der Abschaffung der Todesstrafe gegen die Hinrichtung der Verurteilten von Nürnberg protestiert? Wenn Heinrich Himmler nicht Selbstmord begangen hätte, wer wäre gegen sein Erhängen aufgestanden? Und im Fall von Adolf Eichmann? Ich bin mir nicht sicher.

In den französischen Geschichtsbüchern wird nirgends die an Pierre Laval vollzogene Todesstrafe kritisiert, der als Regierungschef unter Marschall Pétain die *collaboration* mit den deutschen Besatzungsbehörden betrieben hatte, einschließlich der Deportation der Juden. (Noch weniger wird über die unmenschlichen Umstände der Hinrichtung berichtet. Er hatte selbst Gift geschluckt. Dem bereits Sterbenden wurde der Magen ausgepumpt, damit er stattdessen an einen Pfahl gebunden und erschossen werden konnte.) Bis zuletzt haben die Freunde des Schriftstellers Robert Brasillach de Gaulle bewegen wollen, diesen zu begnadigen, obwohl er während der Besatzung besonders schlimme antisemitische Artikel geschrieben und auch die Deportation der jüdischen Kinder befürwortet hatte. De Gaulle lehnte ab, weil doch die Intellektuellen ständig behaupteten, ihr Wort sei verantwortungsschwer und verantwortungsbewusst. Auf der Linken schwieg man zur Hinrichtung, mit Ausnahme von Albert Camus. Er unterschrieb eine Petition zur Begnadigung, fügte allerdings hinzu, er wolle nur als Gegner der Todesstrafe konsequent sein, obwohl die Freunde Brasillachs nie protestiert hätten gegen die Hinrichtung linker Widerstandskämpfer.

Auf internationaler Ebene ist die Entwicklung bemerkenswert. Saddam Hussein wurde hingerichtet, weil er von einem irakischen Gericht verurteilt worden war. Für die Sühne der Millionen ermordeten Menschen in Kambodscha darf ein Internationales Gericht nicht die Todesstrafe verhängen. Das Gleiche gilt, mit weniger Toten, für Serbien. Zugleich wird immer mehr getötet, mit Begründungen, die einem Urteil gleichkommen sollen, in Wirklichkeit aber nur dazu dienen, Terror zu verbreiten. Die zehn Mitglieder der *International Assistance Mission*, die am 6. August 2010 im Norden Afghanistans ermordet wurden, waren schon lange im Lande hilfreich tätig. Der Chef, Tom Little, hatte sich 1976 in Afghanistan mit seiner Familie angesiedelt und drei Jahrzehnte lang Kliniken und sanitäre Einrichtungen eröffnet. Er hatte der afghanischen Bevölkerung beigestanden während der sowjetischen Invasion in den achtziger Jahren und während des Bürgerkriegs in den neunziger Jahren. Seine jüngste Mitarbeiterin, eine Engländerin, hatte ihre Stelle als Chirurgin in einer Londoner Klinik aufgegeben, um in Afghanistan zu helfen. Sie war 36 und stand kurz vor ihrer Heirat. Sie wurden alle bewusst ermordet, gerade weil sie nicht dem Feindbild entsprachen. Dort und woanders – vor allem im Irak – wird ziellos getötet durch Attentate mit oder ohne Selbstmord. Die Opfer sind fast nur Muslime. In Algerien ab 1954, in Palästina vonseiten des Irgun, dann von palästinensischer Seite gegen Israel heute ist das einzige, aber nicht sofort zurückzuweisende Argument der Terroristen: «Haben wir andere Mittel, um die uns militärisch völlig überlegene Besatzungsmacht in Schach zu halten?» Ein anderes Argument, das doch in Betracht gezogen werden kann, ist: «Und der Pilot des Flugzeugs, das die Atombombe auf Hiroshima geworfen hat, oder die Flieger, die Dresden zerstört haben, waren die nicht auch terroristische Mörder?» Zu diesen Themen habe ich an mancher schwierigen und hitzigen Debatte teilgenommen.

Wann ist eine Tötung Mord? Die härtesten Gegner des Schwangerschaftsabbruchs verwenden gerne das harte Wort. Merkwürdig ist dabei die Verwendung der demoskopischen Untersuchungen. Zur Zeit der Abschaffung der Todesstrafe veröffentlichte der *Figaro* eine Umfrage, die zeigte, dass die Mehrzahl der Bevölkerung gegen die Abschaffung war. Als es um die Abtreibung ging, sagte die Zeitung, das Grundprinzip der Ablehnung stehe über jeder mehrheitlichen Volksmeinung. Hier sagte jedoch *Le Monde,* dass man im Gegenteil das in einer Umfrage ausgedrückte Mehrheitsprinzip anwenden sollte, während die Abschaffung der Todesstrafe die Grundlagen der Moral betreffe und über jeder öffentlichen Meinung stehe!

Die katholische Kirche ihrerseits bekämpft die Abtreibung als Tötung, bleibt aber der Todesstrafe gegenüber immer zumindest lau. In der Enzyklika von Johannes Paul II. *Evangelium vitae* (1995) wird die Abtreibung als «verabscheuungswürdiges Verbrechen» bezeichnet, während der Artikel 56 nur sagt: «... die Frage der Todesstrafe, deretwegen man in der Kirche und in der bürgerlichen Gesellschaft eine steigende Tendenz» zu ihrer Abschaffung feststelle. Wusste der Papst nichts davon, dass in vielen Ländern Europas die Todesstrafe bereits abgeschafft war? Wollte er wirklich sagen, dass der menschliche Wert eines Erwachsenen, und sei er kriminell gewesen, niedriger zu bewerten sei als der eines jüngst befruchteten Eis? Am 29. November 2000 veröffentlichte *La Croix* mutig die Stellungnahmen von Würdenträgern anderer Konfessionen. Der Präsident der Protestantischen Föderation Frankreichs: «Wir behaupten nicht, dass vor einer Frist von vierzig Tagen der Embryo ein menschliches Wesen ist.» Der Rektor der Großen Moschee von Paris: «Nach einer Frist, die manche mit vierzig oder hundertzwanzig Tagen angeben, ist der Embryo eine vollgültige Person.» Ein Großrabbiner und Mitglied der französischen nationalen Ethik-Kommission: «Im Judentum werden diese überzähligen Embryos so angesehen, als hätten sie ein Alter von weniger als vierzig Tagen, also nicht den Status eines Lebewesens.»

Dem Gefühl nach bin ich gegen jeden Schwangerschaftsabbruch, aber ich bin auch voller Verständnis für die Abtreibung während der ersten Wochen, solange der Embryo noch nicht zum richtigen Fötus geworden ist. Schöne Filme über das Leben im Mutterleib sollten daher in den Schulen gezeigt werden, damit der harte Spruch einer Abgeordneten bei der Diskussion über das *loi Veil* widerlegt wird: «Was ist ein Kind? Etwas, von dem man in der Schule lernt, wie man es nicht bekommt.» Bei einer neuen Debatte im Jahr 2000 sagte eine Abgeordnete der Mitte meiner Ansicht nach sehr stichhaltig: «Die Sexualkunde sollte eine Erziehung zur Liebe sein. Es ist erstaunlich, dass in dem sehr langen Text von Jack Lang» – damals Erziehungsminister – «bei seiner Pressekonferenz über den Sexualkunde-Unterricht in den Schulen, immerhin ein Dokument von 47 Seiten, kein einziges Mal das Wort ‹Liebe› vorkommt.»

Warum wird abgetrieben? Aus Not, aus Bequemlichkeit oder auch, weil man dank an sich erfreulicher technischer Fortschritte bereits beim Embryo feststellen kann, ob das Kind gesund, «normal» zur Welt kommen wird oder mehr oder weniger behindert. Da meine Frau und ich glücklicherweise nie in der Lage waren, eine solche Entscheidung treffen zu müssen, wage ich kein Urteil zu fällen über Eltern, die aus Sorge über das Schicksal des zukünftigen Behinderten und über ihr eigenes künftiges Leben die Schwangerschaft beenden wollen. Aber bei welchem Grad der Behinderung? Wegen Trisomie, einer der schlimmsten Formen der Behinderung, oder auch schon wegen einer möglichen Hasenscharte? In letzterem Fall gäbe es keinen Jürgen Habermas, und das wäre doch ein großer Verlust! In manchen Fällen lieben die Eltern das behinderte Kind bereits im Voraus, auch wenn es zum Beispiel nie sprechen wird und wegen Atemschwäche ununterbrochen überwacht werden muss, so wie in einer befreundeten Hamburger Familie. Und in Frankreich erschien 2004 das Buch von Isabelle de Mézerac, *Un enfant pour l'éternité* (Ein Kind für die Ewigkeit). Nicht nur Trisomie 18 (das sogenannte Edwards-Syndrom) erwarteten den Embryo, sondern auch die

Abwesenheit des Zwerchfells, was das Funktionieren der Lunge verhindern und den beinahe sofortigen Tod bringen würde. Die Eltern von bereits vier Kindern beschlossen, die Schwangerschaft dennoch zu Ende zu führen. Die Mutter empfand eine wachsende Liebe zu diesem Kind – das am 18. Februar 2002 um 11 Uhr 18 geboren wurde und um 12 Uhr 30 starb. Liebe und Trauer blieben bestehen.

Solches kann man natürlich niemandem in dieser extremen Form zumuten, aber die Gesundheit des zukünftigen Kindes wird immer genauer vorhersehbar. Die Eugenik ist nahe, noch zusätzlich genährt von den «Bestellungen» des Spermas bei einer künstlichen Befruchtung. In den Vereinigten Staaten darf man sich bereits in einem Katalog den – unbekannten – Geber aussuchen, damit das Kind blonde Haare und blaue Augen bekomme. Da denke ich an die Antwort von George Bernard Shaw, zu dem eine schöne Frau sagte: «Bekommen wir doch ein Kind zusammen: bei Ihrer Intelligenz und meiner Schönheit.» Schlagfertige Antwort: «Lieber nicht. Stellen Sie sich vor, es hätte meine Schönheit und Ihre Intelligenz ...» In China wurden bereits Abertausende Mädchen vor oder nach der Geburt getötet. Dank der Möglichkeit, das Geschlecht frühzeitig zu entdecken, werden weniger Geborene beseitigt werden! Ist nicht die Neuentwicklung der so lange verpönten Eugenik in vollem Gange?

Wenn nun erst nach der Geburt schwere Behinderungen bemerkt werden, inwiefern ist dann die Unterbrechung des Lebens ein Mord oder das Verhindern unsagbarer späterer Leiden? Was dürfen die Eltern entscheiden? Was der Arzt? Haben sie die Freiheit, über das Leben des gerade Geborenen zu entscheiden? Ist nicht schon seine zukünftige Freiheit zu respektieren? Handelt es sich da bereits um Sterbehilfe? Ich weiß nicht, was ich geantwortet hätte, wenn ich in der Lage der Eltern und der Ärzte gewesen wäre, deren Fälle in dem ergreifenden Buch *Demander la mort de son enfant* (Den Tod seines Kindes verlangen) gesammelt sind.

Darin werden Schicksale geschildert, die sich im *Centre d'éthique clinique* des Pariser Krankenhauses Cochin ereigneten.

Und bei der Sterbehilfe für Erwachsene oder für bereits bewusst Heranwachsende? Die Ärzte und die Familien sind überall unsicher über das Wann und das Wie, über das Strafbare und das Erlaubte. In den Niederlanden und in der Schweiz liegen die Grenzen anders als in Deutschland, in Deutschland anders als in Frankreich. Aber der allgemeine Trend geht in Richtung des Respektierens des freien Willens eines Menschen, der sein Leben beenden möchte. Eine französische, sehr umstrittene Vereinigung heißt *Pour le droit de mourir dans la dignité* (Für das Recht, würdig zu sterben). Ich kann ihr Anliegen gut verstehen. Ich möchte eben sterben, solange ich noch frei über meinen Tod entscheiden kann und nicht durch Krankheit meine Würde des Bewusstseins verloren habe. Die am weitesten verbreitete Bedrohung unserer Zeit für alternde Menschen heißt Alzheimer. Ich bin voller Bewunderung für die Frauen, die liebevoll ihren Mann pflegen, der sie gar nicht mehr erkennt und sie bösartig behandelt – aber ich möchte gewiss nicht in eine solche Abhängigkeit geraten. Also gilt es, die noch bleibende Freiheit zu nutzen, um frei in den Tod zu gelangen.

Wann aber ist derjenige frei, der körperlichem oder seelischem Leiden entgehen möchte oder einfach das Lebens satthat? Wie viele Schwerkranke bitten um eine Art Gnadentod, die dann doch geheilt werden und im Rückblick schaudern beim Gedanken, man hätte sie sterben lassen können? Zwei Fälle haben mich sehr beeindruckt. Meine seit 1948 besten deutschen Freunde Helmut und Sylvia Greulich hatten eine Tochter, die mit achtzehn des Lebens überdrüssig war und, während die Eltern auf Reisen waren, durch ein Fenster sprang. Aber in der Luft wollte sie nicht mehr sterben. Sie klammerte sich an das Fenstergitter, doch da niemand da war, versagte ihr bald die Kraft, sich festzuhalten. Sie fiel und starb. Wie frei war ihr Wille zu sterben wirklich gewesen? Ein

Student, den ich nur im Rollstuhl gekannt habe, war auch durch ein Fenster hinabgesprungen, hatte aber überlebt – als Krüppel. Er war voller Lebensfreude. Da sein Rollstuhl nicht in den kleinen Aufzug ging, der zu meinem Büro führte, kam ich ihm immer entgegen, um ihm als Doktorvater bei seiner Dissertation zu helfen. Das Thema betraf Afrika. Und zu meinem Erstaunen ist er in seinem Rollstuhl viel dort herumgereist, mit einer Vitalität, um die ich ihn fast beneidet hätte. Er ist inzwischen Dr. phil. und heute in Le Havre berufstätig.

Man kann auch sterben wollen, weil man sein Leben als vollendet betrachtet. Ich war zunächst sehr positiv beeindruckt vom Tod des Roger Quilliot, ehemaliger Minister und von 1973 bis 1997 Oberbürgermeister der Michelin-Stadt Clermont-Ferrand, ein Mann, den ich als Politiker und als Mensch sehr geschätzt hatte. Im Alter von 73 Jahren nahm er sich am 17. Juli 1998 das Leben. Seine Frau Claire wollte ihn in den Tod begleiten, aber sie wurde vom Notarzt gegen ihren Willen gerettet. Sie hatten zuvor einen langen Brief an die Lokalzeitung geschrieben, um ihre Entscheidung zu erklären:

«Unser gemeinsamer Entschluss, zusammen in den Tod zu gehen, ist sowohl ein Akt der Freiheit als auch der Liebe des Lebens in seiner Fülle ... Für uns Agnostiker geschieht alles auf der Erde ... Der Gedanke an einen endgültigen Schlaf verursacht uns keine Unruhe ... Wir gehörten zu den Millionen von Privilegierten, die nicht vom Elend zerbrochen wurden, wir wurden auch nie von Schwermut befallen ... Wir hatten das Glück, uns zu begegnen; wir waren im Lehrberuf tätig, einem der schönsten Berufe der Welt ... Die Medizin hat zwar Großartiges geleistet, aber mit zunehmendem Alter beschleunigt sich der Zerfall. Nicht nur, dass wir unserer nächsten Umgebung und der Gesellschaft nicht mehr nützlich sein können, wir könnten ihnen immer mehr zur Last werden.»

Ich konnte vieles nachempfinden. Aber auch das Nachspiel hat mich nachdenklich gestimmt. Er war tot, aber Claire überlebte, zunächst wütend, weil sie gerettet worden war, entdeckte dann aber, dass ihr Leben nicht leer war. In einem Fernsehinterview im Oktober 1999 erwähnte sie die «sehr beeindruckenden» Briefe, die sie von Verwandten, Freunden und sogar Unbekannten erhalten hatte, die sie dringend baten weiterzuleben. Sie sagte: «Ich wurde mehr geliebt, als ich geglaubt hatte.»

Der oft Freitod genannte Selbstmord ist für mich unproblematisch, insofern er mit meiner Auffassung vom Tod zusammengebracht wird. Es gilt die Formulierung des griechischen Philosophen Epikur: «Wenn wir sind, ist der Tod nicht da, und wenn der Tod da ist, sind wir nicht mehr.» Deswegen empfinde ich es als einen Fortschritt, dass der Mensch sich auf sein hiesiges Leben beschränken mag und nicht mehr an ein Leben nach dem Tod glaubt. In den Pyramiden hat man alles gefunden – an Nahrung und an Utensilien –, was der Verstorbene in seinem neuen Leben brauchen könnte. Bei den Christen hat sich manches verändert, aber das Wesentliche ist geblieben. «Ist Christus nicht auferstanden, dann ist unsere Verkündung leer und unser Glaube sinnlos», schrieb Paulus (1 Kor 15, 14). Allerdings sind heute manche anerkannten Theologen vorsichtiger geworden. So schreibt der Jesuit Joseph Moingt im Jahre 2008: «Ist die Auferstehung Jesu ein Ereignis der Geschichte? Dies ist die erste Frage, die wir uns stellen sollten. Die Geschichte, wie sie die Historiker auffassen, hält sie nicht für ein historisches Ereignis, und wir geben zu, dass ihre Kenntnis zum Glauben gehört und zum Verständnis der Schrift, das der Glaube verleiht.»

Die alten Vorstellungen vom Paradies und der Hölle entsprechen weniger der anderen Formulierung von Paulus: «Gesät wird ein irdischer Leib, auferweckt ein überirdischer Leib» (1 Kor 15, 44). Aber die offiziellen Formulierungen bleiben zweideutig. Am Ende des Credos heißt es: «Wir erwarten die Auferstehung der Toten und das Leben in der kommenden Welt.» An anderer Stelle:

«Der allmächtige Gott erbarme sich unser. Er lasse uns die Sünden nach und führe uns zum ewigen Leben.» Was heißt hier «ewiges Leben»? Dank der Barmherzigkeit Gottes sollte es etwas Freudiges sein. In einer Todesanzeige im *Figaro* hieß es: «(Die Eltern und die Geschwister) haben die schmerzhafte Freude, Ihnen die Geburt im Himmel ihrer Tochter und Schwester Pia in ihrem 20ten Lebensjahr, nach fünfzehn Monaten der Krankheit, mitzuteilen.»

Im Fernsehen sah ich mit Bewunderung die Totenfeier für den belgischen König Baudouin. Weniger wegen der Enthüllung seiner tiefen Menschlichkeit, seiner brüderlichen, vor den Medien lange verheimlichten Haltung gegenüber jenen, die nun Zeugnis ablegten, so die Prostituierte und der Aids-Kranke. Mehr noch wegen des weißen Kleids, das Königin Fabiola trug, und der Heiterkeit, die sie den in der Kathedrale versammelten hochrangigen Persönlichkeiten zu vermitteln suchte. Sie dachte zweifellos nicht, dass sich ihr Gatte im Garten der Glückseligkeit befindet, der so lange die christliche Phantasie beflügelt hat. Als Gläubige von heute war sie sicher, dass er zur ewigen Anschauung der Herrlichkeit Gottes gelangt war, zur ständigen Verinnerlichung der Liebe Gottes.

In vergangenen Jahrhunderten war das Verhältnis zum Tod ein anderes. Aufgrund der Leiden und Sorgen des Lebens war er eine Erlösung, die zunächst einmal die Ruhe des Grabes brachte. In Schuberts Lied *Totengräbers Heimweh* heißt es: «Im Leben da ist es so schwül, im Grabe so friedlich, so kühl.» In einer der schönsten Bach-Kantaten *Ich habe genug* hört man:

Ich freue mich auf meinen Tod,
Ach hätt' er sich schon eingefunden.
Da entkomm' ich aller Not,
Die mich noch auf der Welt gebunden.

Wie oft ertönt in den Totenmessen das *Requiescat in pace* – Er soll in Frieden ruhen –, bis die Auferstehung kommt. In Bachs

Kantate *Komm, du süße Todesstunde* ist zu lesen: «Herzlich tut mich verlangen / nach einem sel'gen End / Weil ich hier bin umfangen / Mit Trübsal und Elend.» Man ist aber nicht ganz sicher, ob man da gerettet wird. So lautet die musikalisch wunderbare Aria am Ende von Bachs *Johannes-Passion* in ihrem absonderlichen selbstbezogenen Text:

Mein teurer Heiland, lass' dich fragen:
Da du nunmehr ans Kreuz geschlagen
Und selbst gesagt: Es ist vollbracht!
Bin ich vom Sterben frei gemacht?
Kann ich durch deine Pein und Sterben
Das Himmelreich ererben?
Ist aller Welt Erlösung da?
Du kannst vor Schmerzen zwar nichts sagen,
Doch neigest du das Haupt und sprichst
Stillschweigend: Ja!

Jedenfalls darf man auf die seligmachende Auferstehung hoffen – darauf weise ich stets hin, um zu beweisen, dass der Mensch ohne Gott durch seinen Opfertod eben mehr opfert als der Christ. Am Ende meines Vorworts für ein Buch über eine junge, von den Deutschen erschossene elsässische Widerstandsgruppe *Marcel Weinum et la Main noire* schrieb ich für den französischen Leser: «Was in den letzten Briefen von Marcel Weinum beeindruckt, das ist die Tiefe seines Glaubens.» Nicht nur, dass er «für die Religion und das Vaterland» gekämpft hat, er ist auch sicher, dass er den Willen Gottes erfüllt und dieser ihm «die ewige Erlösung» erteilt hat. Der Film über das Ende von Sophie Scholl zeigt auch und zu Recht, dass sie über ihr Opfer getröstet wird durch die Sicherheit eines Glückes nach dem Tod. Ist es erlaubt zu sagen, dass das Opfer vollständiger ist bei denen, die sicher sind, dass der Tod das Ende ihres Seins bedeutet, den Übergang zum Nichts?

Als Jacques Decour und Georges Politzer (zwei kommunistische Intellektuelle, ein Pariser Gymnasium trägt den Namen des Ersteren) in Paris am Mont Valérien erschossen wurden, waren sie 32 und 39 Jahre jung. Durch ihr Sterben verzichteten sie auf alles, was ihrer Existenz Inhalt und Sinn gab. Die einzige in Frage kommende Zukunft war die der anderen. Dies allerdings gibt dem Schrei eine große Tragweite, den Politzer den deutschen Soldaten entgegenschleuderte, als sie ihre Gewehre zur Erschießung hoben: «Imbéciles, je meurs pour vous» – «Ihr Dummköpfe, ich sterbe doch für euch!», das heißt auch für die Befreiung Deutschlands von der Hitler-Barbarei.

Jedes Mal, wenn ich bei einer Messe, bei Händel oder bei Bach, die Formel «Tod, wo ist dein Stachel?» höre, denke ich, dass der Tod eben gerade immer mein Stachel gewesen ist, um mich anzutreiben, keine Zeit mit Unnützem zu vergeuden. Seit einigen Jahren steht mein Grab bereit, das heißt der Ort (und auch die Bezahlung) des Begräbnisses. Da meine Frau gegen die Einäscherung ist, sind die Überreste meiner Familienmitglieder in kleineren Särgen im selben Grab beerdigt, in dem nun Platz für uns beide ist. Die jetzigen Inschriften heißen schlicht: «Paul Grosser (1880–1934), Frances Rosenthal (1859–1940), Lily Grosser (1894–1968), Marguerite Grosser (1922–1941)». Sollte ich, was ich egoistisch hoffe, vor meiner Frau sterben, so hätte ich gern in die ebenfalls vorbereitete einfache Todesanzeige ein Zitat eingeschlossen, das ich in einer anderen Anzeige gefunden habe. Simone de Beauvoir soll nach Sartres Tod geschrieben haben: «Sein Tod trennt uns. Mein Tod wird uns nicht wieder zusammenbringen. Es ist schon schön, dass unsere Leben so lange im Einklang sein durften.» Aber da meine Frau mit der Endgültigkeit der Trennung keineswegs einverstanden ist, wird die Formel weggelassen werden.

Allerdings würde ich doch gerne kurz auferstehen, um die Nachrufe lesen zu können!

RÜCK- UND AUSBLICK

Das Erreichte und die Freude

Was wurde vollbracht?

Der französische Humorist Alphonse Allais hat seine Werke *anthumes* genannt, also vor dem Tod entstanden, im Gegensatz zu etwaigen *posthumes,* die später in seinen Schubladen entdeckt werden könnten. Ich habe bereits manche Nachrufe vorher bekommen. Die einen schienen mir sehr übertrieben oder entstellend, aber andere haben mir viel Genugtuung verschafft. Deswegen darf ich sie – natürlich nicht ganz ohne Eitelkeit! – zitieren, um mich dann zu fragen, inwiefern sie verdient waren und wirklich dem Geleisteten entsprachen. Als ich zum Beispiel den Cicero-Rednerpreis 1995 «für die beste Rede in Wirtschaft, Wissenschaft und Kultur» zugesprochen bekam für meine Ansprache *Medizin und Politik – gestern und morgen* vor dem Internistenkongress in Wiesbaden, fand ich nicht, wie die Jury, dass ich die Maßstäbe «für eine neue Grundlegung medizinischer Ethik der Zukunft» gesetzt hatte. Aber es hieß auch, die Rede sei «das Zeugnis einer Rhetorik, in der sich kritisches Bewusstsein mit Versöhnungsbereitschaft verbindet, damit humane Gesinnung und historische Verantwortung in der Verpflichtung auf die europäische Kulturtradition erneut wirksam werden konnten». Da fühlte ich mich doch großzügig verstanden. Mein Dr. h.c. in Minsk an der – später vom Diktator Lukaschenko zerstörten – European Humanities University wurde begründet mit: «For outstanding Academic Achievements and Contribution to the Development of Friendly and Fruitful Relations among the Peoples and Countries of Europe». Schön, nur begrenzt verdient, aber doch verdient. So wie die Begründung des Preises des Abraham-Geiger-Kollegs an der Universität Potsdam zur Ausbildung von Rabbinern in Europa: «Als Stimme der Humanität trat er stets ein für Offenheit, Mut, Toleranz und Gedankenfreiheit als Ertrag der Aufklärung.» Das klang natürlich sehr wie ein Nachruf!

Auf französischer Seite habe ich mich gefreut, in der langen Einleitung des mir gewidmeten Sammelwerks zu meinem 65. Geburtstag *L'Autre* (Der Andere) zu lesen, meine Wirkung innerhalb und außerhalb der Universität sei auf meinen «warmen Humanismus, meine Liebe der anderen und zum Leben» zurückzuführen. Zu meinem 60. hatte der bekannte Wirtschaftsjournalist Jean Boissonnat einen Beitrag geschrieben, den er *Socrate, journaliste* betitelt hatte. «Seine erste Überzeugung ist, die anderen zu zwingen, die ihrige in Frage zu stellen. Nicht aus Vergnügen, ihren Glauben – religiös, sozialistisch, liberal – zu zerstören, sondern damit sie sich versichern, dass er nicht nur einem vereinfachenden Vorurteil entspricht.» Der schönste «Nachruf» war aber ein deutscher. Johannes Willms durfte einen langen Beitrag zu meinem 80. Geburtstag in der *Süddeutschen Zeitung* veröffentlichen, unter dem Titel *Der Pontifex*. Er sprach unter anderem von der «zähen Freundlichkeit», mit der ich Deutschland und Frankreich immer kritisiert habe.

Anerkennung tut gut – aber dann muss doch die Frage beantwortet werden, inwiefern ich wirklich nützlich gewesen bin. Durch die Rede, durch das Gespräch, durch ein Dabeisein, durch ein Mitwirken? Jedenfalls nicht durch mein Vorwärtsbringen einer Gruppe, der ich angehört hätte. Am 26. Oktober 1982 hat Helmut Schmidt vor der Bundestagsfraktion der SPD eine lange Erklärung vorgetragen, die seinen Verzicht auf eine neue Kandidatur für das Kanzleramt begründete. Warum zuerst vor dieser Gruppe? «Ich habe die Fraktion seit drei Jahrzehnten als meine politische Heimat empfunden.» Ich habe nie eine solche Heimat gehabt. Um immer in meiner Rede frei zu bleiben, aus etwas überheblichem Einzelgängertum, und auch, weil ich mich 1978 über einen Text von Leszek Kołakowski in der Zeitschrift *Encounter* mit Zustimmung amüsiert hatte. Er hieß *How to be a Conservative-Liberal Socialist*. Sehr überzeugend stellte er die vermeintlichen Wahrheiten dar, die von den beiden jeweils anderen Ideologien zu Recht verworfen werden. Die von ihm vorgeschlagene Internationale der konservativ-liberalen Sozialisten wird leider nie entstehen, denn sie könnte den Leuten nicht das Glück versprechen.

In der Begründung der Friedenspreisverleihung heißt es, ich sei Mittler gewesen «zwischen Franzosen und Deutschen, Ungläubigen und Gläubigen, Europäern und Menschen anderer Kontinente». In Deutschland kennt man leider fast nur die erste Aufgabe, die natürlich näher zu beschreiben ist. Eine fehlt, die für den Preis gewiss nicht am Platz war, nämlich meine versuchte Mittlerrolle innerhalb der Universität und des Lehramts schlechthin. Zwischen Schülern und Studenten einerseits, Wissen und Moral andererseits. Es ist immer, seit meiner Lehrtätigkeit in Saint-Raphaël 1942, meine Lieblingsaufgabe gewesen. Ich glaube, einiges bewirkt zu haben, und sei es nur durch das Ernstnehmen einer jeden Persönlichkeit und aller Fragen, im Versuch, jedem Schüler oder Studenten ermutigend zum Selbstvertrauen zu verhelfen, und auch durch das befreiende Lachen. Als Leiter der *graduate studies* hatte ich zwar einige Verwaltungsaufgaben, aber die Hauptsache war doch, sich um die Studenten zu kümmern, insbesondere um die Ausländer im nicht sehr gastfreundlichen Paris. Wirksam wurde ich auch als Mittler von Mai bis September 1968. Die «Revolution» hatte das Institut «erobert». Ein paritätisch besetzter Ausschuss von Studenten und Professoren sollte die Reform des *Institut d'études politiques* durchführen.

Meine Kollegen wählten mich zum «Copräsidenten». Es gelang nach langen Sitzungen und Verhandlungen, zu einer einstimmig verabschiedeten Reform zu gelangen, deren Struktur bis heute beibehalten wurde.

«Europäer und Menschen anderer Kontinente»: Das war sehr übertrieben. Meine kurzen Lehraufenthalte in Peking, Tokio und Singapur werden kaum Spuren hinterlassen haben. Die afrikanischen Erfahrungen sind sehr begrenzt gewesen. Allerdings konnte ich immer den Rassismus anderer bekämpfen, unter anderem den afrikanischen Diplomaten während der Ausbildungskurse der Quäker mindestens auf der gleichen Ebene wie den anderen begegnen. Mindestens: Unser damals noch sehr junger erster Sohn stürzte sich dort in die Arme eines Afrikaners und schrie: «Je voudrais être noir, je voudrais être noir!» (Ich möchte schwarz sein), was doch eine gute Erziehung verriet!

Die Anfänge meiner Überzeugung von der Gleichheit der «Rassen» stammen vielleicht, wie vieles, aus dem seit meiner Kindheit immer wieder gelesenen Buch *Der Schädel des Negerhäuptlings Makaua* von Rudolf Frank, wo es zunächst bei Artilleriefeuer heißt: «Jetzt taten die deutschen Geschütze das Gleiche, was in der eben durchlebten Stunde die französischen getan hatten. In wenigen Minuten lieferten sie viele tausend Negerleichen, viele tausend Negerkrüppel. Die hatten auch rotes Blut, die hatten auch einmal am Herzen einer Mutter gelegen. Unter der heißen Sonne ihrer Heimat waren sie groß und stark geworden, sie hatten sorglos dahingelebt …» Und dann, an entscheidender Stelle: «Ich glaube euch alles, was ihr durch den Mund des Sergeanten Kru-Kru gesagt habt. Ich glaube, dass man euch den Schädel eures Häuptlings Makaua versprochen hat für all das Blut, das ihr und eure guten und tapferen Brüder auf den Schlachtfeldern Europas vergießt … (All denen, die hier sind,) hat man auch den Schädel des Häuptlings Makaua versprochen. Man hat nur einen anderen Namen dafür gebraucht … Freiheit, Vaterland, Belgrad,

Revanche, Väterchen Zar …» Ich muss allerdings hinzufügen, dass ich doch später immer geglaubt und gesagt habe, der Kampf gegen Hitler sei ein anderer gewesen.

In Bologna und in Stanford sowie bei meinen Besuchen in Harvard, Washington und anderen Universitäts- und Entscheidungszentren werde ich wenig verändert, aber doch bei manchen einiges Unwissen über Deutschland, Frankreich und Europa vermindert haben. Vielleicht sogar bei einigen amerikanischen Machthabern, die die Berichte lesen konnten, die ich für die Rand Corporation geschrieben habe! Die Schwierigkeit ist immer gewesen, zum Beispiel in meinem Buch *Das Bündnis,* die transatlantischen Vorurteile als solche darzustellen, das heißt, zugleich Kritik auszudrücken und Verständnis zu fördern.

Eben weil der deutsche Leser glauben mag, nur die deutsch-französische Mittlerfunktion liege mir am Herzen, habe ich im vorliegenden Buch meine vergleichbare Rolle als Miterlebender, Mitempfindender, auch Mitwirkender von außen im vor allem französischen Katholizismus etwas eingehender dargestellt. Was ich damit erreicht habe, sei dahingestellt. Ich bin mir jedoch sicher, dass meine Präsenz nicht völlig wirkungslos gewesen ist.

Es stimmt, dass mich das Deutsch-Französische seit 1944, seit der *Libération* von Marseille, immer beschäftigt hat. Und nichts, was ich in meinem Buch *Mein Deutschland* erzählt habe, brauche ich zu widerrufen oder im Rückblick zu verändern. Aber zwei Falschdeutungen sind zu korrigieren. Die erste betrifft meine Rolle als gewissermaßen Schöpfer der deutsch-französischen Kontakte nach dem Krieg. Seit seinem Tod 2004 wird immer mehr die starke, schöpferische Wirkung meines älteren, 1918 in München geborenen Freundes Joseph Rovan unterschätzt oder sogar vergessen. Er hatte Dachau überlebt und bereits 1945 aufgerufen, am Aufbau eines freien, demokratischen Deutschland teilzunehmen. Er hatte ab 1946 in der französischen Besatzungszone die Leitung einer Abteilung *Éducation populaire* im Sinne der Volkshochschulen zu übernehmen, unter seinen beiden Vorgesetzten Jean Moreau und Geneviève Carrez, der eigentlichen Schöpfer der deutsch-französischen Jugendbegegnungen. Auch der Jesuitenpater Jean du Rivau hat bereits 1945 in Offenburg ein deutsch-französisches Büro eingerichtet, das bald die Zeitschriften *Dokumente* über Frankreich und *Documents* über Deutschland veröffentlichte. Damals war ich noch in Marseille und hatte noch nicht einmal meine Zusammenarbeit mit der Wochenzeitung des französischen Kriegsministeriums für deutsche Kriegsgefangene in Frankreich begonnen.

Die andere falsche Meinung ist folgende: In den Medien oder bei Vorstellungen am Anfang von Veranstaltungen wird gesagt: «Er hat viele Bücher über die deutsch-französischen Beziehungen geschrieben.» In Wirklichkeit habe ich NIE ein Werk zu diesem Thema geplant, geschweige denn veröffentlicht. Über Frankreich habe ich geschrieben, über Deutschland noch mehr, und in diesem oder jenem Werk ein Kapitel über die Beziehungen zum Nachbarn oder eine kritische Vorstellung der Vorurteile des beschriebenen Landes über das andere. Auch in meinen Veröffentlichungen über Internationale Beziehungen und über Außenpolitik ist nicht viel über die deutsch-französische Beziehung zu lesen. Zum Tagesgeschehen, in Sendungen, Artikeln, Reden hingegen habe ich häufig über aktuelle Aspekte berichtet, stets mit dem Bestreben, sie in eine Kontinuität einzubetten. Die Kontinuität, die seit Jahrzehnten dieselbe ist. Einerseits gibt es immer wieder politische Spannungen und sogar Krisen. Andererseits sind die Formen und Möglichkeiten des gesellschaftlichen Austauschs und der Zusammenarbeit viel zahlreicher, viel intensiver, stellen ein viel engeres Netz dar, als es zwischen Frankreich und irgendeinem anderen Land, zwischen der Bundesrepublik Deutschland und irgendeinem anderen Land besteht.

Ich bin stolz darauf, einiges dazu beigetragen zu haben, dass die französische Germanistik und auch die Zeitgeschichte sich mehr und anders mit dem Deutschland des 20. Jahrhunderts beschäftigen. Die Grundeinstellungen meiner Meister Edmond Vermeil (die Kontinuität Luther/Bismarck/Hitler betonend) und Robert Minder (Erklärung, wie einst Josef Nadler, durch die «Stämme») gelten nicht mehr. Die Beschäftigung mit Politik, Wirtschaft und Gesellschaft ist Normalität geworden. Leider ist die deutsche Romanistik ihrerseits etwas veraltet geblieben. Stolz bin ich auch, die Westzonen, dann die Bundesrepublik bis heute erklärend und manchmal eingreifend begleitet zu haben. Viel mehr als in Frankreich darf ich den Eindruck haben, in der deutschen Öffentlichkeit eine Rolle gespielt zu haben, vor allem seit dem Friedenspreis 1975. Nicht selten, wenn ich mit jüngeren deutschen Politikern spreche, empfinde ich mich als einer der Großväter der heutigen deutschen Demokratie.

In Organisationen, in denen ich Verantwortung trug, hatte ich leider immer eine große Schwäche: Ich bin ein sehr schlechter *money raiser*, sei es, um Unterstützungen auszuhandeln oder um das Streichen von vorhandenen Subventionen zu verhindern. Das *Comité français d'échanges avec l'Allemagne nouvelle*, das ich von seiner Gründung 1948 bis zu seiner Selbstauflösung 1967 geleitet habe, bekam am Anfang eine kleine Summe von Robert Schuman, dann nur wenige jährliche «alte» Francs. Seit seiner zuerst von Helmut Schmidt und Valéry Giscard d'Estaing, dann auch von François Mitterrand gewollten Gründung 1982 ist das CIRAC (*Centre d'information et de recherche sur l'Allemagne contemporaine,* Informations- und Forschungszentrum für das zeitgenössische Deutschland) in Finanznot, und sein Haushalt ist nur ausgeglichen, weil die Arbeit unter großen Selbstopfern geleistet wird. Als Präsident leiste ich so gut wie gar nichts, am wenigsten auf dem Gebiet der Finanzen. Das Gedeihen und das Überleben der Institution verdankt man einem Mann, René Lasserre, zunächst Universitätsassistent, dann Professor und, fünf Jahre lang, Präsident der Universität Cergy-Pontoise bei Paris.

Dem CIRAC hat er sich neben seinen Universitätsaufgaben und -pflichten ständig gewidmet.

Ihn nenne ich auch, weil ich oft gefragt werde: «Was kommt nach Ihnen? Es gibt doch keine Nachfolger!» Dann antworte ich: «Erstens kann es natürlich niemanden mehr geben, der dasselbe Schicksal gehabt hat wie Rovan und ich. Zweitens gibt es Nachfolger. Niemand kennt die deutsche Wirtschaft und Gesellschaft besser als Lasserre, arbeitet mehr mit deutschen Institutionen zusammen und verbreitet intensiver seine Kenntnisse und Analysen in Frankreich.» Etwas jünger ist Hélène Miard-Delacroix, Professorin an der Universität Paris IV-Sorbonne. Sie ist Germanistin, wird aber auch in Deutschland als Historikerin Deutschlands so anerkannt, dass sie im Kuratorium des Münchener Instituts für Zeitgeschichte und im Redaktionsteam von dessen Zeitschrift wirkt. Sie bringt viel Neues – mit großem Charme und, trotz familiärer Verpflichtungen mit drei Kindern, mit harter Arbeit.

Manchmal bin ich doch überzeugt, einem bestimmten Ereignis eine besondere Bedeutung gegeben zu haben. Vom 9. bis zum 12. Dezember 1994 leitete ich in Coutances – einer Stadt in der Normandie, die in gleicher Entfernung von den verschiedenen Landungsstränden liegt – eine Tagung zum 50. Jahrestag des D-Day. Sie sollte anders sein als die üblichen Feiern. Am zweiten Tag kamen Hunderte von Gästen aus Deutschland, die die Partnerschaften mit der Normandie erlebt hatten – darunter Anwälte, Metzger, Feuerwehrleute. Als Schlussveranstaltung gab es eine interessante Debatte mit einem Bischof, einem Großrabbiner und einem evangelischen Präses, mit mir als Moderator. Der beste Tag war aber der erste. Acht Gymnasien aus Coutances und Umgebung hatten in Arbeitsgruppen Fragen vorbereitet, die sie nun vortrugen. Die anderen klatschten mehr oder weniger stark. Die beiden Fragen, die den größten Applaus fanden, waren: «Warum sind nicht mehr deutsche Widerstandskämpfer zum Landungstag von der französischen Regierung eingeladen worden?» Und:

«Man ist für die Freiheit befreit worden. Warum rechtfertigen sich unsere Regierungen nicht mehr dafür, dass Frankreich so lange den Algeriern keine Freiheit gewährt hat?» Hippolyte Simon, damals Generalvikar der Diözese und Mitveranstalter, war ebenso erfreut wie ich über den Erfolg unserer Vorbereitungsarbeit!

Zur deutsch-französischen Zusammenarbeit freue ich mich über jedes Lob. Ich freue mich nicht, wenn ich fälschlich vorgestellt werde als «einer der großen Europäer unserer Zeit»! Ja, ich habe mich, so gut es ging, für die Europäische Gemeinschaft eingesetzt. Nach 1990 habe ich versucht, in Ländern wie Polen, Ungarn, Rumänien, Litauen und Lettland einiges zu sagen. Manchmal mit dem Gefühl der Vergeblichkeit. Als Essen und die anderen Ruhr-Städte zusammen zur Kulturhauptstadt Europas gekürt wurden, war ich enttäuscht für meine Freunde der deutsch-polnischen Zwillingsstadt Görlitz/Zgorzelec, deren Wahl doch viel mehr Symbolkraft enthalten hätte. Ich habe die skeptischen Gegner dieses Europas bekämpft, in Frankreich wie in Deutschland handele es sich um Egon Bahr oder um das Bundesverfassungsgericht. Aber wie klein war und bin ich eben im Vergleich mit der ersten «Dreieinigkeit» eines föderalen Europas, dem Italiener Altiero Spinelli, dem Franzosen Henri Frenay und dem Deutschen Eugen Kogon! Und seit ihrer Zeit gab es so viele wichtige Persönlichkeiten, im geistigen Leben wie in der Politik, von Paul-Henri Spaak bis Jacques Delors!

Mit welchen Werten?

An sich müsste dem Leser klargeworden sein, nach welchen Werten ich handle und urteile. Ich fordere ständig von mir und von den anderen, mehr Mensch zu sein, das heißt, sich in der Skala des Menschseins zu steigern. Was gehört nun zum Menschsein?

Goethe hat einmal gesagt, die höchste Tugend sei die Ehrfurcht. Zunächst fand ich diese Aufforderung ziemlich schlimm, weil ja der alternde Goethe den Mächtigen gegenüber allzu viel Ehrfurcht erwies. Aber ich würde es heute so sagen wie er, nur dass es für mich um die Ehrfurcht vor den Schwachen geht, vor den Benachteiligten in Sachen Wohlstand und Sprache, vor denen, über die man Autorität hat, vor denen, die zu Unrecht respektlos behandelt werden.

Das betrifft in Frankreich mehr als in Deutschland die christlichen Religionen. Ein Spott und eine Aggressivität sind dabei erlaubt, die man, außer wenn man Thilo Sarrazin heißt, dem Islam und noch mehr dem Judentum gegenüber als respektlos verwerfen würde. In meinem Buch *Une vie de Français* zitiere ich den Zettel, den wir an einer kleinen Kirche in der Nähe von Le Mans entdeckt hatten: «Die christliche Gemeinde von Malicorne ist glücklich, Sie heute hier empfangen zu dürfen. Sie möchte, dass Sie sich daran erinnern, dass unsere Kirchen, wie die Synagogen und die Moscheen, heilige Orte sind.» Allerdings hat 2010 sogar unsere stark antiklerikale Wochenzeitung *Le Canard enchaîné* den Film *Des hommes et des dieux (Von Menschen und Göttern)* mit bewunderndem Respekt besprochen. (Der Titel entspricht dem Psalm 82: «Wohl habe ich» – Gott – «gesagt: Ihr seid Götter. Ihr alle seid Söhne des Höchsten. Doch nun sollt ihr sterben wie Menschen.») Er zeigt das Wirken und Sterben der Mönche, die 1996 in Algerien aus ihrem Kloster in Tibhirine entführt und dann ermordet wurden, nachdem sie helfend mit der muslimischen Bevölkerung zusammengelebt und schließlich nach Bedrohungen beschlossen hatten, zu bleiben und ihr Leben zu opfern. Der Große Preis der Filmfestspiele in Cannes ist von allen als voll gerechtfertigt begrüßt worden. Der Film hat dann allein in Frankreich drei Millionen Zuschauer gefunden.

Unter den für mich unwürdigen, inakzeptablen Gefühlen und Einstellungen ist vielleicht die Rache das Schlimmste. In der *Zau-*

berflöte bin ich gerührt, wenn Sarastro singt: «In diesen heil'gen Hallen kennt man die Rache nicht.» Strafe soll sein. Aber wie viel Blut ist schon geflossen, weil sich ständig Rächer und dann wieder Rächer der Rächer eingefunden haben!

Das Hauptanliegen ist die Freiheit. Nicht die der Willkür, des sinnlosen Handelns. Zunächst die ständige Selbstbefreiung von Vorurteilen und Gebundenheiten. Dann die Frage: «Wie kann ich befreien, ohne zu entwurzeln?» Sie sollte sich für jeden Lehrer, jeden Jugendbeauftragten stellen: Bis wohin darf er, soll er von den Werten des Elternhauses abweichen und die Schüler oder Jugendlichen zu Werten führen, die eine Kritik der Eltern implizieren?

Den Religionen gegenüber, vor allem der christlichen, sollte es auch eine Befreiung von der Resignation geben. Die «Feldrede» im Lukas-Evangelium sagt einerseits: «Selig, ihr Armen ... Selig, die ihr jetzt hungert, denn ihr werdet satt werden. Selig, die ihr jetzt weint, denn ihr werdet lachen.» Andererseits: «Weh euch, die ihr reich seid, denn ihr habt keinen Trost mehr zu erwarten. Weh euch, die ihr jetzt satt seid, denn ihr werdet hungern.» Fazit: Im Jenseits wird es euch gutgehen, und die Reichen werden bestraft – also verhaltet euch nur ruhig und versucht nicht, eure Lage mit Rebellion zu verändern. Im Gleichnis des Reichen und des Armen vor seiner Tür sind beide nicht individualisiert. Der Reiche trägt keinen Namen. Er und der arme Lazarus werden bestraft und belohnt werden, weil sie reich oder arm sind. Im ersten Petrus-Brief heißt es sogar, an die Sklaven gerichtet: «Ist es vielleicht etwas Besonderes, wenn ihr wegen einer Verfehlung Schläge erduldet? Wenn ihr aber recht handelt und trotzdem Leiden erduldet, das ist eine Gnade in den Augen Gottes.» Dank dieser Verheißung haben die Kirchen jahrhundertelang der Obrigkeit Ruhe verschafft, und in Südamerika tun sie es noch heute!

Nicht nur deswegen stimme ich zwar mit meinem Freund Hans Küng überein, dass man sich um ein Weltethos bemühen sollte, aber nicht mit seiner Hoffnung, dass die Weltreligionen sich dafür einsetzen würden. Blut fließt noch nicht einmal mehr zwischen Katholiken und Protestanten in Nordirland, aber im Namen desselben Gottes und desselben Propheten Allah wird massenhaft gemordet zwischen Schiiten und Sunniten. Die Religionen sollten erst einmal auf längere Zeit beweisen, dass sie sich die schöne Definition zu eigen machen, die der Erzbischof von Krakau, der spätere Papst Johannes Paul II., in seinem Buch *Person und Tat* (deutsch 1981) geprägt hat: «Der Begriff ‹Nächster› verlangt von uns, im Menschen nicht nur anzuerkennen, sondern auch zu schätzen, was unabhängig von der Zugehörigkeit zu irgendeiner Gemeinschaft ist ... Der Begriff des Nächsten berücksichtigt allein die Menschlichkeit des Menschen, die Menschlichkeit, die jedem anderen zukommt. Wenn eine wie auch immer geartete Gemeinschaft von dieser fundamentalen Gemeinschaft abgerissen wird, verliert sie ihren ‹humanen› Charakter ... Der Mensch als Person ist nicht nur in der Lage, an dieser Gemeinschaft teilzuhaben, die ‹gemeinsam mit anderen› existiert und wirkt, sondern er ist auch fähig zur Teilhabe an der Humanität ‹anderer›.» Dieser Papst war natürlich auch Angehöriger von Gemeinschaften, die er vor der allgemeinen Menschheit bevorzugte. Er war überzeugter Katholik und leidenschaftlicher Pole – aber der schöne Text bleibt. Und die Werte, die die menschliche Gemeinschaft begründen sollen, stehen in vielen Texten, angefangen mit der UNO-Menschenrechtserklärung von 1948. Nur dass die schwierige und grundsätzliche Frage bleibt, die Bundespräsident Roman Herzog in seiner Laudatio für Annemarie Schimmel 1995 gestellt hat: «Wie weit geht eigentlich der ethische Kern, der allen Kulturen gemeinsam sein muss, und wo beginnt der Bereich, in dem man jeder Kultur die eigene Gewichtung und Prioritätensetzung überlassen muss?»

Für mich ist darüber hinaus der angestrebte Grundwert der Europäischen Union das schon genannte Verständnis und Mitempfinden für das vergangene und heutige Leiden der anderen. Bevor ich versuche, die Frage zu beantworten, wie dies mit der

Freude zu vereinen ist, möchte ich nur kurz Bilanz ziehen. Am Ende von *Faust II* heißt es: «Wer immer strebend sich bemüht, den können wir erlösen.» Gestrebt habe ich immer. Aber erlöst wovon? Vom Zweifel an meinem Menschsein, an meinem Denken und Handeln. Richard von Weizsäcker hat öfter eine Stelle des Talmuds zitiert: «Es ist nicht möglich, das Werk zu vollenden. Es ist nicht erlaubt, das Werk zu verlassen.» Erlaubt von wem? Von meinem Bewusstsein des Nützlichen. Ohne Hoffnung auf eine Belohnung. Ohne Befürchtung einer Strafe. Und mit der Sicherheit, dass alles Bewirkte ungenügend bleibt. Mit Zustimmung zu den Formulierungen von Raymond Aron in seinem Buch *Polémiques* (1955): «Wenn der Mensch in der Zeit entscheiden soll, entkommt er nicht den Wertkonflikten … Der Mensch ohne Gott drückt sich nicht in dem Willen aus, Gott zu sein, sondern in der Weisheit, die sich damit begnügt, das Absolute nicht zu erreichen. Der atheistische Humanismus kann sich dadurch definieren, dass er die Grenzen der menschlichen Existenz akzeptiert.» Und diese Begrenzung kann man in der Freude ertragen und erleben. Vor allem, weil ich mit dem Ende von Albert Camus' *Mythos des Sisyphos* nicht ganz einverstanden bin: Man müsse sich Sisyphos als einen glücklichen Menschen vorstellen. Gewiss gibt es immer Rückschläge. Der hinaufgewälzte Stein rollt wieder nach unten. Aber er fällt nicht ganz bis zum Boden, zum Anfang zurück. Er bleibt höher liegen, als er am Anfang gelegen hat. Wenn man dann nach unten schaut, erlebt man das doch Geschaffte als freudiges Glück.

In der Freude leben – trotzdem

Johannes Brahms hat am Anfang seines *Deutschen Requiems* den Psalm 126 benutzt: «Die mit Tränen säen / werden mit Freuden ernten.» Er drückt den eben genannten christlichen Gedanken aus, dass die Freude eine Belohnung, eine Gegenleistung für das Leiden ist. Für mich ist eine solche Einstellung ziemlich sinnlos. Die eigentliche Frage ist doch: Wie kann ich meine Freude mit dem Leiden anderer verbinden? Wie kann ich sie ihnen nützlich machen? Paul Claudel hat geschrieben, der gespendete Trost eines freudigen Trösters sei wertlos. In seiner Einführung zu meiner Rede vor dem Verband der katholischen Schuldirektoren zitierte der Präsident einen Passus aus dem Vorwort meines Buches *Verbrechen und Erinnerung*: «Es geht nicht so sehr, wie dem Apostel Paulus, darum, ‹allen alles zu sein, um auf jeden Fall etliche zu retten›, sondern darum, bei anderen präsent zu sein und zu versuchen, sie zum Verstehen anderer Menschen anzuleiten, damit sie nicht das Gewicht des Leidens geringschätzen, welches so oft das Verständnisvermögen und das Gerechtigkeitsempfinden einschränkt. Dies war immer die Grundlage meines Engagements, die mir – fast von Anfang an – viel Freude bereitet hat.» Also die Freude, manchmal zu erreichen, dass man die Leiden des anderen anerkennt.

Für mich ist gerade diese Anerkennung der wichtigste Grundwert Europas. Die Kroaten sollen das Leiden der Serben anerkennen, die Serben das der Kroaten, die Vertriebenen das der Polen, die Polen das der Vertriebenen. Elie Wiesel hat sich sehr geärgert über die Art, wie ich seine Rede zum Friedensnobelpreis in *Verbrechen und Erinnerung* zitiert und kritisiert habe. Er hatte gesagt, er habe nicht verstanden, warum nach Kriegsende nicht die ganze Welt nach Auschwitz geblickt hat. Da mein Buch in dem Jahr geschrieben war, in dem Saddam Hussein in kurdischen Dörfern mit Gas massenhaft morden ließ, schrieb ich, die kurdische Frau, die ihr durch Gas getötetes Kind in den Armen hält, habe keinen Grund, nach Auschwitz zu schauen. Aber jeder Überlebende von Auschwitz solle sich des Leidens der kurdischen Frau annehmen.

Wenn es nun um individuelles Leiden geht, so kann meine

Freude hilfreich sein, wenn sie verständnisvoll, ermutigend, zukunftsbezogen wirkt. Diese Freude würde verringert, wenn ich an das Leiden denken müsste, das ich selbst anderen zugefügt hätte. Aber – ich sage das sicher zu provokatorisch – ich bin mir ziemlich sicher, niemanden wissentlich oder mit Absicht verletzt, erniedrigt oder entmutigt zu haben. Die Betrachtung des eigenen vergangenen Leidens könnte auch die Freude beeinträchtigen, die man gewissermaßen anderen zur Verfügung stellt. In den letzten Jahren bekomme ich immer öfter Albträume – nicht von selbsterlebtem Leiden, sondern von dem, von dem ich verschont blieb. Der jüngste Albtraum, kurz bevor ich diese Zeilen schreibe: Ich bin mit einer Männergruppe zusammen. Uniformierte stürmen herein. Der Anführer schreit: «Alle Hosen runter. Alle Beschnittenen abführen!»

Aber ich habe ja im Glück gelebt. Nicht weil ich an einem Sonntag geboren wurde und somit ein «Sonntagskind» bin. Auch nicht, weil ich besondere Gene bei meiner Geburt mitgebracht hätte, obwohl ich oft lächelnd sage: «Ich bin intellektuell pessimistisch, aber genetisch optimistisch, wobei doch manchmal die Gene versagen, zum Beispiel beim Problem Israel und die Palästinenser.» In *La Croix* habe ich im Dezember 1999 einen längeren Artikel geschrieben *Il faut résister à l'écœurement* (Man soll dem Ekel widerstehen). Die Betrachtung von Politik und Gesellschaft lässt ja nicht selten ein Gefühl von Ekel aufkommen, aber bei mir ist es fast immer schnell überwunden. Wenn ich gläubiger Christ wäre, würde ich wagen zu sagen, ich lebe in einem fast immer anhaltenden Zustand der Gnade. Ich sage nur, dass ich wirklich unverdientes Glück gehabt habe.

Um welche Freude geht es? Der Intellekt verhindert glücklicherweise die Begeisterung. Auch bei der Befreiung von Marseille 1944 und am 9. November 1989 habe ich mich sehr gefreut, aber nicht teilgenommen an der allgemeinen Begeisterung. Diese verwandelt sich wenig später notwendigerweise in Enttäuschung.

Es ist besser, die Freude zu genießen und zugleich einzusehen, welche negativen Entwicklungen unabwendbar sein werden. Das schließt die Zuversicht keineswegs aus, verhindert aber, dass die Emotion den Verstand vernebelt. Meine Freude ist verbunden mit meiner inneren Kontinuität. Ludwig XIV. hat einmal Madame de Maintenon «Votre solidité» genannt. Ich würde dieses Kompliment gern auf mich bezogen sehen! Man kann sich auf mich verlassen, und das Vertrauen anderer schafft auch Freude. In Goethes *Torquato Tasso* finde ich schön, dass sich der enttäuschte Dichter am Schluss an den soliden Antonio klammert.

Die Freuden – im Plural – und die Bestandteile der Freude – im Singular – darzustellen sind zwei verschiedene Dinge. Die Freude an der Arbeit ist mir wichtig – mit weniger Freude am Schreiben als am Reden, weil es bei Letzterem eigentlich nie Schwierigkeiten gegeben hat. Die Freude, wenn es gelingt, junge oder auch ältere Menschen menschenwürdiger zu machen. In einer furchtbaren Novelle lässt Kafka einen Menschen sich in ein Ungeziefer verwandeln. Meine mir von mir selbst zugeschriebene Berufung ist es, genau umgekehrt, Menschen zu helfen, sich zu erhöhen – im Sinne der Menschlichkeit.

Die Freuden der Familie sind nicht die geringsten. Sie dürfen sich ruhig mit Stolz vermischen, zum Beispiel unserer ältesten Enkelin gegenüber. Isadora ist 20, hat nach sechs Semestern ihre *licence en droit* erhalten, war im Sommer 2008 in der Ukraine, 2009 in Burkina Faso, 2010 in der Mongolei, immer um bei Zivildienstprojekten mitzuwirken. Sie verteilt im Winter Suppe in den armen Vierteln von Paris mit der Heilsarmee und ist Delegierte bei Amnesty International. Dabei immer freudig, an allem, auch an der Kunst, interessiert.

Ich bewundere sie. Vielleicht wird der Leser aber bemerkt haben, dass ich häufig Bewunderung zum Ausdruck bringe. Das Bewundern gehört eben zu meinen Freuden. Sehr unterschiedliche Menschen und sehr unterschiedliche Taten verdienen doch

Bewunderung! Vor allem, wenn ich unfähig bin (oder mich unfähig wähne), ähnlich zu sein oder ähnlich zu handeln.

Viele Freuden bringt mir, wie schon gesagt, die Musik. Dabei möchte ich aber unterscheiden zwischen der reinen Freude und der tiefen Freude. Mozarts Klavierkonzerte, die beiden Brahms-Sextette oder Haydns *Schöpfung* versetzen mich in eine Art Zustand der Wonne. Der «heilige Dankgesang» in Beethovens XV. Quartett, Schuberts Quintett mit zwei Celli, der erste Satz seiner Klaviersonate D 960 lassen mich gewissermaßen in mich versinken und dabei (beinahe!) meinen Verstand ausschalten. Nicht ohne Grund habe ich in *Die Früchte ihres Baumes* diese musikalische Erfahrung mit der Mystik verglichen. Solche geistigen Erfahrungen helfen einem, nicht «der Welt abhandenzukommen», wie es in einem traurigen Mahler-Lied heißt, sondern sich von dieser Welt momentan abzusondern, um nach der senkrechten Vertiefung wieder waagerecht «einsatzfähig» zu sein. Im Dezember 2002 sprach Bruder Roger Schutz, der Gründer der Gemeinschaft von Taizé (und Friedenspreisträger 1974), in der Pariser Kathedrale zur Eröffnung des Taizé-Jugendtreffens mit 80000 Teilnehmern. Er sagte: «La joie est indispensable pour avancer» – die Freude ist unentbehrlich, um vorwärtszukommen. In diesem Sinn hilft mir die musikalische Vertiefung, diese aktive Freude beizubehalten.

Auf Französisch heißt das letzte Kapitel von *Die Früchte ihres Baumes* «Lumière et Lumières». Unzureichend übersetzt: «Das Licht der Vernunft und das geistige Licht». Die Vernunft allein ist etwas trocken. Sie braucht menschliche Wärme. Die wird ihr durch das Geistige verliehen. Der Hauptgrund, weswegen ich den Ausdruck «Der Ungläubige» nicht mag, ist, dass ich doch an so vieles glaube, was mein Leben gestaltet. Und was ich Jüngeren gern als Losungswort vorführe: «Immer zufrieden sein. Sich nie zufriedengeben.»

In einem Tagebuch, das ich mit 21 Jahren im Oktober 1946 kurze Zeit führte, schrieb ich: «Warum möchte ich Universitätsprofessor werden und nicht nur Lehrer in einer Kleinstadt? Warum ‹bekannt› werden wollen? Durst nach falschem Ruhm, nach sozialen und bürgerlichen Bewertungen? Gewiss, aber besteht nicht auch der Wunsch, meine Fakultäten maximal zu verwenden? Nehmen wir an, ich ‹verzichte auf alles›: Wer würde mir beweisen, dass ich aus Weisheit verzichtet habe, aus Verachtung für den leeren, unnützen Erfolg – und nicht aus Faulheit, aus Angst vor der notwendigen Anstrengung? Immer die Parabel der Talente! ... Ständiger Gedanke an den Tod. Nicht, dass ich Angst hätte, aber was soll ich aus meinem Leben machen? Rechtfertigen, was ich mache, was ich denke. Einfach versuchen, glücklich zu sein? Die Kuh, die grast, ist glücklich. Der heilige Vinzenz von Paul war glücklich. In wessen Namen soll ich sein Glück dem Glück der Kuh vorziehen, und ziehe ich es auch vor? Was wird meine Rechtfertigung sein?»

Die Rechtfertigung nicht einem Gott, sondern mir selbst gegenüber. In seinem immer wieder aufgelegten Buch *Beauté du monde et souffrance des hommes* (Die Schönheit der Welt und das Leiden der Menschen, 1982) beantwortet der Jesuit François Varillon eine Frage über die Ungläubigen. «Ich sage mir: So sind sie. Ich habe viel Mühe, zu glauben, dass man so sein kann. Ihre Einstellung ist nicht die eines letzten Sinns im Leben, in der Existenz. Sie denken, es gäbe keinen. Ich bin nicht wie sie, aber ich kann ihnen kaum etwas anderes sagen, denn sie haben diese Einstellung, sie sind allergisch gegen eine Rede, die sie davon überzeugen könnte, dass die Frage des Menschen die nach dem letzten, umfassenden Sinn ist. Und in dem Maße, wie sie ihn verneinen, was soll ich tun?» Er meinte damit auch mich, da wir ja sehr oft darüber gesprochen hatten, und er schilderte meine Auffassung völlig richtig. Für mich gibt es keinen Sinn des Lebens schlechthin. Mein Leben hat den Sinn, den ich ihm gebe. (Übrigens sagt er im Buch etwas später: «Der Glaube ist ein Sieg in jedem Augenblick über den Zweifel, der ständig von unten herauf entsteht. Es ist eine Gewissheit, ja, aber eine Gewissheit, die nie ein Beweis ist.»)

Der Sinn kam bald, bedingt durch meine äußeren Wirkungsmöglichkeiten und mein Innenleben. Gewiss konnte ich intellektuell die 1954 von der SPD angenommene Formulierung nachvollziehen: «In Europa sind Christentum, Humanismus und klassische Philosophie geistige und sittliche Wurzeln des sozialistischen Gedankenguts.» Aber mein «Einsatz» war eben nicht intellektuell begründet. Es war der Wunsch, nach einer Moral zu handeln und handeln zu lassen. Deswegen hier der letzte Ausdruck einer Bewunderung. In seiner bereits erwähnten Marburger Rede 2007 sagte Helmut Schmidt zur Schwierigkeit, in der Geiselentführungs-Affäre 1977 zu Entscheidungen zu gelangen: «Es war das schmerzhaft im Gewissen geprüfte Ergebnis unserer persönlichen Vernunft und unserer persönlichen moralischen Einsicht, das uns hat handeln lassen – ob wir nun gläubig, ob wir Christen oder Atheisten waren.» Vernunft und Moral: Das Zusammenwirken beider hat nun auch dieses Buch durchdrungen. Und auch die Heiterkeit, dieses Wort, das auf Deutsch so wunderbar doppeldeutig ist. Es lässt einerseits an Lachen denken, andererseits an die Ungetrübtheit des Himmels oder des Geistes. Ich beanspruche beide Deutungen!

Schon vor mehr als vierzig Jahren zitierte ich am Ende meines Buches *In wessen Namen?* die letzten Worte meines liebsten Romanhelden. In dem seit meinem 14. Lebensjahr geliebten *Jean Barois* lässt Roger Martin du Gard den unermüdlich, aber leidenschaftslos für Menschenrechte und also für Hauptmann Dreyfus kämpfenden Senator Luce sagen: «Ich bin so vielen gequälten, unbefriedigten Menschen begegnet, die unaufhörlich aus dem Zentrum ihres Lebens hierhin und dorthin verschlagen wurden. Mein Leben hat solche Erschütterungen nicht erfahren; es könnte in zwei oder drei schlichte, klare Worte gefasst werden. Ich bin mit Vertrauen in mich selbst, in das alltägliche Bemühen, in die

Zukunft der Menschheit geboren. Ich habe mich ohne Schwierigkeit immer im Gleichgewicht gehalten. Mein Geschick war das eines Apfelbaums auf guter Erde, der regelmäßig seine Früchte trägt.»

In diesem Sinne und solange ich geistig und körperlich dazu imstande bin, würde ich gerne weitermachen. So lange hoffe ich auch, die Freude beizubehalten. Bis zum unausweichlichen, nicht erwünschten, aber auch nicht befürchteten Tod.

Buchveröffentlichungen des Autors

L'Allemagne de l'Occident (1945–1952), Gallimard, 1953 (1)
Administration et politique en Allemagne occidentale (hrsg. von A. G.), A. Colin, 1954
La situation de l'Allemagne en 1955, Presses Universitaires de France, 1955
Les relations internationales de l'Allemagne occidentale (hrsg. von A. G.), A. Colin, 1956
La démocratie de Bonn (1949–1957), A. Colin, 1958 (stark erweiterte deutsche Ausgabe: *Die Bonner Demokratie*. Düsseldorf, K. Rauch, 1960)
Hitler: la presse et la naissance d'une dictature, A. Colin, 1959
La IV° République et sa politique extérieure, A. Colin, 1962
La République fédérale d'Allemagne, Presses Universitaires de France, 1963
La Politique en France (mit François GOGUEL), A. Colin, 1964 (*Politik à la française,* Gütersloh, Mohn, 1966. Neue Übers. *Politik in Frankreich,* Paderborn, Schöningh, 1980)
La Politique extérieure de la V°République, Seuil, 1965 (2)
Die Bundesrepublik Deutschland, Bilanz einer Entwicklung, Tübingen, R. Wunderlich, 1967
Au nom de quoi? Fondements d'une morale politique, Seuil, 1969 (*In wessen Namen?*, Tübingen, R. Wunderlich, 1969 und München, Hanser, 1974)
L'Allemagne de notre temps (1945–1970), Fayard, 1970 (deutsche Ausgabe München, Hanser, 1970, stark erweitert als

Geschichte Deutschlands seit 1945, München, Deutscher Taschenbuch Verlag, dtv, 1974) (3)

L'Explication politique, Colin, 1972 (*Politik erklären*, München, Hanser, 1973)

Gegen den Strom. Aufklärung als Friedenspolitik, 1975 (*Wider den Strom*, München, dtv, 1976)

Dix leçons sur le nazisme (hrsg. von A. G.), Fayard 1976 (*Wie war es möglich?* München, Hanser, 1977)

La Passion de comprendre, Centurion, 1977

Les Occidentaux. Les pays d'Europe et les États Unis depuis la guerre, Fayard, 1978 (*Das Bündnis*, München, Hanser, 1978) (4)

Versuchte Beeinflussung. Zur Kritik und Ermunterung der Deutschen, München, Hanser, 1981

Le Sel de la terre. Pour l'engagement moral, Seuil, 1981 (*Der schmale Grat der Freiheit*, München, Hanser, 1981)

Affaires extérieures. La Politique de la France (1944–1984), Flammarion, 1984 (*Frankreich und seine Außenpolitik*, München, Hanser, 1986)

L'Allemagne en Occident, Fayard, 1985 (*Das Deutschland im Westen*, München, Hanser, 1985)

Herausgeber des Jahrbuchs *Les Pays d'Europe occidentale*, dann *Les Pays de l'Union européenne*, La Documentation française, 1986–2004

Mit Deutschen streiten, München, Hanser, 1987

Vernunft und Gewalt. Die französische Revolution und das Grundgesetz heute, München, Hanser, 1989

Die Kanzler (Fotografien von Konrad Müller), Bergisch Gladbach, Lübbe, 1989

Le Crime et la mémoire, Flammarion, 1989 (*Ermordung der Menschheit*, München, Hanser, 1991, u. d. T. *Verbrechen und Erinnerung*, München, dtv, 1994) (5)

Mein Deutschland, Hamburg, Hoffmann & Campe, 1993

Was ich denke, München, Goldmann, 1995

Les Identités difficiles, Presses de Sciences po, 1996 (erweitert 2007) (6)

Une Vie de Français. Mémoires, Flammarion, 1997

Deutschland in Europa, Weinheim, Beltz, 1998 (und Reinbek bei Hamburg, Rowohlt, 2000)

Les Fruits de leur arbre. Regard athée sur les chrétiens, Presses de la Renaissance, 2001 (erweitert als *Die Früchte ihres Baumes. Ein atheistischer Blick auf die Christen*, Göttingen, Vandenhoeck & Ruprecht, 2005)

L'Allemagne de Berlin, différente et semblable, Alvik, 2002 (erweitert 2007) (*Wie anders sind die Deutschen?*, München, C.H.Beck, 2005)

Wie anders ist Frankreich? München, C.H.Beck, 2005 (*La France, semblable et différente*, Alvik, 2005)

Von Auschwitz nach Jerusalem. Über Deutschland und Israel, Reinbek bei Hamburg, Rowohlt, 2009

(1) Übersetzungen in London, New York, Madrid
(2) Übersetzung in Boston
(3) Übersetzungen in London und New York
(4) Übersetzungen in London, New York, Beijing
(5) Übersetzung in Buenos Aires
(6) Übersetzung in Beijing

(Alle französischen Bücher sind in Paris erschienen.)

Lebensdaten

1925 1. Februar: Geburt in Frankfurt am Main

1933 16. Dezember: Emigration mit Vater, Mutter und der drei Jahre älteren Schwester Margarete

1934 5. Januar: Erster Schultag im *Collège municipal de Saint-Germain-en-Laye*

7. Februar: Tod des Vaters. Die Mutter verwandelt die geplante Kinderklinik in ein Kinderheim

1937 1. Oktober: Lily Grosser, geb. Rosenthal, und ihre Kinder werden französische Staatsbürger

1939 August: Schließung des Kinderheims wegen Kriegsgefahr

1940 12. Juni: Flucht vor der Wehrmacht mit der Schwester auf dem Fahrrad

September: Mit Mutter und Schwester in Saint-Raphaël (Côte d'Azur)

1941 April: Tod der Schwester an einer auf dem Fahrrad zugezogenen Blutvergiftung

1943 September: Flucht der Mutter vor der Gestapo nach Cannes. Der Sohn flieht auf Umwegen nach Marseille. Dort mit falschen Papieren Lehrer an der *École Saint-Joseph* der Maristen-Brüder

1944 August: Kämpfe für die Befreiung von Marseille. Die Familie erfährt vom Transport der Schwester des Vaters und ihres Gatten, eines Berliner Arztes, von Theresienstadt nach Auschwitz

1945	Pressezensor in Marseille. Magisterarbeit in Germanistik «Der Roman *Der Narr in Christo Emanuel Quint* von Gerhart Hauptmann» November: Rückkehr mit der Mutter nach Saint-Germain
1946	Mitarbeit am *Wochenkurier*, veröffentlicht vom französischen Kriegsministerium für die deutschen Kriegsgefangenen
1947	Nr. 1 beim Wettbewerb der *Agrégation d'allemand* (verbeamteter Studienrat) Juli–August: erste Deutschlandreise in die drei Westzonen Oktober: Artikelreihe «Jeunesse d'Allemagne» in *Combat* Residenz in der Thiers-Stiftung (für zukünftige Universitäts-Professoren) Emmanuel Mounier gründet das *Comité français d'échanges avec l'Allemagne nouvelle*. Geschäftsführer und Herausgeber der Zeitschrift *Allemagne* bis zur Auflösung des Comités 1967 (die Mutter arbeitet dort als Sekretärin)
1950/51	Stellvertretender Leiter des UNESCO-Büros in Wiesbaden zur Vorbereitung eines internationalen Jugendinstituts (später in Gauting)
1951–1955	Assistent für Germanistik an der Universität Paris
1954	Lehrbeauftragter am Pariser *Institut d'études politiques («Sciences po»)*. Dann *Docteur d'État en Lettres et Sciences humaines* (Dr. habil. in Geisteswissenschaften) und ordentlicher Professor am Institut bis zur Emeritierung 1992
1955/56	Professor am *Bologna Center, School of Advanced International Studies, Johns Hopkins University*. Dann, bis 1969, *Commuting Professor*

1956–1992	Forschungs- und Studiendirektor an der *Fondation nationale des sciences politiques*
1966–1980	Direktor des *graduate program* in Politologie
1959	9. Juli: Heirat mit Anne-Marie Jourcin. (Vier Söhne: Jean, geboren 1960, Pierre, geboren 1963, Marc, geboren 1968, Paul, geboren 1969)
1964/65	*Kratter Visiting Professor for Modern European History,* Stanford University (Kalifornien)
1968	September: Tod der Mutter im Krankenhaus von Saint-Germain
1974–1980	Mitglied des *Conseil des Gouverneurs* der *Fondation européenne de la Culture* (Amsterdam)
Seit 1982	Präsident des CIRAC *(Centre d'information et de recherche sur l'Allemagne contemporaine)*
1992	Einrichtung des Alfred-Grosser-Lehrstuhls am *Institut d'études politiques* in Paris
2006	Namensgeber des Alfred-Grosser-Schulzentrums (Gymnasium, Realschule, Gesamtschule) in Bad Bergzabern
2009	Einrichtung des Alfred-Grosser-Lehrstuhls an der Goethe-Universität Frankfurt/Main

1955–1965 und seit 1984 Kolumnist bei *La Croix*, 1965/94 bei *Le Monde,* seit 1973 bei *Ouest-France*

Auszeichnungen

1975	Friedenspreis des Deutschen Buchhandels
1977	Goethe-Medaille des Goethe-Instituts
1982	Theodor-Heuss-Medaille
1986	Paul-Henri-Spaak-Preis, Brüssel
1987	Goethe-Plakette der Stadt Frankfurt

1994	Scharfe Klinge der Stadt Solingen
1982	Wartburg-Preis
1995	Cicero-Rednerpreis
1996	Schiller-Preis der Stadt Mannheim
2001	Grand Prix der *Académie des Sciences morales et politiques*
2001	*Grand Officier de la Légion d'Honneur*
2001	Dr. honoris causa der Aston University, Birmingham, und an der *University for European Humanities* in Minsk (Belarus)
2002	Humanismus-Preis der deutschen Altphilologen
2003	Bundesverdienstkreuz mit Stern und Schulterband
2004	Abraham-Geiger-Preis des Kollegs für Ausbildung der Rabbiner in Europa
	Wilhelm-Leuschner-Medaille des Landes Hessen

Namenregister

Die kursiv gesetzten Zahlen bezeichnen die Abbildungen in den Tafelteilen (= Bildnummern)

Bildnachweis

Alle Fotos im Innenteil des Buches stammen aus der Privatsammlung von Alfred Grosser mit Ausnahme der folgenden:

Tafel 8 oben: Henri Cartier-Bresson/Magnum Photos/Agentur Focus
Tafel 8 unten: Richard Schulze-Vorberg
Tafel 10 oben: Lutz Kleinhans
Tafel 14 oben: FAZ-Foto/Wolfgang Eilmes